# 中传学者文库编委会

**主　任：** 廖祥忠　张树庭

**副主任：** 蔺海波　李　众　刘守训　李新军　王　晖
　　　　　杨　懿　柴剑平

**成　员**（按姓氏笔画排序）：
　　　　王廷信　王栋晗　王晓红　王　雷　文春英
　　　　龙小农　付　龙　叶　龙　刘东建　刘剑波
　　　　任孟山　李怀亮　李　舒　张绍华　张　晶
　　　　张根兴　张毓强　林卫国　郑　月　金　炜
　　　　金雪涛　周建新　庞　亮　赵新利　徐红梅
　　　　贾秀清　高晓虹　隋　岩　喻　梅　熊澄宇

中传学者文库

1954-2024

主编／柴剑平
执行主编／龙小农
副主编／张毓强　周建新

# 媒介系统的新变革

## 赵淑萍自选集

赵淑萍　著

中国传媒大学出版社
·北京·

图书在版编目（CIP）数据

媒介系统的新变革：赵淑萍自选集 / 赵淑萍著 . -- 北京：中国传媒大学出版社，2024.8.

（中传学者文库 / 柴剑平主编）.

ISBN 978-7-5657-3748-0

Ⅰ . G206.2-53

中国国家版本馆 CIP 数据核字第 2024GK0115 号

### 媒介系统的新变革：赵淑萍自选集
MEIJIE XITONG DE XINBIANGE: ZHAO SHUPING ZIXUANJI

| 著　　　者 | 赵淑萍 | | |
|---|---|---|---|
| 责任编辑 | 裴向敏 | | |
| 封面设计 | 锋尚设计 | | |
| 责任印制 | 李志鹏 | | |
| 出版发行 | 中国传媒大学出版社 | | |
| 社　　　址 | 北京市朝阳区定福庄东街 1 号 | 邮　　编 | 100024 |
| 电　　　话 | 86-10-65450528　65450532 | 传　　真 | 65779405 |
| 网　　　址 | http://cucp.cuc.edu.cn | | |
| 经　　　销 | 全国新华书店 | | |
| 印　　　刷 | 北京中科印刷有限公司 | | |
| 开　　　本 | 710mm×1000mm　1/16 | | |
| 印　　　张 | 18.75 | | |
| 字　　　数 | 287 千字 | | |
| 版　　　次 | 2024 年 8 月第 1 版 | | |
| 印　　　次 | 2024 年 8 月第 1 次印刷 | | |
| 书　　　号 | ISBN 978-7-5657-3748-0/G・3748 | 定　价 | 94.00 元 |

本社法律顾问：北京嘉润律师事务所　郭建平

# 总 序

媒介是人类社会交流和传播的基本工具。从口语时代到印刷时代，再经电子时代至今天的数智时代，媒介形态加速演变、融合程度深入发展，媒介已然成为现代社会运行的基础设施和操作系统。今天，人类已经迈入媒介社会，万物皆媒、人人皆媒，无媒介不社会、无传播不治理。今天，无论我们怎么用力于信息传播的研究、怎么重视信息传播人才的培养都不为过。

中国传媒大学（其前身为北京广播学院）作为新中国第一所信息传播类院校，自1954年创建伊始，即与媒介形态演变合律同拍、与国家发展同频共振，努力探索中国特色信息传播人才培养模式、构建中国信息传播类学科自主知识体系，执信息传播人才培养之牛耳、发信息传播研究之先声，被誉为"中国广播电视及传媒人才摇篮""信息传播领域知名学府"。

追溯中传肇始发轫之起源、瞩望中传砥砺跨越之未来，可谓创业维艰而其命维新。昔日中传因广播而起，因电视而兴，因网络而盛，今天和未来必乘风破浪、蓄势而上，因人工智能而强。在这期间，每一种媒介兴起，中传均吸引一批志于学、问于道、勤于术的

学者汇聚于此,切磋学术、传道授业,立时代之潮头,回应社会需求,成为学界翘楚、行业中坚,遂有今日中传学术研究之森然气象,已历七秩而弦歌不断,将传百世亦风华正茂。

自新时代以来,中传坚守为党育人、为国育才初心,励精图治、勠力前行,秉承"系统治理、创新图强、交叉融合、特色发展"的办学理念,牢牢把握高等教育发展大势、传媒业态发展趋势,瞄准"智能传媒"和"国际一流"两大主攻方向,以世界为坐标、以未来为向度,完成了全面布局和系统升级,正在蹄疾步稳、高质量推动学校从传统高等教育向未来高等教育跨越、从传统传媒教育向智能传媒教育跨越、从国内一流向世界一流跨越,全力建设中国特色、世界一流传媒大学。

中国特色、世界一流,在于有大先生扎根中国大地,汇聚古今、融通中外;在于有大先生执教黉门,学高为师、身正为范;在于有大先生躬耕杏坛,敦品积学、启智润心。习近平总书记更强调,高校教师要立志成为大先生,在教书育人和科研创新上不断创造新业绩。中传广大教师素来以做大先生为毕生职志,努力成为新时代"经师"与"人师"的统一者,做真学问、立高品行,践履"立德树人"使命。

2024岁在甲辰,欣逢中传建校70华诞,学校特邀约部分学者钩玄勒要、增删批阅,遴选已公开刊发的论文汇编成集,出版"中传学者文库",意在呈现学校在学科建设、科学研究、服务行业实践等方面的最新成果,赓续中传文脉,谱写时代新声。

文库汇聚老中青三代学者,资深学者渊渟岳峙、阐幽抉微;中年学者沉潜蓄势、厚积薄发;青年学者踌躇满志、未来可期。文库与五十周年校庆所出版的"北广学者文库"相承接,大致可勾勒中传知识生产薪火相传、三代辉映之概貌，反映中传在构建中国特色新闻传播类、传媒艺术类、传媒技术类学科体系、学术体系和话语体系方面的耕耘与收获，窥见中国特色信息传播类学科知识体系构建的发展脉络与轨迹。

这一构建过程，虽筚路蓝缕，却步履铿锵；虽垦荒拓野，亦四方辐辏。一批肇始于中传，交叉融合、具有中国特色的学科，如播音主持艺术学、广播电视艺术学、传媒艺术学、数字媒体艺术学、政治传播学等，从涓涓细流汇入滔滔江河，从中传走向全国，展现了中传学者构建中国自主知识体系的学术想象力和创新力。文库展示的虽然是历史，实则是呈现今天；看似是总结过去，实则是召唤未来。与其说这套文库的出版，是对既有学术成果的展示，毋宁说是对未来学术创新的邀约。

回首过往，七秩芳华。我们深知，唯有将马克思主义基本原理与中华优秀传统文化相结合，才能推动中华学术创造性转化和创新性发展，推动中国自主知识体系的构建。我们深知，唯有准确把握媒介形态演变的脉动、深刻认知媒介形态变革所产生的影响，才能推动中国信息传播类学科自主知识体系的构建与时俱进。

展望未来，星辰大海。我们深知，以人工智能为代表的产业和科技革命正迅疾而来，媒介生态正在加速重构，教育形态正在全面重塑，大学之使命与价值正在被重新定义；我们深知，唯有"胸怀国之大者"、面向世界科技前沿、面向经济主战场、面向国家重大需求，才能确保中传始终屹立于中国乃至世界传媒教育发展之潮头。

如何应对人工智能带来的深刻变革，对中传而言是一场要么"冲顶"、要么"灭顶"的"兴亡之战"。我们坚信，不管前方是雄关漫道，还是荆棘满途，唯有勇敢直面"教育强国，中传何为？"这一核

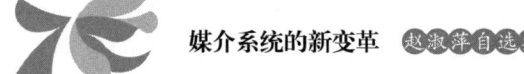

心命题，奋力书写"智能传媒教育，中传师生有为！"的精彩答卷，才能化危为机，奋力开创人工智能时代中传智能传媒教育新纪元。

功不唐捐，芳华七秩；风帆正举，赓续创新。

是为序。

第十四届全国政协委员，中国传媒大学党委书记、教授、博士生导师

# 前　言

互联网时代的到来，带来了媒介格局的新变革。

今天，媒介格局的变革仍然处在动态变化之中。

从我国中央、省、市、县四级媒体发展来看，传统媒体在机构重构、形态创新、内容发力、人才培养等方面不断推陈出新，但是在体制机制方面仍然存在问题。

从学术研究层面看，无论是研究机构还是学者个人，都十分活跃，相关的文章、论文、书籍、刊物等林林总总，但是在前沿研究范畴和规律探寻方面仍然存在局限。

正是由于实践的需要，中国传媒大学电视学院科研团队承担了很多有关媒体融合的课题，撰写了大量的研究报告。根据课题需要，本书作者带领团队深入一线调查研究，对百余家媒体进行走访，足迹遍布中央级、省级、市级、县级主流媒体以及新媒体平台。在此基础上，完成60多个研究报告和百余篇论文。

本书所汇集的论文，聚焦我国媒介格局发生的历史性新变化，主要涉及新闻传播、文化传播、新文科建设三个方面。论文的突出特点是，从中国实际出发，有的放矢，发现问题、分析问题、解决问题，服务国家媒体变革的战略需求。

# 目 录

再造与重构："媒介化"影响与行为方式变化研究 …………………………… 001
新媒体平台话题传播 …………………………………………………………… 014
媒体融合发展进程中的媒介新系统及其特征分析 …………………………… 028
构建媒体深度融合发展新格局 ………………………………………………… 039
构建中国全媒体传播体系的三个重心 ………………………………………… 042
提升对网络舆论引导的规律性认识 …………………………………………… 046
传播矩阵与"深融"实践：我国三大央媒移动客户端研究 ………………… 050
三大主流媒体构建技术和应用新系统 ………………………………………… 072
困知勉行　守正创新
　　——我国各级党报融合发展的前沿观察 ………………………………… 086
央地联动与区域竞合：粤港澳大湾区媒体融合的协同发展与未来进路 …… 102
省级融媒体云平台建设 ………………………………………………………… 122
新系统与新动能：我国地市级媒体融合发展的态势研究 …………………… 134
动态变革：我国县级融媒体功能拓展的历史土壤与现实动能 ……………… 148
论主场外交活动与国家形象的媒介构建 ……………………………………… 160
主流媒体精准扶贫的共同体建构：逻辑、路径与动力 ……………………… 181
创新与共融：数字化背景下北京冬奥会"云端传播"的技术赋能研究 …… 191
中国春节文化的全球感召力与感染力研究 …………………………………… 204

"用户时代"媒介行为的新变化
　　——解读2015年春节期间的媒介现象 ················· 215
媒介生态格局的渐变与更新
　　——2016年"春节"媒介现象分析 ··················· 225
新理念与新技术驱动下的媒介新态势
　　——透析2017年央视春节报道 ····················· 237
节庆报道的价值取向与创新路径
　　——基于2018年CCTV春节特别节目的分析 ············· 245
网络春晚的伴随文本叙事策略研究
　　——基于央视10年网络春晚的分析 ··················· 256
全产业链构建下的IP现象观察及其发展走向预测 ············· 270
面向中国式现代化的新闻学自主知识体系建构 ··············· 278
全媒体赋能：从跨学科社会服务趋向看新文科构建的动力
　　——新闻传播学科范畴变迁与科研特色项目托举作用分析 ······ 282

后　　记 ·········································· 286

# 再造与重构:"媒介化"影响与行为方式变化研究<sup>*</sup>

"媒介化"(mediatization)已经成为探讨技术性媒介对文化和社会变迁产生影响的新理论框架,是近十年间对媒介进行研究的新范式。媒介化研究的核心关切是"媒介如何日益融入其他社会制度与文化领域的运作,并且自身也成为社会制度,以及社会互动——在不同制度内、制度之间以及社会整体中——如何通过媒介实现"①。媒介化研究的兴起与数字媒介的发展关系密切,正是数字媒介的蓬勃发展以及对社会的深刻影响,加速了媒介化生存、媒介化生活以及媒介化社会的到来。

基于上述背景,本文从工作、日常生活、社交、消费、教育等具体的社会实践入手,研究媒介如何在与社会的结合中将自身的特征和逻辑投射到社会中,以及媒介化后的人类、媒介和社会的关系变化。

## 一、从中介物到拟态环境再到媒介化

人类的生存与媒介一直有着密不可分的关系。"世界上根本不存在任何摆脱了媒介的生命,而且'嵌入在媒介中'倒是一个不错的人类境况"②"我们与

---

\* 文章原载于《中国新闻传播研究》2021年第5期,收入本书时,略有删改。
① 夏瓦.文化与社会的媒介化[M].刘君,译.上海:复旦大学出版社,2018:21.
② 彼得斯.奇云:媒介即存有[M].邓建国,译.上海:复旦大学出版社,2020:53.

媒介共生,生活在媒介中"[1]。

在文字尚未诞生的石器时代,岩画就已经成为"部落将神话、图腾及意识传递给年轻族人的媒介"[2]。媒介在时空上拓展了人们的认知,成为人类意识能力的延伸。媒介与陶瓷、车轮这样的技术物一样,成为人们与世界交互的工具,是人们了解世界的中介物。

大众传媒的出现,使媒介逐渐成为人们获取信息的主要渠道,媒介为人类提供了大量的信息,并且逐渐构建出李普曼口中的"拟态环境"。媒介与社会的关系发生了变化,媒介不再是人们接触环境的中介,而是成为虚拟的信息环境本身。

在数字革命的推动下,媒介已经进入社会的各个领域,人类以媒介化生存的方式为数字化生存进行注解。同时,媒介从大众传媒的神坛上走下来,成为和水、电一样必不可少的生存要素,成为社会的数字基础设施。真正的变化来自数字媒介逻辑的建构力量,它似乎既能描述世界,又能操纵世界。数字媒介不仅是环境,还成为改变环境的力量。作为社会元素的数字媒介,在社会关系的长期、大范围结构性变迁中,逐渐将自己的媒介逻辑投射到社会的发展中,从而影响社会的行为方式和制度性逻辑,使社会被"媒介化"。

## 二、工作媒介化:时空整合与算法节律

数字技术步入日常工作领域,这源于计算机从数学计算的工具转变为电子数据处理设备。在IBM、微软等公司的拓展下,计算机逐渐成为办公工具。但是,计算机以及智能化设备在工作上的被使用只是工作的数字化体现,并不能称之为媒介化。工作的媒介化始于互联网的兴起,电子邮件、即时交互工具让工作越发无法离开数字媒介,移动互联网的发展在时空上实现了媒

---

[1] 库尔德利. 媒介、社会与世界:社会理论与数字媒介实践[M]. 何道宽,译. 上海:复旦大学出版社,2016:188.

[2] 施拉姆. 人类传播史[M]. 游梓翔,吴韵仪,译. 台北:台湾远流出版公司,1994:24–25.

介与工作的混合,将工作媒介化变为常态,媒介逐渐成为工作的一个元过程(meta-process),重新安排了工作的时空和节律。

### (一)空间和时间重新整合

电子邮件、文件共享、群发信息等数字媒介以光速传播信息,让人们告别物理交通的束缚,如等待传真的漫长、电视电话会议的烦琐,从而大大提升了人们的工作效率。数字媒介在信息传递上的异步性,使人们不必对任何事都马上做出响应,可以自由支配时间。这种自由支配的工作时间,成为一种可以被整合的资源。例如,正是庞大的自由时间的被整合,才使维基百科诞生成为可能。

数字媒介也重新整合了工作的空间。远程控制电脑技术,让一些员工可以在家中处理公司的业务;云办公、云会议等方式让人们能够在不同的空间,尤其是在非工作场所参与工作。

但是,工作的媒介化也给人们带来了挑战。一旦时间可以自由安排,就会有人迫于竞争的压力选择第一时间响应。久而久之,不及时响应就被视为一种消极态度的体现,这种内卷导致人们逐渐失去自由的空间和时间。在2021年春节前后,关于"下班后的工作消息要不要回""回家过年应不应该带电脑"的话题被广泛讨论。"在互联网的规训下,我们的工作和生活已经做不到那么泾渭分明了,严格区分工作时间和生活时间也变得并不容易"[①]。

### (二)算法对工作节律的控制

没有什么比机器更加克制,它不仅能够日夜不停地工作,而且绝对客观公正。数字媒介正在成为监督和分配人们工作的机器,算法正在对人们的工作节律进行严格控制。

钉钉、飞书等协同办公软件能够根据工作进度的总体安排划分时刻表,并且每天在全企业共享工作进度。一旦工作进度放缓,管理者就会注意到。在外

---

① 张永群.回家过年不带电脑被开除,这么任性?[EB/OL].(2021-02-20)[2021-02-23]. https://baijiahao.baidu.com/s?id=1692229330161705397&wfr=spider&for=pc/.

卖平台,"算法在外卖员的订单分配、时间计算、路线预估和送单监测等方面,发挥了重要作用"①。网约车平台滴滴的"滴滴大脑"可以"每2秒进行一次全局的判断,在庞大的计算中,完成全局最优的智能派单"②。

## 三、社交媒介化:深度媒介交往与社交行为的异化

社交媒介并不是一个新鲜的东西,从西塞罗和其他古罗马政治家用来交换信息的莎草纸信开始,人类就已经学会使用媒介拓展社交的范围。分享是人的天性,"我们的大脑就是为了建立社交关系网而生成的"③。从莎草纸到电报再到今天的互联网,社交的动力推动人类媒介技术的革新,媒介技术也不断刷新着社交的方式。

### (一)媒介社交超越现实社交

今天,人们的社交行为越来越离不开社交媒体,人们的社交行为已经进入深度媒介化的阶段。

在互联网时代,我们每天要耗费大量时间在社交媒体上,艾媒咨询的数据显示,2020年中国移动社交用户规模已突破9亿人,较2019年增长了7.1%。④ 媒介化的社交行为已经成为主要的社交行为形式。例如,一些家庭成员即使同在一个家庭空间,也会使用数字媒介进行交往。人们对数字媒介社交的过度依赖,使人类与数字媒介的关系超越了现实的人际关系。

---

① 孙萍.'算法逻辑'下的数字劳动:一项对平台经济下外卖送餐员的研究[J].思想战线,2019,45(6):50-57.
② 王学成.特定时空视角下网约车平台的匹配功能研究[D].北京:北京交通大学,2018:105.
③ 斯丹迪奇.从莎草纸到互联网:社交媒体2000年[M].林华,译.北京:中信出版集团,2015:18.
④ 艾媒咨询.2020—2021年中国移动社交行业研究报告[EB/OL].(2021-01-04)[2021-02-25].https://www.iimedia.cn/c400/76205.html.

## （二）媒介关系成为交往的"前台"

在《日常生活中的自我呈现》一书中，戈夫曼用"前台"和"后台"的概念来界定日常生活的区域。例如，在一个餐馆，服务员会把大厅的区域当作"前台"，而后厨则是"后台"。

与人交往时，面对面交往的空间是"前台"，而远离交往对象的地方则是"后台"。人们在"前台"和"后台"所表现出的行为会呈现出差异。过度的媒介社交正在将媒介转化成交往的"前台"。人们更加看重在社交媒介上与人沟通时的所言所语，社交媒介的沟通方式和效果有时候是维系人际关系的重要渠道。在现实空间中，这些人可能并没有机会进行沟通，或者这些沟通不如媒介沟通给人的感觉舒适。

此外，数字交往中的异步性，允许人们精心组织和反复打磨用语，不像现实的交往要马上做出反应。社交媒体软件中的一些特效、表情包、动图等，给予了超出人们肢体语言的丰富表达。数字媒介的交往行为大多数可记录和可追溯，这也让人们更加重视表达后留下的痕迹，面向当下的表达逐渐转为面向未来的表达。

一些人也会对社交关系中的自我呈现进行伪装。眼下，帮助别人包装朋友圈已经成了一种新的服务。通过精心打磨的文案、刻意拍摄的照片等，一些人可以在社交媒体中呈现出与现实自我迥异的面貌。长期和深度的数字交往可能会导致人们在真实交往中的"失语"，以至于不能很好地适应现实交往，这便是技术对人的某些功能的抑制和截除。

## （三）社交行为的商品化

我国的社交媒体在经历了用户争夺、流量争夺的阶段后，逐渐确立了自己的功能和定位：微信的熟人社交，抖音、快手的视频社交，微博的陌生人社交等。这些社交媒体在不同的细分领域拥有着巨大的用户和流量，此后，这些社交媒体正在思考如何将巨大的用户资源和流量资源变现。

社交媒体作为信息的交汇地，在这个虚拟的场所，充斥着大量的广告信息，一些付费的社交软件则直接将社交行为商业化。原生态的社交平台已经

不存在,我们已不可能真正地免费使用社交媒介。

社交行为商品化的另一种表现是以售卖为目的的社交行为。当社交行为被元素化,从具体的场景中抽离出来,社交行为便可以被作为售卖的资源。例如,在网络直播平台上,社交中的陪伴功能被抽离出来重新安置,"主播对于观众来说,不再是屏幕另一边的网友,而是以一种全新方式扮演的'密友'角色,观看直播的过程中,主播为观众营造了一种虚拟陪伴感、认同感和获得感"①。网络主播不再为了分享个人生活而进行直播,而是以打赏、带货等为目的进行直播。

## 四、消费媒介化:媒介主导生产和消费

### (一)媒介消费的常态化

从第一个 B2C 电商网站开始,媒介就已经成为消费的新途径。借助互联网,消费的空间和时间被重新整合,消费者和货物资源的关系被重新安排。今天,消费的媒介手段已经从电子商务平台拓展到社交媒体、短视频、网络直播等领域。

在当下的技术条件下,数字媒介已经完全可以复刻真实的消费场景。在电子商务交易的基础上,VR/AR 购物能够让消费者更加直观地体验产品,直播平台上的带货页面犹如现实中的橱窗,直播购物时主播的讲解和现实中的导购如出一辙,时刻刷新的购物数据则给予了消费者现实中集体抢购的体验。可以说,媒介正在将人们消费的真实体验一点点复刻和还原。通过媒介进行消费的人群规模逐渐增长,通过媒介进行消费成为常态,媒介已经成为消费的主导力量。

---

① 王艳玲,刘可. 网络直播的共鸣效应:群体孤独·虚拟情感·消费认同[J]. 现代传播(中国传媒大学学报),2019,41(10):26-29.

## （二）面向媒介的生产

让·鲍德里亚在《消费社会》一书中断言，生产社会已经被消费社会取代。消费主导了生产，生产面向消费。产品不断迭代、使用时间变短都是为了获得更多的消费而对生产做出的改变。当媒介主导消费时，消费又被媒介的力量影响，生产和媒介产生勾连，生产从面向消费转为面向媒介中的消费。

生产面向消费是指媒介的高度整合、快速变动等特征逐渐转化到生产行为中。例如，众筹行为在媒介中将人们的消费意愿聚集在一起，确定具体的人群后再进行生产，生产和消费的顺序发生颠倒。再如，在消费降级的今天，越来越多的人会选择性价比较高的产品，为了迎合这种心态，商家会生产有可能在媒介中获得超级销量的产品，通过摊薄成本而降低价格。总之，生产中的行为会越来越受到媒介的影响。

## 五、教育媒介化：场域的解构和延伸

法国社会学家布尔迪厄曾提出场域（field）的概念，"从分析的角度来看，一个场域可以被定义为在各种位置之间存在的客观关系的一个网络（network），或一个构型（configuration）"[1]。教育是社会的一个典型场域，指"在教育者、受教育者及其他教育参与者之间形成的一种以知识的生产、传承、传播和消费为依托，以人的发展、形成和提升为旨归的客观关系网络"[2]。媒介进入教育领域，正在从知识生产、空间场所以及权力关系等方面对教育的场域进行解构和延伸。

---

[1] 布尔迪厄，华康德.实践与反思：反思社会学导引［M］.李猛，译.北京：中央编译出版社，1998：133-134.
[2] 刘生全.论教育场域［J］.北京大学教育评论，2006，4（1）：78-91.

## （一）学习空间的拓展

在互联网的普及下，在线教育已经非常普遍，网络公开课、在线培训等已经成为人们继续接受教育和能力提升的途径。2020年后，课堂教育这种高度依赖教室场所的教育形式也走向网络。

与此同时，课堂教育成为社会共享的资源。据《2020年抖音教育直播专题研究报告》，教育类直播已构成抖音直播的主要类别之一，教育类直播的观看量总体呈上升趋势，其中兴趣培训、职业技能培训的观看人数较多。2020年2月5日，清华大学在抖音直播开课，不仅精心为网友专门准备了课程，还将清华大学的课堂通过抖音进行直播。抖音数据显示，2020年累计有3600万人观看了清华大学直播课程。

教室是一个特别的空间，在这里师生可以面对面地交流和互动，这个空间是媒介无法完全替代的。有学者指出，具身在知识的习得过程中具有重要的作用，学院知识的习得在很大程度上依赖于传受双方的感官调动程度，而感官的调动程度在一定程度上取决于知识传播中的互动。但同时，网络空间成为课堂教学的第二空间，是课堂教学空间的补充和延伸。

此外，自我学习和提升的空间也在媒介的帮助下得到补充。2020年之后，"直播自习室"火了起来。例如，Bilibili视频网站就开设了特定的直播学习板块，学习者打开软件，把摄像头对准自己正在学习的内容或者学习者自身，就可以和远方的陌生人一同学习。一些参与直播自习的人表示，"参与直播自习室使他们产生了有人在陪伴自己学习的感觉，更容易坚持下去"，"看直播就是为了营造一点学习氛围"。① 可见，网络直播这种形式能够在一定程度上复现教室、图书馆等线下学习场域的仪式感、空间感和氛围感，很多需要集体学习氛围和节律感的人，通过直播软件重新聚合在一起。

## （二）规训的向外延伸

课堂教学需要通过多种手段实现对学生的规训，随着移动社交媒介的普

---

① 范岳亚."直播自习室"：新媒介技术下的空间组合与超人际互动［J］.重庆文理学院学报（社会科学版），2020，39（6）：86—95，122.

及，教育的规训方式也在向外延伸。在当下，微信、QQ、家校通已经成为每个家长必备的工具，几乎每个班都有一个家长群，以方便学校老师和学生家长之间的交流。通过家长群，老师可以把学生的情况及时透露给家长，家长也可以了解孩子在学校的表现情况。教师还通过社交媒体将检查作业、指导学生、教育学生的权利移交给家长，这种现象逐渐成为一种常态。但是，这种规训的任意向外延伸带来了学校空间和生活空间的混乱以及学校空间对生活空间的侵占，一些家长已经明确表达了自己的反感。前不久，教育部出台了相关规定，禁止教师通过网络社交软件微信、QQ等布置作业，禁止要求家长批改作业。

除了教学规训的延伸，考试这种过去只可能发生在教室的行为，也通过媒介向外拓展，随之一起延伸的还有对考试者的监控。通过两个摄像头和网络直播，远方的监考人员就能够监控到考试者的行为，AI 技术还能为之提供辅助。可见，在媒介的传递下，这种规训的力量已经能够实现向不同时间和空间的延伸。

## 六、日常生活的媒介化：既要享受便利又要保持警惕

日常生活需求指的是起居、用餐、通勤等最基本的生活需求。马斯洛在《人本哲学》中介绍了人的需求层级。排在最前面的是生存的需求，其次是社交、娱乐等需求，日常生活需求对应的就是马斯洛所言的生存需求，这是最基本的需求。提起日常生活与媒介的关系，人们很容易联想到早期的生活服务类电视节目，这些节目关注柴米油盐和生活点滴，成为人们生活的帮手和调剂。现在，我们的生活和社交、娱乐一样越来越无法离开数字媒介，媒介不仅仅是辅助者，更是必需品。

在目前技术能够达到的条件下，人们的日常生活可以这样安排：早晨被智能音箱叫醒，然后在智能镜子前面洗漱，并得知天气情况，吃着智能烤箱做好的早餐，用手机叫上一辆出租车，或者在导航软件的帮助下自行驾驶汽车前去工作；中午用手机点份外卖；在下班回家的路上用手机开启家中的智

能设备；晚饭后观看一下智能手表记录的运动情况，然后在智能健身镜的指导下完成健身任务；深夜在短视频、社交媒介或者游戏软件的陪伴下入睡。

起居媒介、健身媒介、穿戴媒介等正在陪伴和服务人们的日常生活，并且可以将日常生活安排得井井有条。或许有一天，没有媒介的帮助，我们将寸步难行。

日常生活的媒介化，让我们深得便利，但是，我们也要对此保持警惕。

前不久，关于互联网平台参与社区团购竞争的事件引发了广泛争议，《人民日报》等主流媒体纷纷发文批评互联网公司在"菜市场"的较量。社区团购的背后其实是资本的无序扩张、数字化的深入以及平台的流量争夺。当信息被中介化，居间的信息服务商便可以形成垄断。一旦日常生活被全面媒介化，生活领域将被媒介以及媒介背后的资本控制，我们可能彻底丧失生活的自由。

日常生活媒介化的另一个弊端在于，一部分人将因为无法使用数字媒介而导致无法正常或全面地享受到生活资源。如很多老人因为不会使用团购软件而面临缺少生活物资的问题。

日常生活领域满足的是我们的基本生存需求，处在社会行为的最基础层，是应对数字洪流的最后防线。当我们沉浸在数字媒介给日常生活带来的便利时，也要保持警惕，我们是否有必要将自身的一切都交给数字媒介，面对数字化和媒介化，我们还需要保留什么？

## 七、总结：媒介化的人与社会

### （一）媒介化的实践特征：替代、改造、调适

媒介化在具体的实践中的特征主要有以下三个。

一是媒介对现实中介的替代。从上述案例可以看出，我们能用数字媒介做的事情越来越多，早已超出大众媒介的范畴。当下，我们的生活已经离不开媒介，媒介已经成为我们生命的一部分。过去，我们只是利用媒介获取必要的信息，而现在，我们需要利用媒介开启我们的生活。没有媒介的帮助，

我们的消费、出行、接受教育等会受到很大的限制，尤其是那些数字原住民，对数字媒介更加依赖。当我们大谈"去中介化"的时候，数字媒介反倒成为无处不在的中介。

二是人和社会被媒介逻辑改造。媒介逻辑，是指媒介自身的技术特征。在具体的实践中，人和社会高度依赖媒介，在较长的一段历程中社会已经被媒介渗透，媒介的一些逻辑特征成为社会逻辑特征的一部分。例如，数字媒介在时空上的任意性，已经逐渐渗透到社会行为中，社会行为呈现出时空自由组合的特点；数字媒介的光速传播也逐渐加快了人们的响应速度，人们的心理速度越来越快，社会运转的速度也在提升。

三是人们不断对技术进行调节和适应。对于技术给予人类的不适之处，人们设法去除，或者自身做出调节去适应。媒介与人和社会相互调节，经过博弈和调节之后达到平衡，最终持续运行，直到下一个阶段的到来。例如，面对数字媒介带来的数字鸿沟，人们一方面不断提升自己以适应数字媒介，另一方面也通过改造数字媒介的功能来迎合那些暂时被数字媒介遗弃的人。

### （二）媒介与人的关系：技术的具身

在数字时代，媒介与人的关系密切，媒介不仅能够在身体上、空间上被随意安置，还能够随时提供信息，在时间上被任意嵌入，媒介与人已经构成了具身关系（如图1所示）。

人→（技术—环境）→（人—技术）→环境

图1 媒介与人的关系示意图

在前数字时代，人与技术之间的关系是中距离的，人观看由技术投射的环境，人与技术形成一种诠释关系；而人与技术的同构，"人造物被一同'融入'我的身体经验，导向环境中的行为或者作用于环境"①，技术成为具身的工

---

① 伊德.让事物说话：后现象学与技术科学[M].韩连庆，译.北京：北京大学出版社，2008：55.

具。正如海德格尔对人类使用工具现象的理解,"它(工具)在其上手状态中就仿佛抽身而去,为的恰恰是能本真地上手"①。当人使用工具非常顺手时,它就好像消失了一样,与人的意识融为一体。媒介化的人,使媒介成为人的一部分,这就如同衣服是人的一部分一样。人从媒介上看到的内容不仅是自己所感知到的世界,而且已经成为自己心灵的一部分,是自己存世的基础。人通过媒介所展现的,包括分享、评论以及社交表达已经成为人的一种象征,是人在社会关系中的具象表征。个人的媒介化不仅会导致人们落入算法设计的"信息茧房",而且会使人们自愿倒向自己的媒介化世界,或者说,媒介化的世界就是自己所相信的世界。

### (三)媒介与社会的关系:充盈与同构

媒介无处不在,无时不在,信息涉及各个领域,并且充盈着我们的生活。媒介与社会的关系从二元结构转为同构关系(如图2所示)。

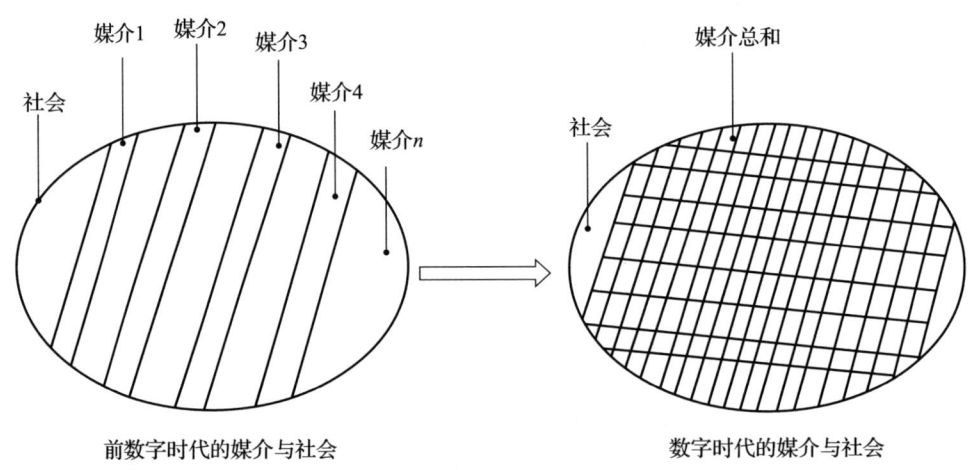

图2 媒介与社会的关系变迁示意图

在前数字时代,报纸、广播、电视等大众媒介如同一条条河流,各自独

---

① 海德格尔.存在与时间[M].陈嘉映,王庆节,译.北京:生活·读书·新知三联书店,2014:82.

立，有一定的边界，是社会的子系统，与社会形成大众媒介——社会的二元结构。不同的媒介以其独有的方式为我们提供现实的镜像，我们通过媒介感知到一个与现实世界相对应的拟态环境。

在数字时代，数字媒介从数量到种类都显著增加，遍布各个领域，信息充盈着我们的生活。这些信息处在高速的流动中，液态化的信息和液态化的媒介形态融入社会，成为社会的构成分子，与社会形成同构关系。

媒介与社会的同构会导致社会场域的分化和重组，社会的空间不再仅限于地理空间。例如，网络课堂、网络自习室、网络直播购物平台这些由媒介重新搭建起的媒介空间替代了现实的空间，成为人们新的生活场所。媒介创造的场域是流动的，流动的场域也带来了流动的生活。正如鲍曼所言，流动的生活是没有定准的生活，总是处在持续的不确定状态下。不确定性代表着不稳定和任意切换，可以从此场景切换到彼场景，也可以从此社群切换到彼社群。媒介正在提高这种流动性，而这种流动性最终导致社会共同体的分化和重构。

# 新媒体平台话题传播*

## 一、我国新媒体话题传播的环境与特征

### （一）传播环境：媒介环境与社会环境

近年来，许多网络热议的事件、人物、话题等，经过社交媒体用户的讨论形成话题式的传播。话题传播的流行有赖于其所处的媒介与社会环境。

在网络媒介环境中，网民内容分享与内容共创成为主流趋势，然而，在巨大的信息洪流中，大量信息仍然处于无声的状态，易被淹没。此时，网络信息经过网民的大量分享与集中讨论，一旦形成网络话题，即可成为信息传播的有效助推器与加速器。此外，互联网中不容忽视的粉丝群体，也成为推动话题传播的重要因素。粉丝群体的聚集、讨论与分享，对话题传播有加快传播速度、扩大影响力的作用。

当前，开放与包容的社会环境也为话题传播提供了充足空间。改革开放后，经济飞速发展，文化更加开放，许多发展中的社会问题可以在网络空间公开讨论，如教育、体育、外交以及国家政策。许多传统媒体、网络媒体、意见领袖发起话题吸引用户参与讨论，形成话题传播。同时，话题传播成为传统媒体的重要内容。例如，视频节目《乘风破浪的姐姐》《演员的诞生》《非诚勿扰》、广播节目《一路畅通》等，都很好地运用话题传播，提升节目热度。

---

\* 文章原载于《中国新媒体研究报告》2020年第12期，收入本书时，略有删改。

### （二）构成要素：话题传播的五个要素

不是所有的观点、事件、信息都能成为话题，并形成话题传播。有学者指出，在新媒体环境中，构成话题传播的要素主要有话题事件、话题人物、意见领袖、话题环境以及话题粉丝。[1] 通常在话题传播中，具备其中部分要素即可形成话题传播。话题所具备的要素越多，话题的传播力也就越强。

随着媒介形式的多样化，传播内容日益丰富多元，其构成要素的内涵也不断拓展。

#### 1. 话题事件

话题事件是构成话题传播的首要要素，也是最常见的要素。话题本身介于事实信息与观点之间的层面。因此，不是所有的事件都能成为话题，话题内容本身是事件被加工而形成的，进而形成话题传播。在新媒体时代，话题事件既可以通过媒体或平台的议程设置形成，在一定程度上提升新闻的附加值，又可以自下而上由网民发起形成。

#### 2. 话题人物

话题人物通常是具有争议性的、有讨论空间的人物，且争议性越大，话题性越强。他们会在一段时间内被人们热议，在网络舆论中有大量支持者和反对者。他们的言论、观点或者表现引发了社会对某一观点、现象、人群的关注。许多普通网民因为话题而成为网民关注的焦点。例如，"钟美美模仿秀"引发关于教育的话题讨论，李子柒视频引发人们对生活方式的讨论。此外，也有许多话题因为涉及名人而成为被关注的焦点，进而形成话题传播。

#### 3. 意见领袖

意见领袖在话题传播中有解释观点、引领舆论导向的作用。他们往往拥有较为固定的粉丝群体，能够对舆论产生一定的影响。

#### 4. 话题环境

话题环境可以推动更多的用户了解、分享、参与话题传播。话题传播往往通过新媒体环境中的人际互动而形成。在人际交往过程中，人们围绕某一

---

[1] 刘宏. 话题传播的构成要素 [J]. 青年记者，2013（6）：46-47.

话题进行讨论，进而带动更多人参与其中。许多人会为了融入环境而参与话题讨论。例如，中华人民共和国成立 70 周年阅兵仪式前后，全国形成了关于国庆、阅兵的话题环境，在社交媒体中经常有与此相关的融媒体产品分享行为，也有很多用户在微信头像中添加国旗元素，表达欢度国庆的喜悦。

5. 话题粉丝

粉丝在话题传播中反向助推传播，扩大话题影响。目前，有许多话题因为粉丝的加入而提升了影响力。例如，韩寒与方舟子的笔仗，海清等"女演员宣言"引发圈内好友和粉丝的讨论与支持。由于粉丝群体大多是年轻人，他们对新媒体有着天然的适应性，对话题的参与度较高。因此，话题粉丝也成为推动话题传播的重要要素。

## 二、话题事件：激活话题讨论，增加内容附加值

2020 年 5 月 3 日晚，五四青年节前夕，哔哩哔哩（以下简称"B 站"）发布"献给新一代的演讲"视频——《后浪》，随后引发朋友圈的刷屏。截至 2020 年 7 月 7 日 21 时，《后浪》在 B 站达到了 2754.5 万播放量，25.8 万条弹幕，108 万次转发；#后浪#话题在新浪微博的阅读量达到 2.4 亿，讨论 7.6 万；在抖音短视频平台上，#后浪#相关话题经过二次创作、网友讨论，播放量高达 1 亿。有关"后浪"的演讲让不少青年人热泪盈眶，演讲在引发人们强烈共鸣的同时，也引发诸多争议。

1. 权威平台发布，打造传播矩阵

首先，在发布阶段，选择格调契合的优势平台发布，能够极大地提高内容有效触达率。B 站联合《光明日报》《中国青年报》《环球时报》《新京报》和澎湃新闻等以中青年为主要受众的平台发布《后浪》宣传片；同时，借用央视《新闻联播》黄金时段的权威声音，形成多平台发布的传播矩阵，极大地提高了《后浪》视频的传播力与影响力。

其次，在传播阶段，运用社交媒体进行二次传播，推动话题的多角度深入讨论。《后浪》视频当天即"刷爆"微信朋友圈，积累了大量流量；继而

在微博等公共社交平台上成为热门话题，引发网友讨论；之后，公众号文章、知乎回答的深度分析，短视频的二度创作，使视频被推广到不同层面的受众中，形成有效话题传播。

最后，在传播时机方面，选择在五四青年节前夕上线，契合《后浪》视频中的"新青年"主题，有效提升了话题热度，并助推形成全民讨论氛围。《后浪》的发布及传播模式，吸引了全民关注，在此基础上衍生的话题产生了更加广泛、深远的影响。

**2. 内容积极多元，引发情感共鸣**

内容设置上，片中对青年人多元与包容的评价，激发了当下青年人强烈的情感共鸣。演讲中，"自由""探索""热爱"等积极正面的关键词频频出现，其中"心中有火，眼里有光"更是成为年轻人的代名词。此类积极表达从不同侧面描述当下年轻人的生活与状态，在此基础上衍生出不同的内容，丰富了话题的讨论面。

内容表现上，《后浪》视频融合多种青年元素，如科技、电竞、动漫、旅行等。其中，旅行青年出现次数最多，共计 13 次。此外，动漫、游戏等娱乐类元素，语言学习、传播文化等语言文化类元素也是视频的重要组成部分（见表1）。同时，视频中出现的人物多为 B 站网络红人，拥有大量粉丝，这有助于提升《后浪》视频的传播力。此外，片中类型丰富的人物形象使不同青年将自身与影像符号相对应，产生强烈的情感共鸣。许多人表示，当看到青年人被重视和祝福时，自己受到了鼓舞。

**表1 《后浪》视频各类元素出现频次统计**

| 类型 | 频次 | 类型 | 频次 |
| --- | --- | --- | --- |
| 科技 | 3 | 汽车 | 2 |
| 语言文化 | 6 | 医护 | 1 |
| 游戏 | 5 | 舞蹈健身 | 5 |
| 旅行 | 13 | 动漫 | 5 |
| 娱乐 | 7 | | |

### 3. 吸引多类用户，讨论呈两极化

从参与讨论的用户来看，以青年为主，各年龄层用户也参与讨论。尽管B站以年轻用户为主，其中"90后"占比已达到77.64%。但此次《后浪》的传播，用"前浪"的口吻与"后浪"对话，让B站也受到许多"70后""80后"的关注，其中，"80后"占比11.94%，突破了原有的青少年用户瓶颈，成功吸引了多年龄层的用户（如图1所示）。

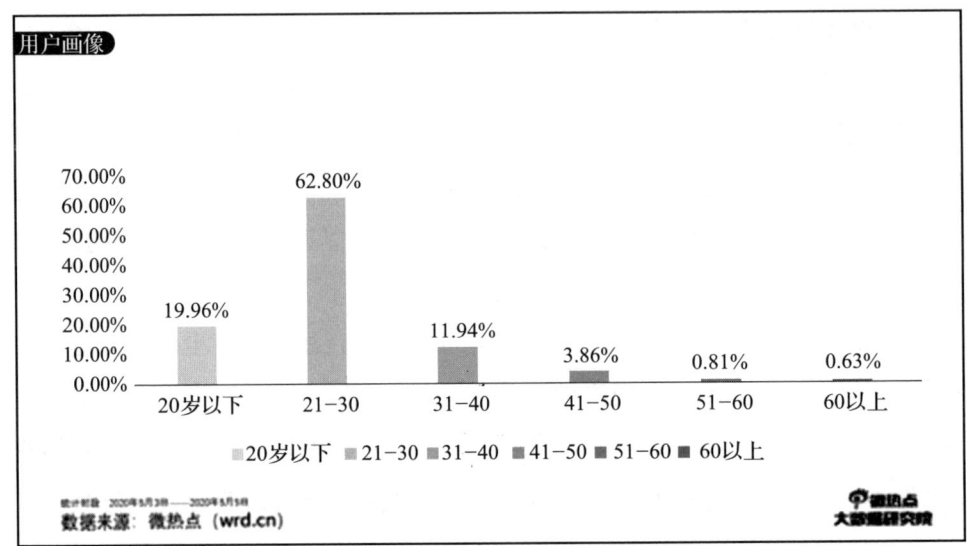

图1　关注《后浪》的微博用户年龄分布①

从话题内容来看，呈现出正面与负面观点对应讨论的现象（如图2所示）。在评论中，有人备受鼓舞，认为年轻人应该热爱生活，胸怀理想，努力拼搏；有人则认为视频并不能代表大多数年轻人，认为当下年轻人在高房价、高工作压力的现实下，已经不再奢求实现梦想。事实上，《后浪》视频是以"前浪"中年人的视角来肯定青年人以及他们所处的时代，激励青年人奋斗。但有部分青年人会认为长辈形象自带"评判"与"审视"，这让视频中的祝福与激励多了说教和劝导的色彩，引起了青年人的不满，引发多种观点的讨论。

---

① 数据来源：新浪微热点大数据研究院，https://www.wrd.cn/login.shtml。

图 2 《后浪》全网话题词云统计①

从情感倾向来看，用户情感倾向呈现两极化。根据《人民日报》发布的相关微博的评论分析，在关于《后浪》视频的微博评论中，中性评论比例很小，大部分评论的情感极性都分布于正负评论的两极。

总体而言，B站《后浪》宣传片通过多平台联动的方式发布，选取了特定的时间节点，其丰富的内容设置引发了不同层面的话题传播。同时，视频内容击中了青年人的痛点，激发当下社会对于"代际对立"话题的讨论，使得话题本身更具价值，提升了内容的附加值。

## 三、话题人物：引发网友热议，关注特定人群

**（一）李子柒#朝花柒拾#：展现国风闲逸生活，促进大众情感共振**

近年来，网络平台社交账号的兴起带火了很多美食博主，李子柒就是其中之一，并且引起网友持续关注，形成了李子柒品牌（见表2）。

---

① 数据来源：新浪微热点大数据研究院，https://www.wrd.cn/login.shtml。

表 2　李子柒在主要网络平台的粉丝数据（截至 2020 年 7 月 9 日）

| 平台 | 粉丝量（人） |
| --- | --- |
| 微博 | 2598 万 |
| 抖音 | 3903.4 万 |
| 哔哩哔哩 | 631.9 万 |
| 快手 | 814.5 万 |
| 小红书 | 192.2 万 |
| YouTube | 1120 万 |

1. 人物视频引发持续性热度，吸引中外传统文化粉丝

2019 年 1 月 1 日—9 月 15 日，全网与李子柒相关的信息达 327 万条，这些信息在传播过程中形成了多个波峰。李子柒现象已形成持续性热度。截至 2020 年 10 月，李子柒竹筒饭制作视频吸引了 1493 万人观看；变废为宝的"秋千沙发床"短视频，全网播放量 1.2 亿次，点赞数超过 100 万。

同时，李子柒吸引了众多热爱中国文化的海外粉丝，"Happy Chinese New Year！"的祝福语风靡 YouTube，截至 2020 年 7 月，该视频在 YouTube 的播放量达 1300 万余次（如图 3 所示）。

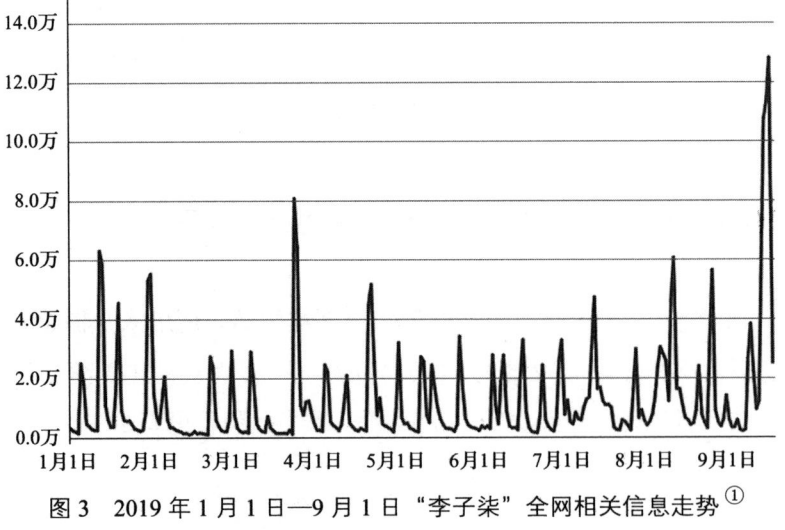

图 3　2019 年 1 月 1 日—9 月 1 日"李子柒"全网相关信息走势①

---

① 数据来源：新浪微热点大数据研究院，https://www.wrd.cn/login.shtml。

**2. "文化输出"引起话题讨论，权威媒体助推舆论高峰**

李子柒视频引发的话题讨论来自2019年12月4日一篇名为《李子柒怎么就不是文化输出了？》的文章。由此引发了一场关于"李子柒是不是文化输出"的网民大讨论。

大部分网友认可李子柒的视频，认为中国农村生活丰富多彩，她选择了其中一种生活方式来展现。部分舆论质疑李子柒，认为其视频内容过分美化中国农村、刻意迎合国外观众对中国的刻板印象，其视频拍摄也属于商业行为，算不上文化输出。

权威媒体及意见领袖的支持，引领了舆论导向并将话题讨论推向高峰。如《光明日报》发文表示："李子柒的作品不是宏大叙事，其记录的是一个普通中国人的日常生活，却恰恰展现了中华传统文化中的人文精神，而这正是中华文化与世界文明对话的重要价值共识。"白岩松也在央视《新闻周刊》栏目中称："李子柒这样的网红太少了，如果来自民间并走向世界的网红由一个变成上千个，那中国故事就有的讲了。"

**3. 广泛讨论形成情感共鸣，推动优秀传统文化复归**

从社会情绪来看，全网关于"李子柒'文化输出'之争"的社会情绪以正面为主，占比82.4%，主要表达对李子柒的认可以及对田园生活的向往。仅少量网友对李子柒的视频是否存在"摆拍""造假"等方面提出了疑问。

社会高速发展的同时，人们的生活节奏加快、工作压力增大，闲散的生活方式因而受到人们的欢迎。以创作中国"田园故事"、展现国风闲逸生活为主的李子柒视频满足了人们对悠闲生活的向往，形成情感共振，并引发#慢生活##国风#等话题讨论。同时，视频的海外传播引发了国人对于"文化输出"的深度思考。

**（二）美妆博主宇芽为家暴发声：网络名人发布话题，全民热议媒体报道**

**1. 网络名人积极发声，引起公众广泛关注**

2019年11月25日，第20个"国际消除针对妇女暴力日"当天，知名美妆博主宇芽通过微博公开了自己遭遇家暴的经历。截至2019年11月26日15

时，该条微博获转发数 40.3 万次、评论数 26.33 万条；该微博在传播中共形成 16 个转发层级，覆盖微博用户 21.47 亿人次，传播范围较广。宇芽作为网络名人，公开遭受家庭暴力的经历，为被家暴的女性发声，引起网民和全社会对家庭暴力事件的高度关注（如图 4 所示）。

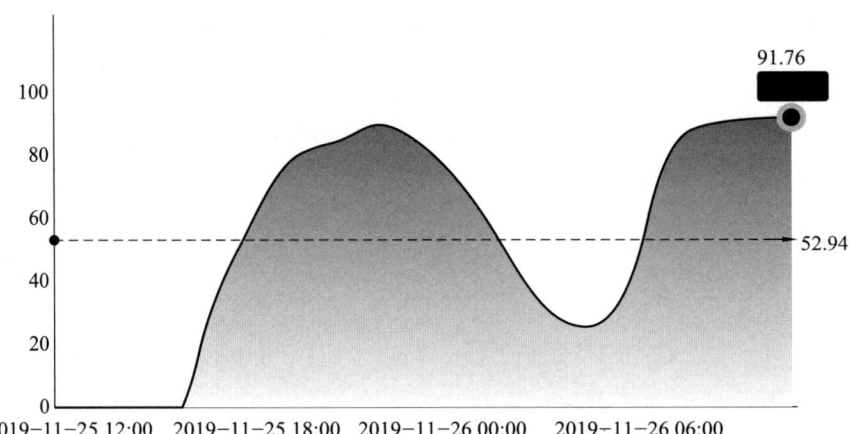

图 4　新浪微博平台＃美妆博主宇芽为家暴发声＃全网话题热度趋势①

#### 2. 意见领袖持续关注，形成网民话题讨论

意见领袖对事件发声，再次助推话题进入人们的核心关注视域。例如，在传播过程中我们可以看出，橙 V 用户"我是妖精"成为该话题的关键传播用户，其微博获得 1.41 万次转发，宇芽签约公司的 papitube、papi 酱等账号也通过转发给予支持。截至 2020 年 7 月 9 日上午 9 时，宇芽所发布的微博"我被家暴了"获赞 358 万，视频的播放量为 1.8 亿次；其引发的微博话题＃宇芽被家暴＃获得 33.2 万次讨论，31.6 亿阅读量。抖音话题＃宇芽被家暴＃获得 2.6 亿次播放，共计 1714 个视频。

由于话题人物宇芽的积极发声,＃宇芽被家暴＃话题引发全网对于"家暴"这一现象的关注与热议，促使许多被家暴女性勇敢发声，继而引起数十家媒体的报道，进一步提高了公众对"家暴"话题的关注度。

---

① 数据来源：新浪微热点大数据研究院，https://www.wrd.cn/login.shtml。

**3. 媒体平台持续报道，引起相关部门关注**

截至 2019 年 11 月 26 日 15 时，头条新闻、财经网、《三联生活周刊》等媒体官方微博，中国长安网、龙口市人民检察院等政法机关官方微博，中国警方在线、绵阳网警巡查执法等公安机关官方微博相继转发，并发布与家庭暴力有关的科普信息。话题借助官方媒体的权威力量，对家暴维权进行科普，引发全民对于家暴的深度思考。

中国司法大数据研究院 2018 年 3 月发布的《司法大数据专题报告之离婚纠纷》显示，在 2016 年到 2017 年两年内发生的近 280 万件全国离婚纠纷年度一审审结案件中，有 14.86% 的夫妻因为家庭暴力向法院申请解除婚姻关系，而其中 91.34% 的涉及家暴的案件是由男性向女性实施家暴。[①] 可见，家暴事件屡见不鲜，却很少有人在公共平台发声。

此次事件中，名人发声、意见领袖助推、媒体平台的持续关注，引发了大量网民对于"家暴"话题的讨论，他们也更关注被家暴者的艰难处境。同时，媒体平台借助热点事件进行普法宣传，提升公众反家暴意识。此次舆情爆发后，不少网民表示对"同居暴力是否属于家庭暴力""惯犯可否累加处罚"等涉及家暴的专业知识了解不够。相关部门借助此话题对家暴维权知识进行科普，取得了良好的传播效果。

## 四、意见领袖：推动话题讨论，影响话题风向

在话题传播中，意见领袖的作用十分显著，往往充当话题传播过程中的解释层，以点带面地推动话题传播，引领话题方向，提高话题讨论度。

一方面，意见领袖能够利用自身影响力推动话题讨论。鉴于微博"聚集性"和"圈群化"的传播特征，意见领袖对事件本身进行转发、评论后，会引起其他意见领袖的关注，形成裂变式传播。加之意见领袖本身拥有庞大的

---

[①] 最高人民法院网. 司法大数据专题报告之离婚纠纷 [EB/OL]. (2018-03-23) [2020-08-10]. http://www.court.gov.cn/fabu-xiangqing-87622.html.

粉丝群体，其言论会被其粉丝进一步阅读、评论与转发。

另一方面，意见领袖能够引导话题方向，有利于引导民众理性认知。在当今网络环境下，社交媒体是最低成本的情绪发泄出口，一部分网民对问题的看法比较片面和狭隘，意见领袖能够呼吁和引导人们正确、理性地认识问题。

**（一）# 幸福生活中的仪式感 #：意见领袖发布话题，激发全民话题讨论**

抖音用户"燃烧的陀螺仪"组织发起了 # 幸福生活中的仪式感 # 话题，鼓励大家一起记录生活中的点滴正能量，寻找生活之美。截至 2020 年 7 月 9 日，燃烧的陀螺仪创建的 # 幸福生活中的仪式感 # 话题播放量达 90 亿，参与人数达 40.4 万人次。

2019 年春节期间，抖音用户燃烧的陀螺仪用镜头和特有的节奏感呈现了过年贴春联这件充满仪式感的"小事"，并在中央电视台 2019 年春节联欢晚会上展播，让"仪式感"一词火遍网络，走进了千家万户。2019 年 10 月，在希望工程实施 30 周年之际，燃烧的陀螺仪将直播和拍摄短视频的收入共计 50 万元，捐赠给云南省芒市希望小学。2019 年 4 月 28 日，宋金泽（燃烧的陀螺仪）荣获"全国向上向善好青年"称号的消息被中央电视台《新闻联播》报道。

**（二）# 海清女演员宣言 #：直击女性中年危机，引发职场困境讨论**

2019 年 7 月 28 日晚，女演员海清在 FIRST 青年电影展上的发言，将"中生代女演员"这一话题再次推向公众舆论的风口。在发表完获奖感言之后，海清拿出手机宣读了她之前准备的稿子，直言中生代女演员所面临的资源稀缺、日渐边缘化的问题，并希望年轻导演们多给她们这些中生代女演员一些机会。

海清的"女演员宣言"引发业界和网友的讨论，舆论呈两极分化。有人认为海清敢于为戏路越来越窄的中生代女演员发声难能可贵。但也有网友批评海清借 FIRST 这个平台向导演推销自己，并认为她没有足够的代表性。话题讨论进一步深入，从影视圈延展到中年女性的职场危机。拥有大量粉丝的艺人参与互动、评论、转发，引发大量网友关注。

## 五、话题环境：带动网民参与，营造话题氛围

中华人民共和国成立70周年庆祝活动期间，传统媒体和互联网公司围绕"庆祝中华人民共和国成立70周年"主题，积极进行内容策划，创作出多种形式的优秀作品，在全网范围广泛传播，呈现了祖国发展建设的成果，激发了群众的爱国热情，增强了各族人民的国家认同感。其中，主流媒体联合短视频平台强势发力，在国庆期间发起#我和我的祖国##歌唱我的祖国##美好生活70年#等相关话题，形成了强大的话题影响力。

### （一）#我和我的祖国#：讲述国家故事，凝聚共同记忆

2019年9月，抖音官方发起#我和我的祖国#话题，呼吁网民利用短视频讲述身边故事，共同庆贺中华人民共和国成立70周年。截至2020年7月9日，#我和我的祖国#话题播放量达137.3亿次，67.1万人参与话题并发布视频。

话题视频内容题材丰富，全民参与，新中国的精神风貌在参与者的镜头中得到展现，爱国情怀在歌声中飘荡。短视频拍摄者不仅用镜头展现了祖国的大好河山，还勾画出勤劳朴实的中国人民最为质朴的幸福生活。

此外，2019年9月，抖音短视频、电影频道融媒体中心联合发起"歌唱我的祖国"挑战赛，抖音短视频邀请数十位艺人进行歌曲片段演唱，要求使用"我和我的祖国"贴纸以及背景音乐拍摄歌唱祖国视频，并且带话题#歌唱祖国#发布。截至2020年7月9日，#歌唱我的祖国#话题视频播放量达47.7亿次，84.2万人参与话题讨论并发布视频。抖音平台契合时间节点，利用知名艺人的独特优势，结合大众高涨的爱国情怀，带动网民积极参与话题讨论，取得了良好的传播效果。

### （二）#美好生活70年#：记录美好生活，与祖国共成长

2019年5月，抖音联合国家发改委、工信部、交通运输部、卫健委、应

急管理部、国务院国资委、中国气象局、全国总工会、共青团中央、全国妇联、生态环境部、公安部新闻宣传局、中国科学院科学传播局、正义网、中国法院网和中国警察网等单位，以及人民日报社、新华社、中央广播电视总台、人民网、新华网和央视网等媒体发起＃美好生活 70 年＃话题活动，邀请网友积极参与，讲述美好生活，展现国家变化。

在国庆的氛围之下，广大网民积极参与，讲述身边故事，展现家乡发展面貌，产生了良好的传播效果。截至 2020 年 7 月 9 日，＃美好生活 70 年＃话题播放量达 50.7 亿次，33.1 万人参与话题并发布视频。

2019 年国庆期间，"国庆"相关话题为公众营造出话题传播环境与氛围，激发公众内心的爱国情感，继而引导他们参与话题讨论，他们的爱国情感与家国情怀通过视频得以具象化地表达。

### 六、新媒体环境下话题传播的策略

**（一）用户本位，构建话题内容**

新的媒体环境下，面对网络海量信息，话题成为信息传播的有效载体，网友的广泛讨论不断增加新闻内容本身的附加值，有效提高信息的传播力与影响力。

建构话题的内容及形态，要以用户为中心。内容生产要采用"UGC（用户生产内容）+PGC（专业生产内容）"的模式，将用户的关注焦点与媒体专业内容制作相结合。话题内容要直击用户痛点，语言表达简洁，话题产品要易于操作、便于传播。

要增强话题产品的互动性与社交性，让共同制作、共同分享成为常态，提升用户的参与感。新媒体环境下，社交是用户的基本诉求。话题内容的交互性、便捷性是决定其传播力的重要因素。

**（二）媒体联动，引导话题传播**

媒体联动是指不同的媒体对同一主题或事件进行报道或评论。对于新媒体话题传播而言，媒体话题联动必不可少，即"不同的媒体之间相互联系，在新时期多媒体竞合生存的环境下，由于主体选择新闻信息更多倾向话题性的需要，不同媒体在一定的时空中对同一突出话题进行报道"。[①]

在新媒体传播环境中，信息来源多样且内容庞杂，但专业媒体的权威性依然具有强大的舆论引导力。在媒体融合的趋势下，各权威媒体对于话题的集中关注形成了传播矩阵，在发布、传播的各个环节能最大限度地引领舆论方向。

### （三）意见领袖，提升话题热度

意见领袖拥有权威发声能力和大量的粉丝群体。在话题传播过程中，意见领袖及时发布的观点、评论、阐释，往往能左右部分网友的意见。在互联网平台，尽管每位用户都拥有在社交媒体的话语权，在技术上不再是被动的信息接收者，但有研究表明，"沉默的螺旋"在社交平台以新的形式存在，且意见领袖在网络人际传播中发挥着重要作用。

### （四）平台管理——坚守把关责任

网络媒体平台应坚守责任，积极营造清朗的网络空间。一方面，网络媒体平台应维护公众言论自由，鼓励用户维护正当权益、表达观点，引导用户共同营造清朗的网络空间；另一方面，对于网络平台中传播谣言、语言暴力等不当言行，平台管理者应采取相应措施，为用户营造良性互动的网络环境。

---

① 王文科，胡蓓蓓."话题时代"媒体联动传播效应分析[J].现代传播（中国传媒大学学报），2007（2）：44–46.

# 媒体融合发展进程中的媒介新系统及其特征分析*

伴随着互联网技术的不断被开发应用，媒介环境发生了历史性的变革。我们看到一系列的变化催生了全媒体时代新系统的形成。习近平总书记指出，要推动传统媒体和新兴媒体在内容、渠道、平台、经营、管理等方面的深度融合，形成立体多样、融合发展的现代传播体系。

## 一、变革与转型：媒介生态环境新系统的演化

媒体融合的根本不在于传播介质的统合，而是要优化媒介的功能，在动态过程中创造出新的信息价值。

提及今天媒介生态环境的变化，人们往往首先想到的是"媒介融合"这一概念。如果依照事物的属性来分析，所谓的"融合"是指两个不同的物质通过相互作用融合为一个新的物质，并产生新的属性。事实上，今天的传统媒体与新媒体正处于聚合状态，它们处在相互作用状态之中，但是并没有融合为另一种新的媒体，仍然有各自的特质。例如，报纸、广播、电视、网络、手机是不同的媒介，具有不同的属性。传统媒体与新媒体的属性没有改变，有所变化的是传统媒体与新媒体在互相渗透、互相借力、互相结合。

从报纸、杂志、广播、电视四大媒体的发展来看，它们是可以完全区分

---

\* 文章原载于《东南传播》2015年第4期，收入本书时，略有删改。

的和具有相对独立特质的媒介，相互之间始终不存在融合的概念和趋势。如果说有所渗透，主要体现在内容的转发、转播上。与之相比较，新媒体所带来的媒介互动现象确实是超越式的划时代的变革。这种新变化似乎让人们应接不暇。然而，就在这眼花缭乱之中，一个全媒体时代出现在我们面前。

笔者认为，从宏观上看，全媒体时代的媒介特征主要表现在以下 8 个方面。

其一，新媒体出现并呈现非常活跃的状态；

其二，传统媒体转型并采取积极应对的行动；

其三，新媒体与传统媒体相互影响与助推并发挥有效的作用；

其四，不同媒体依然具有独立属性并形成新的系统；

其五，所有媒体都在谋求不断发展并构成新的格局；

其六，新的传播形态仍在演化并促成媒介影响力加速扩散；

其七，大众以新方式与态度介入媒体并形成复杂的受众群体；

其八，全媒体时代已经来临并将促动媒介环境的巨大变化。

今天，人们可以感觉、触摸到的一些全媒体过渡时期的新变化已经产生了相当大的影响并发挥出强大功用，例如，传统媒体与新媒体的互动，网络视频平台的拓展，台网联动的传播渠道，手机视频的新动态等。无论是新媒体还是传统媒体的传播都在经历着新变革、新发展，毫无疑问，媒介外部生态与内部格局将成为新的系统。

## 二、聚合与互动：全媒体生态环境的突出特征

新媒体出现之前，传统媒体之间对接较少，而新媒体以其可以实现多媒体传播的特征及其在互动性、时效性方面不可比拟的优势，不仅成为不同媒介之间相互嫁接的纽带，还促成了传统媒体传播方式的一系列改变。笔者认为，聚合与互动是媒介生态环境新系统的最为突出特征。全媒体时代的一个突出特征即是不同媒介间的相互嫁接，对此的理解一般包括媒介内容上的嫁接、传播技术上的嫁接、终端的嫁接和产业嫁接，而媒介嫁接的最基本方式

是不同媒介之间的聚合与互动。

我们可以比较清楚地看到，不同的媒介具有不同的特征、优势和目标受众群体。为此，国内一些大的传媒集团在旗下研发推出了多种媒体形态，形成媒体的聚合，并设立共享的信息获取和使用平台，旗下各个媒体对于共同平台提供的信息，依据各自的特点和需要转换成相应的信息传播形式。例如，处理信息平台上的一则新闻，报纸可以写成消息和评论、广播可以做成广播节目、电视可以做新闻视频、微博等新媒体可以实现与不同受众的实时讨论。全媒体节目崭露头角，如凤凰卫视《全媒体全时空》，在电视新闻节目中梳理报纸消息，把广播演播室搬上电视荧屏，并且采用凤凰旗下其他杂志、娱乐、记者站等机构的内容，发起网络投票和微信讨论，为观众提供多视角、多媒体形式的新闻。

在新媒体成为重要的信息来源和传播渠道之后，传统媒体也必须在新媒体中寻找新闻点和热议话题，针对受众所关心的问题进行报道，跟进网络热门事件、突发事件，评析热门话题，因此，现今在报纸、电视中，人们经常可以看到以网络、微博为新闻来源的报道或者节目中插播的微博评论。而门户网站中的新闻稿件部分来源于传统媒体，如新浪网新闻频道的新闻来源于新华社、《京华时报》以及各地方晚报、文化报，小部分标注了"独家"。

除了互为新闻来源，传统媒体也会在新媒体中投放节目广告等进行节目营销和品牌宣传，或是通过节目内容在新媒体中的广泛传播制造话题，从而赢得网民对传统媒体的关注。这些互动不仅体现在新媒体与传统媒体之间，还体现在传统媒体之间，不同传统媒体之间也实现了信息发布与传播的合作共赢。

2014年3月昆明火车站暴恐袭击事件和2015年元旦上海外滩跨年踩踏事件的媒体传播，可以更为明显地体现不同媒体之间的聚合互动及其效果。

首先，微博等新媒体凭借移动、便携、实时发布的优势成为第一时间信息的来源。在突发事件中，现场有手机的人均可通过移动网络对外发布消息，成为自媒体。新媒体打破了原有的记者到现场采访、制作、播出的流程，新闻生产和发布周期缩短，传统媒体的官方微博账号成为其传播信息、发布新闻的重要平台，很多信息都是在官方微博中首发的，然后报纸、电视等媒体跟进。此外，官微不仅可以作为事件直播的平台之一，其还可以在突发事件中起到疏导作用。2014年3月，10余名统一着装的暴徒在昆明火车站砍杀无辜群众，造成29人死亡，100多人受伤。现场陆续有人用手机拍下照片并上传至微博。《春城晚报》的官微于第一时间转发了市民的一条求证微博，40分钟后，"新浪图片""头条事件"等微博发布了相关消息，并一直跟进事件的进展，发布伤者救助情况等信息。次日，报纸、电视等开始报道此事件。而上海外滩跨年踩踏事件发生于2014年12月31日晚23时35分左右，大部分媒体的微博和手机客户端直至凌晨4点才开始报道此事，并未及时对拥挤情况和疏导情况、救援情况等信息进行手机推送，没有充分发挥新媒体的实时传播作用，导致有关该事件的谣言在公众平台不断扩散。

其次，传统媒体通过微博实现与用户的互动，了解用户的真实想法，及时与用户沟通，并组织用户实行必要的救助措施。同时，传统媒体利用社交媒体监测系统及时了解用户动态以及媒体动态，进行舆情监测和传播分析。基于网络新技术的大数据分析中，数据可视化被应用于新闻报道和救援。昆明火车站暴恐袭击事件发生后，昆明献血服务的官微发布了义务献血救治伤员的消息，通过其他媒体官方微博的转发扩散，消息得到广泛传播，献血的人数不断增加，一些媒体官微发布了防恐和自救宣传手册，并发布了为伤员家属等需要帮助的人提供免费心理咨询服务的消息。而上海外滩跨年踩踏事件的发生则在一定程度上与相关部门对新媒体和大数据的利用不到位有关，一方面是"灯光秀取消"这一信息并未得到有效传达，许多不知情的人依旧前往观看一场不存在的秀，导致人流量过大。另一方面，如果对人流量进行移动实时监控和数据分析，并在传统媒体和新媒体客户端中向民众传达这一信息，事件的严重程度或可被降低。

再次，总结以往突发事件应对经验，人民网舆情监测室提出"黄金4小时"法则。传统观点认为，事件发生后的24小时是引导舆论和处理事件的关键，但是由于即时通信工具、社交网络和微博的广泛应用并渗透到突发事件的传播和处理过程中，新闻传播周期被缩短，舆论引导必须提高时效性。在QQ、微博、BBS中，信息的接收者可以同时成为传播者，生成舆论的时间被大大缩短，政府和传统主流媒体必须积极利用这些"黄金4小时媒体"，在第一时间发布信息、表明态度、澄清谣言、引导舆论。昆明火车站暴恐袭击事件发生的当天，主流媒体的官微都纷纷发布消息，让用户了解事件的真相。次日凌晨，中央领导赴昆明处理暴恐袭击事件，媒体官微直播事件处理进展，并于事件发生6个小时后发布了习近平总书记的重要指示。事件发生后，在网上流传着一些诸如昆明公交车站也受攻击、伤员救治需缴纳押金等谣言，主流媒体纷纷辟谣，防止谣言传播激化社会矛盾，安抚社会民众恐慌情绪，维护正常的社会秩序。在上海外滩跨年踩踏事件中，媒体反应速度过慢，多数传统媒体在事件发生4个多小时后才开始在微博、微信和手机客户端进行报道，许多传统媒体甚至在调查结果尚不明确时就转发"因有人扔美金导致踩踏"等虚假消息，推动谣言扩散。2015年1月21日，各媒体公布调查结果后，网民纷纷表达了对媒体"调查速度太慢"的不满。

最后，新媒体供应信息、传统媒体整合信息的局面形成。用户在新媒体上发布的实时消息需要官方媒体的确认才会成为大众普遍相信的事实；官方媒体对于突发新闻事件进展的跟进可以帮助树立媒体的品牌形象，提高社会认可度和关注度。《春城晚报》以发布及时、更新快和贴近性等优势获得了良好声誉。昆明火车站暴恐袭击事件发生后的第二天，凤凰卫视在新闻中做了几个特别报道。央视新闻官微也一直跟进该事件，但由于央视新闻频道用较大篇幅报道乌克兰局势，部分网民在贴吧和微博中表达了对央视新闻的不满。由此可见，虽然很多人依靠新媒体获得信息，但仍对传统媒体有所依赖，新媒体是信息传播的出发点，传统媒体则是信息传播的落脚点。

### 三、助推与分享：全媒体时代的新思维

Web2.0使得用户分享和信息聚合成为可能并被广泛应用，用户可以不受

时间和地域的限制获取信息和分享观点，互联网提供了一个开放的、交互的、去中心化的平台。

Web3.0 使真正意义上的数据时代到来，开放的技术、公开的身份和无处不联网的状态为可供分析的各种数据的获得创造了条件。在新闻界，舆情分析转向新闻可视化，媒体的工作模式更加开放，传统媒体与新媒体之间的壁垒被不断打破。

可以预料，新媒体的发展方兴未艾，许多新的功能、新的方式还将被不断推出，而传统媒体则要进行新的转型，面临着"全媒体过渡期"的巨大挑战。

从一定程度上讲，新媒体似乎不用特别用力，就能够同传统媒体产生互动。例如，湖南卫视《爸爸去哪儿》节目的传播，网络媒体仅靠提供平台就能获得巨大收益，而电视媒体对这档节目的打造则要费尽心血和气力，所花的时间和精力不言而喻。更有意思的是，《爸爸去哪儿》在电影院这样传统的大众传播公共平台上也获得巨大收益。再如，CCTV 策划的《你幸福吗》《家风是什么》《你为谁点赞》等特别节目，也正是由于在网络媒体上引起热议后产生更加广泛的社会反响。在 2014 年和 2015 年对全国两会的报道中，CCTV 利用新媒体的信源和数据进行报道显然使报道更加充分，甚至由此产生新的节目形态和报道方式。2015 年初央视新闻频道搬迁到新址之后，其在演播室技术和新闻播报方式上较以往有了很大改观。

事实上，现在电视媒体特别节目的策划，已经到了从宏观到微观都必须考虑利用新媒体助推的阶段；而新媒体也时刻关注电视的动态，希望借助电视的产品获得更大收益。

通过对目前的演变和结果进行分析，我们可以得出的观点是，助推与分享是全媒体时代的新思维。其理由主要是不同媒体各自具有不同的优势和劣势，互相不能取代，发展的趋势是相互助推，反复分享。

### （一）信源与可信度的互补

新媒体在信息发布和舆论引导方面有着无可比拟的优势，但由于当今时

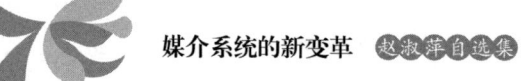

代人人都可成为传播者，信息的发布与扩散缺少把关人，信息的质量良莠不齐。在权威性和可信度方面，人们仍然依赖于传统媒体。社交媒体成为新闻来源之一，但用户发布的内容需要经过主流媒体的核实和确认才会被普遍认可。网络传闻、微博谣言几乎数不胜数，如辽宁水灾谣言、三峡水电站被私有化谣言等。这些事件的发生从另一个角度来看巩固了传统媒体的权威地位，人们即使习惯从网络上浏览新闻，但是为了证实可信度仍然会选择主流媒体的官方微博。

### （二）"上传"与"下达"的互补

在我国，新媒体虽然可以更加充分地"上传"民意，也可以起到迅速"下达"的作用，但是在围绕政府中心工作、搭建起党与人民沟通的桥梁方面弱于传统媒体。目前，舆情分析和信息处理的主力仍然是传统媒体，而新媒体则是传统媒体舆论引导的途径之一。官方微博拥有大量粉丝，所发布的新闻被大量转发和评论，因此，官方微博在网络新闻传播中起着举足轻重的作用。此外，网络适合碎片化的传播方式，很多人都不习惯在网上浏览长的资讯类视频，因此，在视频新闻的传播上，电视媒体在用户使用习惯方面占有优势，并可以增加新闻的深度。

### （三）实效与产出的互补

传统媒体的新闻制作要经过严格的选题、采访、写作或节目制作、出版或播出等多个环节，即使在事件发生后立即派出记者去采访，传统媒体也难以赶超新媒体的速度；而通过移动互联网和信息分享平台，新闻现场的目击者可以用手机拍摄，通过手机客户端将视频上传至互联网。新媒体可以在第一时间搜集网络中对于现场事件描述的资料，通过电话等方式核实信息，然后发布新闻消息，这个过程可以缩短至几十分钟甚至几分钟。传统媒体在新闻的实时传播更新方面也难敌新媒体。在如汶川地震等重大突发性事件中，CCTV只在汶川地震发生时中断了正常节目并进行24小时直播，而在网络上，对于突发事件的动态传播可以做到一直持续。

### （四）大数据传播的互补

大数据时代的兴起为新闻的传播提供了新的契机，新闻事件与大量信息的结合为实现新闻报道视角多样化提供了可能。传统媒体利用大数据，并在数据中提炼出相应的观点进行传播。这是传统媒体利用新媒体技术掌握新闻传播主动权的重要途径之一，其在对数据的处理过程中，发现新的视角、信息和结论，丰富新闻内容，开阔受众视野。数据新闻丰富了新闻的可视化表现形式，将枯燥烦琐的数据整理制作成简单易懂的图表，增强了需要数据支持的新闻的生动性和形象性，做到了深入浅出，是电视媒体提高新闻可读性和感染力的重要方式。

### （五）参与与联动的互补

在新媒体中，用户可以自由进行复制、粘贴，信息的传播自由度和速度大幅增加。由于每个人在接收信息的同时都可能转化成信息的传播者，信息的传播模式是辐射状的，每个信息发出者都是一个小型的传播中心，尤其是在微博、微信中，通过用户的转发，信息可以实现病毒式的传播。新媒体具有互动性特点，用户可以自由参与某个话题的讨论。这也给传统媒体的节目营销提供了便利。央视新闻新媒体客户端在2015年春节之际推出"回家之路"拍摄和征集活动，参与者用手机记录下自己的回家路并上传至网络，被选中的视频将呈现于央视新闻频道和新媒体客户端中，这既促进了电视媒体与观众的互动，还提高了观众对于新闻频道的关注度。此外，一些电视节目如《中国达人秀》《中国好声音》也积极利用新媒体进行节目营销，通过发布选手的故事、发起话题讨论、发布节目信息等，提高节目的收视率和关注度。

## 四、有利与不利：全媒体过渡期的辩证考量

当下，无论在业界还是在学界，大家对"全媒体化既是机遇又是挑战"这一观点一致认同，然而，这样的演变进程将带来什么样的结果呢？未来我们怎样认识全媒体时代背景下的不同媒体的属性、特征和优势呢？以我们今天的认知是否能够获得对未来清楚的认识？

新媒体与传统媒体互相聚合的同时，也带来了新的问题和弊端，对于许多新问题和弊端我们需要辩证地考量。

传统媒体在网络中发布的文字内容可以被随意截取和再加工，视频图像也可以被自由下载和剪辑，这种现象需要引起学界、业界的关注。一些网友把主流媒体的视频进行截取，只将部分片段发布到微博中，通过大量用户的评论和转发后，原有的意图被曲解，这对传统媒体的内容传播和品牌形象都会造成一定威胁。例如，对于东莞扫黄事件的报道，CCTV《焦点访谈》节目的视频中部分镜头比较详细，节目中还包含了对权力滥用、监督空白和政府不作为等其他内容。在网络流传甚广的片段中，记者暗访该行业时的镜头，引起了网友质疑，甚至有些用户在评论中对记者进行人身攻击。

新媒体中信息不可避免地被用户随意整合和再加工后传播的方式，给传统媒体敲响了警钟，其需要重新考量内容取舍、表达方式、形象维护，这也对记者的报道提出了新的要求。全媒体时代信息的获取和发布已经不再是记者的专利，新闻事件现场的目击者可以通过移动媒体拍摄和上传信息。记者不仅要具有信息采集的能力，还应有信息识别的能力，从鱼龙混杂的信息中提炼出真实的和有传播价值的信息；做好新闻事件的现场报道；突发事件评论跟进；克服舆论引导时效性与准确性之间的矛盾；在最短的时间内判断形势。数据分析时代对于记者的技术掌握能力提出了更高的要求，记者不仅要熟练掌握采、写、摄、录、评，还应具有数据分析处理的能力。

新媒体的时效性和开放性加剧了传统媒体引导舆论的难度。新媒体缩短了新闻生产周期，在新闻事件发生短时间内迅速聚集大量的信息和言论，迫

使传统媒体必须及时跟进，迅速调查和公开事实真相，在信息发布和舆论引导方面占领先机，否则就会处于被动地位。新媒体的信息把关和过滤功能较差，谣言散布容易，并且新媒体的传播具有"滚雪球"的效应，这也增加了引导舆论的难度。主流媒体必须在第一时间澄清谣言，避免虚假信息给社会带来损失。

最近两年，一个特别值得关注的现象是，网络自制电视剧的成功。调查显示，使用网络客户端观看视频的多为学生和上班族。基于他们的特点和习惯，搜狐视频于2012年推出了自制网络剧《屌丝男士》，点击量过亿。该网络剧时长短，适合网络时代碎片化的浏览方式，在内容上以当下盛行的恶搞和吐槽为主，更加符合当今年轻人的心态。对于这样的恶搞和吐槽，是肯定还是否定？社会各界各执一词，并无定论。

网络剧和传统电视剧相比，成本低而且更适于网络传播。之后，搜狐推出《屌丝男士第二季》《夏日甜心》等，优酷推出《万万没想到》等，均获得了巨大成功。优酷的脱口秀节目《罗辑思维》在推出半年后由自媒体视频产品成长为互联网社群品牌，并举办了一系列线下社群活动。这些新的举动都给传统的电视剧和视频节目带来新的挑战，传统媒体必须以新的思维方式开发新的产品形态，以适应全媒体化的需要。

客观而言，尽管传统媒体在全媒体化过程中进行了诸多尝试，但是就目前来看，传统媒体的全媒体化主要体现在传播技术的提高，官方网站和微博的建设与维护，手机、电脑等客户端的开发几个方面。在产品的制作方面传统媒体依然沿用习惯的思维方式，对于新传播特点和用户的接受习惯研究不足，对新产品的创新能力不足。官方网站和客户端把报纸和电视终端播出的内容照搬过来，仅仅是换了一个新的播出平台，却未考虑新平台的传播特点和用户群的特点。央视客户端、灿星制作客户端等传统媒体视频客户端与优酷、搜狐视频等相比竞争力不足。全媒体时代是一个受众细分的时代，用户指向性特征更为明确，传统媒体在新媒体产品形态的开发方面必须转变思维，加强市场和用户研究，创新节目形态。因为不同的媒介的传播方式、平台和特征不同，还因为传统的思维模式并未被完全打破，传统媒体对新媒体的利用仅仅是初步的，需要以创新的思维开拓新领域。

## 五、结语

毋庸置疑，全媒体时代已经到来，传统媒体与新媒体之间的聚合与互动、助推与分享、影响与创新不但给它们自身带来巨大变化，而且在社会上产生了广泛影响。可以说，全媒体媒介环境的演变是一场历史性的变革，是人类社会重大变革的一部分。

# 构建媒体深度融合发展新格局<sup>*</sup>

党的十九届五中全会强调，推进媒体深度融合，实施全媒体传播工程，做强新型主流媒体，建强用好县级融媒体中心。2020年9月，中共中央办公厅、国务院办公厅印发《关于加快推进媒体深度融合发展的意见》（以下简称《意见》），从重要意义、目标任务、工作原则三个方面明确了媒体深度融合发展的总体要求。构建媒体深度融合发展新格局，是繁荣发展文化事业和文化产业、提高国家文化软实力的题中应有之义，是提升公共文化服务水平的有效路径。

## 一

什么是深度的媒体融合形态？这需要从全媒体传播生态层面进行分析与理解。结合互联网发展加速重构媒体格局的新形势，从系统论视角审视，全媒体传播体系应当由新型主流媒体/网络平台、数据/内容、传播者/服务者、用户/群众等要素构成。与此前相比，传播系统的基本要素没有太大改变，但是重心及要素之间的关系发生了结构性变化。

首先，数据是全媒体传播体系的基本资源，缺乏数据，就意味着缺乏传播力。在全媒体时代，必须坚持内容为王，而数据是发挥内容优势的基础。媒体深度融合应充分将主流媒体长时间积累的数据资源开发出来，不断增加拓展新闻信息服务的深度和广度，在数据版权、数据服务、数据库等方面发挥比较优

---

\* 文章原载于《光明日报》（2020年12月22日），收入本书时，略有删改。

势,提供满足用户资讯、社交等需求的有竞争力的产品。尤其是人民群众喜闻乐见的精品内容,更是主流媒体在媒体融合中需要着力打造、建设的部分。

其次,媒体融合的理想形态是主流媒体成为集信息、商务、政务、民生等于一体的强大主流平台。《意见》强调,"把党的优良传统和新技术新手段结合起来,强化媒体与受众的连接,以开放平台吸引广大用户参与信息生产传播,生产群众更喜爱的内容,建构群众离不开的渠道"。以先进技术引领构建主流平台,有利于走好全媒体时代群众路线,增强主流媒体聚合能力及传播能力。需要注意的是,这里所说的平台并非要有与互联网商业平台一样的体量和规模,而是要拥有与互联网商业平台同等的技术和服务水平。因此,构建媒体深度融合发展新格局,要用好5G、大数据、云计算、物联网、区块链、人工智能等信息技术革命的成果。

最后,在全媒体传播体系中,传播者就是服务者,要与用户建立深度连接,提高用户黏性。《意见》指出,要"坚持以人民为中心的工作导向,坚持贴近群众服务群众"。互联网新技术、新应用加速发展,各种新媒介形式层出不穷,多元社会思潮涌现并相互碰撞,这对主流媒体把握网上传播规律、走好网上群众路线提出了更高要求。传统媒体要大胆创新、调整角色定位,将新型主流媒体打造为新型服务者,把人民作为服务对象,为人民利益和诉求发声,积极回应社会关切,传播他们的意见、要求和呼声,用服务功能吸引用户,用强连接留住用户,真正坚持以人民为中心的工作导向。

## 二

《意见》指出,要"坚持正能量是总要求、管得住是硬道理、用得好是真本事,坚持正确方向,坚持一体发展,坚持移动优先,坚持科学布局,坚持改革创新",这为我们推进媒体深度融合指明了方向。

深度融合是在坚持正确政治方向下传统主流媒体占领新兴传播阵地的融合。一般认为,媒体融合的实施主体是传统主流媒体,其通过制度创新、新技术运用、内容革新、渠道优化等路径,实现向新兴媒体的转型升级。这是根据我国新闻舆论工作的历史和现实要求而制定的，是具有中国特色、中国风格的媒体融合之路。传统媒体在转型为新兴媒体的同时，主阵地不能丢失，正能量不能缺失，主旋律要大力传播和弘扬，党的新闻舆论工作的优良传统要不断传承。

"一体发展"和"科学布局"是当前媒体融合亟待破解的重要课题。近年来，媒体融合实践的基本逻辑在于：一是自上而下的战略规划与设计；二是对各地优秀典型做法加以推广。一些地方媒体在融合过程中所建设的云平台、融媒体生产模式和政务服务模式，被其他省、市媒体所效仿，媒体融合呈现多点开花的样态。这个过程中存在的问题在于，报纸、广播、电视、门户网站、社交媒体等常常各自为战，内容生产一体化程度不高，资源的充分整合与挖掘还不够。这样的融合是浅层的、有边界的。因此，《意见》明确要求从体制机制改革入手，建立起适应全媒体生产传播的一体化组织架构，提出按照资源集约、结构合理、差异发展、协同高效的原则，完善中央媒体、省级媒体、市级媒体和县级融媒体中心四级融合发展布局。同时，推动媒体深度融合发展要坚持科学布局，既一体发展、整体推进，又不能一哄而上、搞重复建设。

坚持移动优先是当前媒体深度融合的重要原则，也是衡量媒体融合成败的关键。传播内容、技术、人才、项目资金都要向互联网和移动端倾斜，这是深度融合的必然要求。建设全媒体移动终端，这几项要素相互作用、不可或缺，没有项目资金就无法吸引真正优秀的全媒体人才，没有全媒体人才，技术和内容便无从谈起。传统媒体的转型升级既要有互联网思维，又要有商业互联网的运作逻辑、资金投入和专业人才。其中，人才是关键中的关键，要实现媒体深度融合，当务之急是"充分释放人才活力"。

坚持媒体深度融合，必须坚持改革创新。一方面，深化体制机制改革，通过改革创新管理机制，配套落实政策措施，把握新媒体传播规律，统筹处理好媒体融合主体之间的关系，打造合理完备的全媒体传播链条，形成协同高效的全媒体传播体系。另一方面，坚持内容创新，注重内容建设，保持内容定力，专注内容质量，扩大优质内容产能，创新内容表现形式，提高内容传播效果，通过对优秀内容的生产和传播，引领和实现媒体进一步深度融合。

# 构建中国全媒体传播体系的三个重心*

在移动互联网、大数据、人工智能、区块链、媒体融合的助力下，新闻信息无处不在，全媒体应势而生，以其强渗透与场景附着、社交增能及传受时空关系重构等传播特点，深刻改变了我国的媒体生态与传播格局。2014年8月18日，中央全面深化改革领导小组第四次会议审议通过了《关于推动传统媒体和新兴媒体融合发展的指导意见》，开启了中国媒体行业传播理念与实务的全面革新。5年中，媒体融合作为国家传播战略不断推进深化，全媒体传播宏观布局持续发力，主流媒体的融合转型引领创新，移动优先与智慧广电深入人心。2019年1月25日，中共中央政治局在人民日报社举行第十二次集体学习，习近平总书记特别指出，推动媒体融合发展，形成资源集约、结构合理、差异发展、协同高效的全媒体传播体系。对全程、全息、全员、全效媒体的规律性认识、制度性研究与发展性探寻，已成为我国媒体行业转型必须要面对的重要议题。

党的十九届四中全会审议通过的《中共中央关于坚持和完善中国特色社会主义制度、推进国家治理体系和治理能力现代化若干重大问题的决定》（以下简称《决定》），为打造中国特色的全媒体传播体系提供了根本遵循。《决定》指出，建立以内容建设为根本、先进技术为支撑、创新管理为保障的全媒体传播体系。这一重要表述，明确了我国全媒体传播体系建设中的三个结构性工作重心和未来发展目标。

---

\* 文章原载于《光明日报》（2019年12月3日），收入本书时，略有删改。

## 一、以内容建设为根本，构建全媒体传播体系的内容新生态

"眼球效应""爆款思维"曾被誉为新媒体生产领域制胜市场的法宝，但由此引发的媒体行业对"流量"的追逐也屡现弊端，假新闻、标题党和网络谣言等灰色内容滋生，过度强调点击率与爆款逐利的思维，使我们沉迷于"内容"的流量逻辑中不能自拔，背离媒体融合发展的初衷。

构建全媒体传播体系的内容新生态，要坚持以习近平新时代中国特色社会主义思想为指导，牢牢把握社会主义先进文化前进方向。这不仅是党管媒体原则的新时代践行，也是对全媒体内容生产规律的遵循。我们正处在中华民族伟大复兴的关键时期，正在进行具有许多新的历史特点的伟大斗争，面临着前所未有的挑战和困难。习近平总书记在关于《决定》的说明中特别强调，《决定》稿回答了"坚持和巩固什么、完善和发展什么"这个重大政治问题。习近平总书记的这一强调内容，启示我们需要以问题意识观照全媒体内容生产与叙事创新的方方面面。

新技术平台赋予"内容"更为复杂的数据内涵与功能外延。跨媒体多屏化算法推荐与虚拟仿真使"内容"更为紧密地贴合在技术形式之上。因此，我们更需要厘清媒体传播的内容生产意识、内容结构模式与内容传播策略，理解"内容为王"的新时代意义。

围绕举旗帜、聚民心、育新人、兴文化、展形象的使命任务，越来越多的媒体开始尝试结合大数据、可视化、VR虚拟、动漫甚至游戏化等，对党史、新中国史和改革开放史进行全新的讲述和传扬，对中华优秀传统文化进行数字化呈现与融媒化诠释，体现了媒体在坚持正确舆论导向，坚持正面宣传为主，唱响主旋律，弘扬正能量，做大做强主流思想舆论，提高新闻舆论传播力、引导力、影响力、公信力等方面的积极探索。

## 二、以先进技术为支撑，构建全媒体传播的技术新体系

全媒体技术体系的建设是我国总体国家安全观建设的重要组成部分之一。智媒时代，全球传播网络与技术环境都在经历全面的更新，在媒体融合真正成功之前，我们依然会经历漫长的跋涉与艰难的摸索阶段，制胜之路并非坦途。中国主流媒体唯有立足本土，不断开拓探索支撑型的全媒体科技创新机制体制，以总体国家安全观指导全媒体技术安全观，培育技术开发能力、管理能力，全面提升数字素养观与技术发展观，完善新型传播技术人才的发现、培养、激励机制，才能有效应对全媒体技术发展带来的挑战。

技术是媒体转型的风向标和测速仪，但也是一把双刃剑。对技术的迷信与盲目追逐是技术决定论主导下出现的必然现象，也较容易造成资源浪费和重复建设，这一现象在新媒体、融媒体行业发展中尤为明显。对技术的冷思考与理性分析对全媒体传播体系的建设尤为重要。全媒体技术新体系的研发不仅体现了中国特色的媒体格局与科技生产力的有机结合，还体现了新型媒体技术之间互为补充、相互关联的宏观结构性关系。

全媒体技术新体系的构建是主流媒体转型制胜、抢占技术话语权的关键。唯有充分掌握并利用好新技术的先进手段与前沿方法，我们才能为社会主义先进文化的全球传播插上腾飞的翅膀。

## 三、以创新管理为保障，构建全媒体传播的管理新模式

全媒体内容新生态与技术新体系的健康发展，离不开创新管理的保驾护航。传统事务性、经营性的管理思维与模式已难以胜任复合化、立体式、全媒体传播的发展诉求。面向未来的全媒体创新管理，是一种基于互联网思维的人力资源、产业与资本管理模式的聚合式管理模式。

现行管理体制存在多头管理、职能交叉、权责不一、效率不高等弊端。同时，随着互联网媒体属性越来越强，网上媒体管理和产业管理跟不上形势

的发展变化。应时而变，创新管理，才能继续生存与发展。在媒体竞争日趋激烈的当下，我们更加期盼管理新视野、新方法的出现。但构建全媒体传播体系的管理新模式远非一日之功，不可能一蹴而就。

创新管理，需要对媒体产业变迁的宏观动能与未来方向精准掌握、扬长避短，充分了解传统媒体和新型媒体、中央媒体和地方媒体、主流媒体和商业新媒体的各自优势与不足，在博采众长的基础上夯实自身强项，实现超媒式、共享型、移动化与智能型未来媒体的渐进式发展。从"中央厨房"到"县级融媒体中心"，中国主流媒体在实践中寻找与总结创新管理的自身经验，也为构建全媒体传播体系的管理新模式奠定了基础。

全媒体传播体系的建设，对内容驱动、技术研发以及模式治理都提出了全新要求，体现了立足于新时代的媒体治理观与发展观的有机统一，值得每一位媒体人、传媒学者深入解读与学习。习近平总书记指出，要加强我国国家制度和国家治理体系的理论研究和宣传教育。面向未来，我们要在前进中不断总结，提炼全媒体发展实践中所体现的学理认识与行动智慧，并从产学研交叉结合的教育立场强化全媒体传播体系的构建。全媒体预示着传播研究的新方向，它不仅仅是对一种传播景观的描述，更投射出消除城乡数字鸿沟，让全媒体实现全民可及的发展路径。中国的全媒体传播体系构建以鲜活的本地经验与实践，将中国特色呈现在世界面前，这为全媒体传播的中国范式搭建了一条国际学术交流的通道。未来，我们应当更为主动地开阔全媒体传播体系的国际视野，借中国旺盛勃发的全媒体传播产品实现信息输出、技术输出、平台输出。

构建中国特色的全媒体传播体系，是建设数字时代信息矩阵的前提，中国特色的全媒体传播体系不仅服务于国家治理和社会治理创新；更是构建网上网下一体、内宣外宣联动的主流舆论矩阵的基础。全媒体传播体系的建设与健全，是发展社会主义先进文化、广泛凝聚人民精神力量的根本保障。

# 提升对网络舆论引导的规律性认识*

在互联网传播中,坚持正确舆论导向,是做好新时代新闻舆论工作的基石。今天,我们进入了万物互联的新媒体时代,新技术层出不穷,媒介环境深刻变革,网络舆论引导是一项关系到国家长治久安的工作,迫切需要加强对互联网传播规律的研究和把握。习近平总书记对新闻舆论工作高度重视,发表了一系列重要论述,多次强调要遵循新闻传播规律和新兴媒体发展规律,形成立体多样、融合发展的现代传播体系。我们应该从认识论角度对网络舆论引导的规律进行探索,掌握方法,因势利导,提高用网治网水平,使互联网这个最大变量变成事业发展的最大增量。

## 一、网络舆论引导的规律性

舆论引导主要指新闻媒体通过新闻手段,引导公众形成正确的意见、态度和行为的实践活动。媒体坚持正确的舆论导向,就是指媒体的报道要坚持正确政治方向,要符合党和政府的路线方针政策,要符合真实、全面、客观、公正的新闻报道原则。

网络舆论引导,一般可以看作舆论引导的一部分,即媒体通过网络传播手段对网上的意见、态度和行为进行引导。在整体的传播格局下,网络舆论是社会舆论的重要组成部分,但并不是社会舆论的全部。原因显而易见,一

---

\* 文章原载于《光明日报》(2018年12月19日),收入本书时,略有删改。

些意见并没有在网上传播而是活跃于线下，网上的意见状况也不能代表社会整体的意见。不过，我国的网民数量已超过8亿，网络舆论在一定程度上成为反映社会意见的重要"风向标"，网民来自老百姓，老百姓上了网，民意也就上了网，网络舆论不可等闲视之。

舆论引导是有规律可循的，是基于对舆论本身规律的把握。舆论的主体是公众，其客体是社会现象和社会问题，呈现形态则是公众的意见集合。因此，舆论引导需要反映社会的主流意见和态度，进而引导公众在理性对话中达成较为一致的意见，推动党和国家中心工作的开展与社会的进步。回顾40年来我国改革开放的伟大历程，媒体为改革开放鼓与呼，充分发挥了舆论引导的作用。

舆论引导规律还源于新闻传播规律。人类作为主体参与的新闻传播活动，构成了一种相对稳定的、客观的、历史的特征和规范。可以说，新闻传播规律制约着新闻传播活动，这就要求我们必须按照新闻传播规律办事。

中国特色社会主义新闻理论体系构建的过程是在继承马克思主义新闻观的基础上不断深化的过程；舆论引导规律的认识也经历了不断丰富、完善、提升的过程。党的新闻舆论工作是一门科学，必须按照规律办事。习近平总书记在全国网络安全和信息化工作会议上指出，要加强网上正面宣传，坚持正确政治方向、舆论导向、价值取向。

具体来看，网络舆论引导的规律体现在对象、层次、功能、方法等各个方面。习近平总书记反复强调要改进网上宣传，科学认识网络传播规律，运用网络传播规律，把握好网上舆论引导的时、度、效，营造清朗的网络空间。

## 二、网络舆论引导呈现新的特征

互联网已经成为人类生活中的基础设施，网络舆论引导同样受到社交媒体、大数据、人工智能等的冲击和影响。新的时代条件下，网络舆论引导呈现出如下一些新特征，提升规律性认识需要把握"变与不变"的关系。

首先,网络舆论引导的主体呈现"中心与多元"的特征。主流媒体是网络舆论引导的"排头兵",应当发挥"压舱石"的作用。不管是涉及国计民生的公共议题、突发事件,还是社会热点、民生议题,主流媒体都应当通过权威发布、及时发布来有效引导网络舆论。互联网商业平台、社会化媒体、自媒体等也是网络舆论场的重要组成部分,时常推动着网络舆论的发酵、扩散以及产生社会影响。网络舆论引导离不开这些主体的参与,也需要加强对这些主体的管理。以主流媒体为中心,多元平台、多元媒体共同参与的网络舆论引导机制,更有利于在舆论场中发挥"同频共振"的作用。

其次,网络舆论引导的对象更具有社交化、视觉化、情绪化等倾向。与传统意义的舆论引导相似,网络舆论引导的对象是网络上的意见、态度、情绪和行为,背后则是一个个的网民。过去我们常常用"众声喧哗"来比喻互联网,这反映了网络舆论的自发性、匿名性、无序性等特点,然而,今天的网络舆论除了具备上述特点外,网民的意见、态度与社会事实本身的关联性在降低,理性意见和非理性意见之间、情绪宣泄和信息发布之间的关系更为混杂。有时候,甚至一张模糊的图片、一段短视频就可以"点燃"网络舆论,然而,背后的真相却鲜有人问津。近年来,层出不穷的"舆论反转"事件具有非常明显的非理性特征。事件一发生,网民在社交媒体上迅速形成舆论,然而,舆论的基础并不牢固,情绪表达取代了事实探寻,急于站队取代了理性分析。因此,我们应该对网络舆论本身的这些倾向加强研究,才能够在舆论场中准确识别,找准引导的方向,合理制定引导的策略。

最后,互联网传播尤其是智媒时代的传播是更高维度的形态,网络舆论引导的方法、观念应当"升级"。一谈到舆论引导,在一些人的观念中就是灌输和说教,甚至是动用一刀切的简单手段。这不仅背离了舆论引导的时、度、效要求,而且违背了互联网传播的规律。与过去发布信息、传播信息、接收信息的传播模式不同,互联网传播尤其是智媒时代的传播呈现出更高维度的形态。大数据的管理与运用、数字消费行为的追踪、网络情绪的识别、人工智能辅助系统的开发等新的方法论,亟须我们运用到网络舆论引导过程中。

### 三、着力提高网络舆论引导水平

提升网络舆论引导的规律性认识,就是要加强对于互联网传播规律的把握,提高引导的水平,更好地达到引导的目标和效果。

第一,要明晰网络舆论的引导目标。网络舆论引导不是要消除网络舆论,不是仅仅追求短期内、表面上的一致性,而是要用舆论引导来推动实际工作的开展。网络舆论引导的根本目标是凝聚人心、鼓舞斗志、引领方向,从而推动解决实际问题,围绕新时代中国特色社会主义的奋斗目标,夺取中国特色社会主义新胜利。统一思想、凝聚力量是新时代宣传思想工作的中心环节。网络舆论的特点是阶段性的,而长期的舆论现象背后则是社会心态和人心向背。人心是最大的政治,网络舆论引导绝不能背离了以人民为中心的工作导向。

第二,要明确网络舆论的引导效果。在实际工作中,一些党政部门常用"网络舆情"来指代网络舆论。需要注意的是,舆情报告是人们对网络舆论分析和研判的内容,舆情报告是网络舆论引导过程中的决策参考。网络舆论引导的着眼点不是为了分析网络舆情来完成一份报告,完成报告并不意味着达成了舆论引导的目的。网络舆论引导的着眼点是发现问题,解决问题。如果忽视了舆论引导的效果,无异于自说自话,不仅对实际工作无所助益,反而干扰了党和政府的科学决策。

第三,要明确网络舆论的引导内容。网络舆论的生成、扩散、消减有着自身的规律,有些取决于社会问题的解决与否,有些则与舆论引导工作息息相关。准确的事实、权威媒体的发布、公开的手段、及时的澄清等,都是多年来党的舆论引导工作积累的宝贵经验,可以说,这是对舆论引导规律性的认识与把握。网络舆论引导不是说一些空话、套话,而是要通过走网上群众路线,积极回应网民关切、解疑释惑,不断提高对互联网规律的把握能力、对网络舆论的引导能力、对信息化发展的驾驭能力、对网络安全的保障能力。

# 传播矩阵与"深融"实践：我国三大央媒移动客户端研究*

自2014年开始，中央主流媒体（以下简称"央媒"）开始自主建设移动客户端，以此作为媒体融合的一种路径。经过几年的发展，央媒的移动客户端已从"单兵作战"变成"矩阵联合"。2021年，随着推进媒体深度融合被列入国家"十四五"规划，我国的媒体融合从"真融"进入"深融"阶段。移动客户端的发展面临新的时代背景，也承担着更加重要的使命。

本文通过对《人民日报》、新华社、中央广播电视总台三大央媒的移动客户端进行动态观察和比较研究，从矩阵结构、功能革新和运营策略三个角度进行分析，总结了各个央媒移动客户端的传播矩阵和深度融合的实践特征，并提出面向未来的发展策略。

## 一、央媒移动客户端的现实需求与生存挑战

移动客户端又称移动互联网应用，是指基于移动设备（智能手机、平板电脑等）的应用软件，是与电脑客户端相对的概念。移动客户端能够随时随地为用户提供信息服务，从而实现人与信息、人与人、人与物之间更加紧密的联系。移动客户端是移动互联网的核心入口，也是互联网时代人们获取信息的最主要渠道。中国互联网络信息中心（CNNIC）发布的《第48次中国互

---

\* 文章原载于《中国新媒体研究报告》2020年第1期，收入本书时，略有删改。

联网发展状况统计报告》显示，截至 2021 年 6 月，我国移动客户端的数量为 302 万款。①

2011 年，苏州广电集团推出的无线苏州客户端首开我国主流媒体建设移动客户端的先河。2014 年，国家将"传统媒体与新媒体融合"提升到政策层面，建设移动客户端成为媒体融合的突破性路径。《人民日报》和新华社相继推出了"人民日报"和"新华发布"移动客户端，部分省级主流媒体也开始了建设移动客户端的探索。2018 年，习近平总书记在全国宣传思想工作会议上要求，"扎实抓好县级融媒体中心建设"，移动客户端成为各地融媒体中心的标配。云计算技术的普及为移动客户端的建设提供了"基础设施"，加速了各地移动客户端的建设。

我国主流媒体移动客户端的建设主体主要有各级报社、广播电视台、新闻门户网站以及新组建的融媒体中心。各地结合实际，因地制宜，探索出移动客户端建设的差异化道路。从目前的发展状况来看，我国主流媒体的移动客户端主要有以下三种类型：一是新闻资讯类，如人民日报社、新华社、北京时间、闪电新闻等，以提供新闻资讯为主要功能；二是公共信息平台类，如无线苏州、掌上敦煌等，是指将城市信息、市民信息、生活信息、政府信息融为一体的信息平台；三是垂直应用类，是指各地开发的专注不同领域的信息平台，如河南日报报业集团的豫直播、广东广播电视台大爱有声公益平台等。在近些年的发展中，主流媒体移动客户端的功能从资讯传播逐渐向生活服务和社会治理方向拓展。

**（一）现实需求：移动转型的前端与媒体融合的中台**

对于央媒来说，建设移动客户端主要基于以下两个方面的需求。

第一，智能手机的出现使移动传播进入新的阶段，移动客户端成为继

---

① 中国互联网络信息中心. 第 48 次中国互联网发展状况统计报告 [R/OL].（2021-08-28）[2021-08-27]. http://www.cnnic.net.cn/hlwfzyj/hlwxzbg/hlwtjbg/202108/P020210827326243065642.pdf.

Wap网页、手机报之后基于手机的又一新型媒介形态，成为人们获取信息的主要渠道。面对渠道竞争的压力，作为传统媒体的央媒需要通过移动客户端向外输出优质内容。因此，在媒体融合的进程中，"两微一端"成为央媒新媒体传播阵地，其中，端指的就是移动客户端。随着传媒生态进入"四全媒体"阶段，央媒的移动客户端成为全媒体矩阵中的重要支点。

第二，网络生态中，不同的媒介相互融合，既有竞争，又有合作。移动客户端的一些优质内容能够借助社交媒体的分享进行二次传播，而央媒也可以通过社交媒体向移动客户端引流，使用户获得更加深刻的阅读体验。同时，H5等一些互动性强的内容、VR/AR等沉浸式体验的内容，人们只能通过移动客户端进行体验。于是，移动客户端成为媒体融合的中台，发挥着其他媒介形态不可替代的作用。

总之，移动客户端是央媒在移动传播领域的自主可控平台，既是央媒从传统向移动转型的前端，又是央媒在移动互联生态中实现突围的中台，更是央媒构建全媒体矩阵的重要支点。

### （二）生存挑战：内容形态的差异与移动生态的竞争

央媒移动客户端的建设是基于现实需求的产物，是在媒体融合和构建全媒体格局中的突破和尝试。央媒移动客户端的生存也面临着诸多挑战。

其一，我国的央媒并非移动互联网的原住民，其生产的内容与移动客户端无法直接适配。在内容供给上，央媒移动客户端不能直接照搬报纸、广播和电视上的内容。因此，如何通过流程再造、资源整合、人才重组等方式突破新旧媒介之间的壁垒，生产出适合移动客户端的内容，是央媒面临的一大挑战。

其二，从央媒移动客户端所处的生态位来看，央媒移动客户端与功能相近的新闻资讯类应用共同争夺用户资源，在移动生态圈中与社交媒体、短视频/直播平台、电子商务等应用共同争夺注意力资源。在移动生态圈中，央媒的传统媒体优势无法凸显，央媒移动客户端必须直面来自移动生态圈的竞争，这是央媒移动客户端面临的另一个挑战。

## 二、《人民日报》：搭建多端聚合的公共信息平台

《人民日报》始终是我国主流媒体融合的先行者。早在 1997 年 1 月 1 日，《人民日报》就率先创办了《人民日报》（电子版），迈出了网络化转型的第一步。亲近技术、研发技术、引领技术、技术支撑是《人民日报》媒体转型的一大特色。《人民日报》先后成立了人民日报媒体技术股份有限公司（2014）、中央厨房（2016）、中国媒体融媒体云（2016）和全国党媒信息公共平台（2017）。在此基础上，《人民日报》通过对外输出技术、提供服务和共享渠道的方式，为其他党媒的媒体融合赋能，而《人民日报》旗下的移动客户端则逐渐成为汇聚党媒和人民声音的多端聚合的公共信息平台。

### （一）矩阵体系：技术支撑，开放式运营

目前，《人民日报》旗下的客户端有"人民日报""人民日报少年""人民视频""人民网+""领导留言板""人民论坛""人民日报+"和"人民智云"等。其中，"人民智云"和"人民日报+"两个客户端已于 2021 年停止更新内容。表 1 为《人民日报》旗下客户端的概况。

表 1 《人民日报》旗下客户端概况一览表（部分）

| 客户端名称 | 功能定位 |
| --- | --- |
| 人民日报 | 全媒体聚合平台 |
| 人民日报少年 | 面对中小学德育素质教育的辅助平台 |
| 人民视频 | 短视频/直播平台（具备用户投稿功能） |
| 人民网+ | 人民网移动传播平台 |
| 领导留言板 | 移动政务平台 |
| 人民论坛 | 理论学习平台 |
| 人民日报+ | 停止更新（最后更新日期：2021 年 6 月 26 日） |
| 人民智云 | 停止更新（最后更新日期：2021 年 4 月 8 日） |

与其他央媒相比,《人民日报》客户端矩阵的显著特征是,以技术为支撑,通过开放式运营,构建多种功能的共享共建移动平台。

作为与《人民日报》同名的人民日报客户端,是《人民日报》最具影响力和传播力的客户端,以打造全媒体聚合平台为主要特征,包含新闻、人民号、视频、直播几个主要功能,并且为全国党媒和其他自媒体机构提供入驻通道;而"人民号"的推出,使人民日报客户端不再局限于《人民日报》自身采集的内容,而是成为面向全国媒体、党政机关、其他各类机构和优质自媒体的全国移动新媒体聚合平台。

"人民视频"是短视频/直播类的垂直应用,平台上的内容由不同账号主体提供,成为主流媒体的短视频/直播平台。领导留言板则提供了一个民众留言、问政、监督和政府回应、公布信息的政务平台。

"人民网+"是汇聚《人民日报》电子版、领导留言板、综合资讯、人民视频多个平台的综合应用。2021年是中国共产党成立100周年,为此,"人民网+"专门添加了党建数据库、学党史官网、党史答题、红色云展厅等板块。

从总体上看,《人民日报》旗下的客户端数量并不多,而且还在精简。分析人民日报社旗下的各个移动客户端的运营方式我们可以看出,技术支撑、开放式运营是其最明显的特点。通过构建客户端矩阵体系,《人民日报》逐渐搭建出一个聚合全国党媒以及人民群众声音的公共信息平台。

**(二)资源整合:汇聚党媒和人民的声音**

在技术平台搭建的基础上,《人民日报》一方面吸引全国党媒入驻,另一方面面向全国吸纳优秀的创作者,将党媒、自媒体的资源整合到平台上,为《人民日报》的多个客户端提供优质内容。

2020年12月24日,"人民号"启动"人民日报新媒体创作者计划",这是其2021年发展计划之一。该计划主要面向具有创意创新能力的内容创作者,邀请一批具有手绘条漫、视觉平面、动画建模、数据可视化、视频编导等能力的优质创作者,参与《人民日报》新媒体传播合作。《"人民号"三周年发展报告》显示，截至 2021 年 6 月，"人民号"平台聚合全国优质政务、媒体、自媒体账号约 30,000 家，覆盖全国 31 个省（区、市），号主累计发文 1855 万篇，全平台累计阅读量 954.6 亿，而党媒平台的数量也有所增加，截至 2021 年 7 月 21 日，《人民日报》党媒平台已有入驻成员 294 个。

为了适应入驻机构数量和内容产量增多的趋势，人民日报客户端在功能上进行了一些优化。2021 年，人民日报客户端进行了 7 次应用版本迭代，主要围绕交互体验、UI 样式两个方面进行优化和升级，并且新增了人民号入驻通道、地域必读榜两个主要功能。人民号入驻通道为创作者的入驻提供便利，而地域必读榜的功能则将信息以地域标签的形式集纳和呈现，便于用户在海量信息中找到与自身相关的内容。

在全媒体时代，信息无处不在、信息传递无时不有、传播渠道多端多点，单靠一家媒体来采集和分发信息已无法适应当前的传播生态。早在 2015 年，今日头条便推出了头条号，并成立内容基金，鼓励自媒体的内容生产。在这个阶段，今日头条用真金白银（"千人万元""百群万元"等计划）打造了国内最大的自媒体作者平台。《人民日报》以技术为支撑，以"人民号"为入口，整合内外部资源，走上了主流媒体建设开放式平台的道路，也为主流媒体全媒体实践探索出了"人民"模式。

### （三）内容呈现：算法推荐与主流价值引领相结合

近几年，算法推荐逐渐成为内容呈现的主导方式。字节系的今日头条和抖音依靠算法推荐迅速蹿红；随后，快手短视频在 2020 年进行改版，加入了算法推荐的阅读板块。同一年，微信公众号也从以时间为内容展示线索改为算法推荐。算法推荐能够将碎片化的信息高效整合，并为用户精准推荐内容，但是，算法推荐所形成的"茧房效应"也饱受诟病。如何破解算法技术的"茧房"，并且实现主流价值引领，《人民日报》通过算法技术与主流价值相结合的方式探索出主流媒体的方案。

以人民日报客户端为例，人民日报客户端的底部菜单栏由新闻、人民号、视频、直播构成。除直播以外，前三项内容均依靠算法推荐进行编排，每个用户所看到的内容各不相同。据了解，《人民日报》已经探索出独有的"主流算法"，即"以数据输入、召回算法、模型排序和生成列表等方式，结合专业的内容分发经验，实现个性化推荐、关联推荐和热门推荐等三大场景算法推荐，构建更有品质的内容、更懂你的推荐及更丰富和开放的信息环境"①。

直播内容的呈现则体现了《人民日报》对主流价值的引领。人民日报客户端的直播分为四个部分，直播预告、正在直播、精选热播和内容回顾。正在直播根据当时直播开播的情况列出正在直播的内容。直播预告中列出即将直播的内容和直播时间，并提供预约服务，提醒用户及时参与直播。精选热播选登载近一段时间的直播精品内容，并且设有月度排行榜板块。内容回顾提供对直播的回放服务。

2021年1月1日至7月22日，人民日报客户端共做了783场直播，平均每天直播2—3场，最高观看人数为641.7万（庆祝中国共产党成立100周年大会现场直播），第二位为360.8万（"七一勋章"颁授仪式直播）。

这些直播有自己独立制作的直播，也有转播的直播，内容包括新闻发布会、公开课、论坛、讲座、新闻事件慢直播等。图1为2021年1月1日至2021年7月21日，人民日报客户端直播内容主题词云图。从其直播的内容不难发现，公益、求真、求知、正能量是其直播内容的主要标签。《人民日报》充分利用直播这一新兴媒介形式，通过一场场直播发挥媒体引导主流价值的作用。

---

① 环球网. 人民日报客户端7.0版本上线　主流算法正式亮相 [EB/OL]. (2019-09-20)［2021-07-24］. https://baijahaa.buidu.com/s?id=1645187912316737932&wfr-=pider&for=pc.

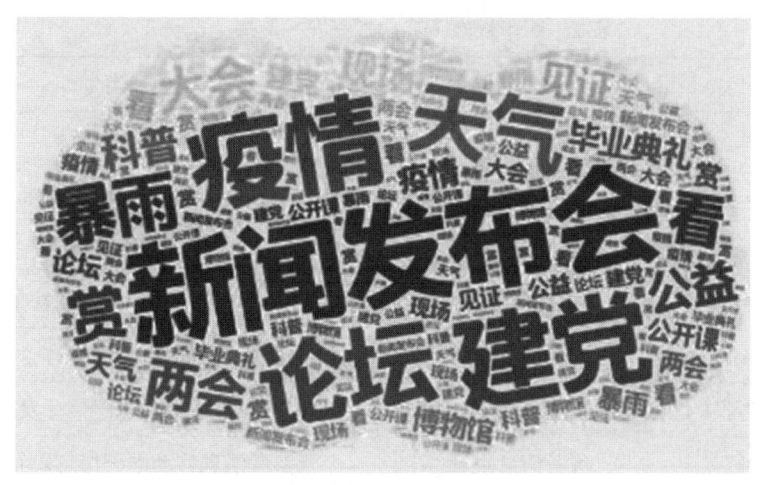

图 1　人民日报客户端直播（2021 年 1 月 1 日至 7 月 21 日）内容主题词云图

## 三、新华社：以高品质内容引导主流价值

作为国家通讯社，新华社一直以权威资讯发布作为立社之本。在媒体融合的进程中，新华社大力改革，2015 年推出新版新华社客户端，2016 年成立产品研究院，2017 年初成立"第一工作室"并推出"现场云"全国服务平台，2017 年末推出媒体大脑，2018 年推出 AI 主播，2019 年投入智能编辑部，2020 年全面建设现代化分社。新华社利用新兴媒介技术，打通生产和传播流程，提升了全社策采编发的效能，为其高品质内容供给奠定了基础。

2021 年恰逢新华社建社 90 周年。新华社、新华网、外文版新华社客户端以及新华社旗下的《新华每日电讯》《参考消息》《瞭望》《半月谈》《经济参考报》《中国证券报》《上海证券报》等都进行了改版升级。升级后的移动客户端对功能进行了拓展和延伸，为内容的输出提供了新的渠道和方式，为新华社建设新型主流媒体打开了新格局。

### （一）矩阵结构：一极多点，精细化发展

目前，新华社旗下的移动客户端主要有新华社、新华网、新华财经、现场云、外文版新华社以及新华社下属单位的移动客户端（见表 2）。

表 2　新华社旗下客户端概况一览表（部分）

| 客户端名称 | 所属单位 | 功能定位 |
| --- | --- | --- |
| 新华社 | 新华社 | 综合信息平台 |
| 新华网 | 新华网 | 品质阅读和知识传播平台 |
| 新华财经 | 新华网财经频道 | 国家金融信息平台 |
| 瞭望 | 瞭望周刊社 | 瞭望周刊移动电子信息发布平台 |
| 半月谈 | 半月谈杂志社 | 公务员学习平台、国考省考真题库 |
| 经济参考报 | 经济参考报社 | 经济参考报移动电子信息发布平台 |
| 参考消息 | 参考消息报社 | 参考消息移动电子信息发布平台 |
| 现场云 | 新华新媒文化传播有限公司 | 全媒体直播工具 |

从新华社各个移动客户端的功能定位和发展现状来看，其传播矩阵呈现出一极多点、精细化发展的特征。

"一极"是指新华社客户端，它汇聚了新华社重大时政新闻、主题报道、突发事件、社会热点报道等优势资源，并且融合其他党媒资讯和网民上传信息，是新华社移动传播的主平台。

"多点"是指其他几个客户端，这些客户端各有侧重和特色。新华网客户端主打品质阅读和知识传播，通过新华云上学、云上阅读几个板块，为用户提供了大量的电子书、有声书以及其他学习资源。"新华财经"是由国家立项并投资建设的国家金融信息平台，由新华社旗下专业信息机构——中国经济信息社建设运营，因此，新华财经移动客户端主打传播金融信息，提供权威、专业的金融资讯，内容涵盖环球资讯、深度评论、实时金融数据、市场行情等，专门面向金融专业人士；而作为《半月谈》杂志的移动电子信息发布平台，半月谈客户端发挥自身的特色，为用户提供公务员真题、备考的服务，将客户端打造成理论学习平台。

从新华社上述几个客户端的发展情况可以看出，各个客户端定位准确、差异明显，每个客户端都能够按照自身定位深耕细作，发挥自身特色，实现精细化发展。正如新华网客户端的标语"引领品质阅读"，提供高品质内容是新华社移动客户端矩阵的一大特点，也是其近年来精细化发展的结果。无论媒介环境如何变化，高品质的内容始终是用户的迫切需求，而提供高品质的内容也始终是主流媒体的制胜法宝。

**（二）功能拓展：从权威发布到社会治理**

2021年1月1日，新华社客户端8.0版推出。在随后的几个月里，新华社客户端又进行了几次更新。这些更新主要呈现在UI的优化和功能的拓展上。新版客户端首先对导航栏进行了精简。改版前，产品一级结构（底栏）为：首页、现场云、视频、新知、我的。改版后产品一级结构（底栏）简化为：首页、求证、拍、新知、我的。2021年4月，新华社客户端推出了双UI模式，用户可以在经典版和青春版之间来回切换。青春版更加精简，主要通过算法推荐组织信息，以瀑布流的形式展示信息，更符合年轻人的阅读习惯。

在功能拓展上，新华社客户端新增了"全民拍"端口，只需要点击"+"键，用户就可以轻松地拍摄或者上传相片、视频，后台经过"智能+人工"协同分拣，将内容分发至部委和地方有关部门处理，为社会治理提供信息服务。在2021年7月20日河南郑州特大暴雨灾害后，"全民拍"成为受灾群众求助的通道之一，也成为用户提供第一手现场资料的渠道。

全面升级打造的"问记者"功能，则在网民和记者之间搭建了一个交流互动平台，使信息传递从单向转变为双向。在2020东京奥运会之际，许多用户通过"问记者"功能向前方报道记者提出了关于比赛现场观感等问题，这些问题是对记者发回报道的补充，也为记者接下来的报道提供了新的视角。

2021年，新华网客户端进行了多次更新。主要新增了"我要发布""政务平台""短视频上传""话题投票"等功能。这些功能增强了客户端的互动性，为用户参与提供了新的"入口"。

随着媒体融合的纵深发展，媒介功能从信息功能向社会功能转变，在政策与现实的驱动下，媒体机构更多地参与社会治理并融入国家治理体系。[①] 通

---

① 栾轶玫.从市场竞合到纳入国家治理体系：中国媒介融合研究20年之语境变迁[J].编辑之友，2021（5）：13–25.

过上述功能拓展，新华社客户端传播矩阵从过去发布权威信息转变为全民参与信息发布，其客户端的传播矩阵也从"权威资讯第一发布平台"逐渐拓展为"主流资讯汇聚分发平台""社会治理信息集散反馈平台"。通过平台的搭建，新华社真正实现全员参与、全程互动、全息表达和全效传播，真正践行了"四全"媒体的理念。

### （三）内容编排：发挥专题和栏目的牵引作用

在近年来的内容创新上，新华社从内容创新的主体入手，成立了第一工作室、新青年工作室、张扬工作室、音视频部等制作机构，并推出诸如《国家相册》等优质内容。2021年，新华社一边依靠技术平台的支撑，一边充分调动全社人员的创作积极性，以此提升内容创新生产能力。例如，2020年东京奥运会上，新华社派出了近年来最大的奥运报道团。面对"后方"不断涌现的内容，作为"前端"的客户端矩阵如何提升内容的"能见度"和影响力成为一大考验。

在栏目设置上，新华社客户端延续了之前的《国家相册》《第一观察》《习近平讲述的故事》《新青年》等精品栏目设置模式。2021年1月1日到7月25日，《国家相册》栏目共推出了12期，《第一观察》栏目共推出了67期，《习近平讲述的故事》栏目共推出了30期，《新青年》栏目共推出了14期。新华社还在2021年1月4日推出了全新栏目《全球连线》，由新华社180多个驻外分支机构记者发送现场视频报道，第一时间直击国际时事热点。

在专题上，新华社客户端根据实际情况先后推出国家相册、新华全球连线、北京迎今年入汛以来最强暴雨、关注河南暴雨、关注台风"烟花"等专题，将同类信息聚合到相应的专题中。同样，在新华网客户端，也推出了关注河南暴雨、东京奥运会、神舟十二号发射、两会有"华"说等专题。

手机屏幕阅读空间毕竟有限，很容易让优质的内容沉浸在瀑布流的底部。以新华社客户端为例，单日的内容有10多条。为了破解这一问题，新华社旗下的新华社客户端和新华网客户端都通过专题的形式对内容进行整编，并在客户端醒目的位置进行呈现，既能聚合同类内容形成合力，又能让优质内容更容易被用户发现,提升内容的到达率。

"相比新兴媒体的'用户生产内容'的个性化特点,主流媒体在内容生产上的专业品质依然是其独特的优势"[①]。新华社的精品栏目犹如内部创新的引擎,牵引各个工作室不断输出优质内容。随着这些栏目被用户所熟知,栏目的品牌化也为内容的"破圈"提供了有效途径。

## 四、中央广播电视总台:发挥权威视听资源优势

相较于《人民日报》和新华社,中央广播电视总台的媒体融合起步较晚。自三台合并后,其在客户端整合和总体发力上动作较大,并重点围绕自身的权威视听资源进行发力,搭建了视听传播移动客户端矩阵。

### (一)矩阵结构:迭代更新,分层级建设

随着移动互联技术的升级,电视媒体也需要进一步拥抱技术带来的新变革,因此从早期的中央电视台、中国国际电视台、中央人民广播电台、中国国际广播电台,到现在的中央广播电视总台,移动客户端的建设也在逐步向前推进(如图 2 所示)。

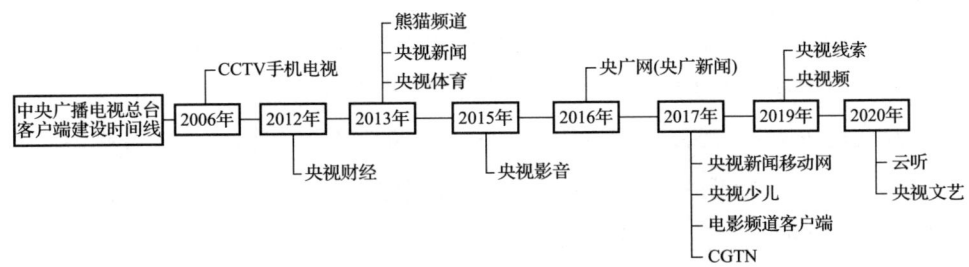

图 2　中央广播电视总台客户端建设时间线

从最早的电视数字化转型,到后续推进的频道细分,再到当今以媒体融合为指导的转型,中央广播电视总台逐渐形成了以平台聚合型为主导,频道

---

① 胡智锋,陈寅.中国主流媒体面临的新环境、新形势、新任务[J].新闻记者,2020(4):20-27.

细分型和内容迁移型为细分的客户端矩阵，旨在打造中央广播电视总台多元入口，用总台内部的优质内容吸引用户，集合化地进行内容分发。

### 1. 平台聚合型：移动传播主阵地

为更好地实现平台内部资源的互联互通，将优势资源进行整合处理，中央广播电视总台在客户端矩阵中建立了一批聚合型客户端，通过客户端形式将头部内容进行有效联结，将主导话语权聚焦到自己手中。其中具有代表性的客户端有"央视频""央视新闻""央视影音""央视新闻移动网""云听""央广网"等，平台聚合型媒体的出现，打破了频道和传统媒体形态的束缚，打造了全新的发声渠道，有效提高了内容传播触达率。分析中央广播电视总台旗下平台聚合型客户端的特点，可以发现音视频的打造和资讯类的聚合平台相辅相成，共同促进了中央广播电视总台的立体化传播。

### 2. 频道垂直型：精细化传播应用

随着媒体融合进程的加快，传统的仅以内容搬运为主的迁移型客户端已经不能适应媒体发展的需求，以"央视财经""央视文艺""央视体育"为代表的垂直领域客户端应运而生，目的是打造满足不同用户喜好的内容分发平台。相比于完整的系统化的视听影音平台，用户可以直接精准地选择自己所需要的客户端平台，并在客户端内部获取最直观的细节信息和品类资讯。

频道垂直型应用是在移动化转型初期，各频道进行的应用建设尝试。随着媒介生态的演化，这些应用从原有的频道直播逐渐演化成与新媒体相适应的应用，这一批应用提供了内容聚合的群体交流和更加高端的垂直领域信息服务平台，从而提供更有价值的品类信息，发挥客户端的独特作用。未来随着"央视频"等头部客户端的整合，频道型客户端如何体现存在价值，将成为亟待解决的问题。笔者认为，这些频道型客户端只有沿着精细化之路继续深耕，方有立足之处，这也顺应了媒介生态下垂直化、精细化发展的大趋势。例如，央视体育和央视体育 VIP 为付费用户提供高清直播、精华联播、全站无广告等服务，在内容的观看和赛事的多角度呈现上，凸显了垂直型应用的特色。

### 3. 内容迁移型：移动传输渠道

随着媒介技术的发展，人们获取信息的方式不再局限于传统的电视广播媒介，移动互联网设备的普及为媒体的发展带来新的变革。因此，面对移动传播为主的传播趋势，主流媒体必须自建平台，否则就无法在移动互联网时代拥有一席之地，大量优质内容就无法在移动互联网中有所传播。移动客户端的首要任务就是对传统媒体的内容进行迁移，迈出与传统媒体融合发展的第一步。因此，"CCTV手机电视""央视线索"等一批客户端逐渐兴起，它们在平台建设的一段时间内，在央视内容的移动化呈现中发挥重要作用；但后期，由于内容多为电视内容的直接搬运，平台逐渐式微。在当下，媒体融合进程速度加快，早期内容迁移型客户端的局限性逐渐凸显，后续它们将会被淘汰。

随着各类平台的搭建和媒体融合进程的进一步推进，总台内部的客户端在功能应用层、频道分发层和垂直领域信息层三个层级上存在功能和信息门类的重复。例如，"CCTV移动电视"和"央视频"的电视直播功能、"云听"的广播直播和"央广网"的广播直播功能、"央视新闻移动网"的矩阵号和央友圈的功能，以及"央视频"的新闻资讯和"央视新闻"的新闻资讯都存在着内容相同、功能相同的问题。由于功能和特性的相似，内容迁移型客户端在媒体融合的背景下进一步式微，核心用户被平台聚合型和功能细分型客户端瓜分。

通过客户端领域的不断深耕和细分，总台形成平台聚合型集中发力、频道垂直型打造差异化内容、内容迁移型实现新媒体触达的全媒体矩阵，在不同层面上将用户收编至自己的媒体阵营，结合社交平台的发力，最终打造出适应当今媒体发展的矩阵。

### （二）功能优化：技术赋能，打造更高质量视听体验

客户端是新媒体环境下整合用户、内容、服务等诸多资源的主要载体。客户端使用的便捷与否直接决定着客户端的体量和传播力。随着矩阵构建的进一步完善，客户端矩阵面临的一大重要问题就是如何将客户端的效能发挥至最大限度。最近一段时间内，中央广播电视总台的客户端在UI和视听技术等方面进行了优化升级：一方面将内部的UI界面进行优化，配合最近推出的活动入口，增加客户端使用的人性化体验；另一方面对标优质的网络视频平台——爱奇艺、优酷、腾讯视频等，将视听技术进行全面升级，适配当下的碎片化和短平快的视频观看需求，为平台升级进行进一步的技术赋能。

### 1. UI 界面升级，丰富使用体验

在 UI 界面升级上，"央视新闻移动网""央视财经""CCTV 手机电视""央视新闻"等都进行了优化和改编，使界面入口更加简洁，集合化板块矩阵分类更加清晰，同时突出平台主要服务内容，客户端品类性能优势进一步凸显。例如，"央视财经"将原来的 7×24 小时、央视财经、直播板块进行平面化改版，变为更加直观的首页、直播、财经号、我的四个板块，用户可以直接在下方了解所需要的板块，这突出了优质财经内容和财经号，更加适合当今的用户使用习惯。

同时，针对大型事件，客户端还会根据事件主题优化 UI 功能，突出重要内容。例如，在 2021 年春节期间，央视文艺客户端结合春晚主题，利用春晚精彩节目合集、《春晚 GO 青春》互动活动等快捷 UI 入口，营造节日氛围。在 2021 年 3 月 15 日前夕，央视财经客户端设立"3·15 投诉平台"定向消息回复功能，将投诉平台进行改版，为信息的收集和用户的使用带来了全新的体验。

### 2. 优化视听技术，满足用户需求

随着人工智能技术的升级和数据传输速度的加快，媒体客户端的发展正在走向新智能化时代。在技术发展的浪潮下，总台的客户端功能也在进行优化革新，让技术赋能客户端升级，实现跨媒介交互，以增加信息传播的深度，丰富用户的使用体验。

首先，对音视频观看体验进行全面升级。例如，央视频优化了电视直播后台听音频功能，实现了音视频的自由转换，以此更好地满足用户在不同场景下的需求。"CCTV 手机电视""央视财经"等在直播和视频观看方面将进一步优化播放器功能，增加短视频连播、倍速播放等功能，满足快节奏生活中用户的需求。为满足用户的大屏体验，CGTN 引入投屏功能，将视频的观看体验进行进一步优化。在 2020 东京奥运会期间，用户可以在央视频免费看到电视频道转播的近 3000 场重要比赛。此外，4K 超高清技术、最流畅的播出体验等叠加的先进技术优势，也助力央视频在奥运会期间的转播报道。

其次，在音视频的内容呈现上进行改版升级。例如，央视新闻客户端开设 VR 主题专栏，创作了《透过"生态窗"看别样青海湖》《4K+VR 全景看

大国重器》《200秒驾着战机飞过天安门|独家多角度VR全景回顾盛典》等VR作品。央视文艺客户端在2021年进行春节报道时，开设云端看春晚板块，多音轨畅享听觉盛宴；并运用总台技术，独家进行VR直播和沉浸式三维声的实时转播，在春节当天给用户带来了不一样的直播体验（见表3）。

表3　2021中央广播电视总台客户端主要功能优化情况一览表（部分）

| 客户端 | 主要功能优化 |
| --- | --- |
| 央视频 | 1. 增加电视直播后台听音频功能，随时随地随心听<br>2. 新增视频创作者回复用户频率功能，与用户紧密互动<br>3. 央友圈社区全面上线，新增社区发布内容图文帖与互动评论功能，新增个人主页，可与好友互相关注，了解好友动态<br>4. 在欧洲杯期间开设欧洲杯专属频道，全部比赛赛程一键预约，比赛直播实时观看 |
| 云听 | 优化直播间数据显示及文本显示效果 |
| 央视新闻移动网 | 1. 调整信息架构，优化UI界面和交互流程，全面提升用户体验<br>2. 新增收藏同步功能，热点新闻收藏后支持多设备同步<br>3. 优化移动端稿件编辑及发布功能，增加视频剪辑功能 |
| 央视影音 | 1. UI交互体验升级，提供更好的观看体验<br>2. 开设全新直播界面，可个人定制专属节目单，增设点播和倍速播放功能<br>3. 2021赛季中超焕新登场，央视影音全程直播，预约可以同步至手机日历 |
| CCTV手机电视 | 1. 会员内容增加，权益升级<br>2. 直播回看时间增加到7天<br>3. 优化点播视频，切换音频播放时可以拖动进度条<br>4. UI升级，优化视听体验，播放器优化，增加短视频联播、倍速播放等功能 |
| 央视新闻 | 1. 优化传习录板块体验，UI全面升级，交互界面焕然一新<br>2. 金句海报：多款样式倾力打造，一键分享<br>　学习日历：交互查询日程，一目了然<br>　时政V观：全新优化观看体验，即点即看<br>　央视快评：最新最快精彩快评，权威尊享<br>3. 直播频道改版升级，新增焦点图轮播，直播预告动态显示，直播列表卡片式排列。优化直播互动体验，评论滚动显示，图文直播配置显示标签页 |

续表

| 客户端 | 主要功能优化 |
| --- | --- |
| 央视体育 | 新增聊天室，个性化推送 |
| 央视财经 | 1. 新增直播、专题角标功能，点播、直播视频默认高清码率播放，增加竖版直播形式和直播多视角功能，设置直播回放、点播倍速播放功能。新增分享活动海报、信息视频投稿功能。优化直播板块音视频后台播放和画面小窗，优化内容页面，用户可边观看视频边浏览文章<br>2. 全新版本 UI 界面、产品架构全面升级。新增专题卡片，详情页面图片全屏浏览功能，新增阅读痕迹以及相关性和时间性搜索方式，播放按钮位置优化。优化新闻图标<br>3. 新增悬挂式图标活动入口和底层页二维码识别保存功能<br>4. 增加"财经号"板块，打造矩阵化内容社群<br>5. 增加积分体系，积分任务每日打卡，积分可在内部商城兑换礼品<br>6. 3·15投诉平台优化改版，新增3·15投诉平台定向消息回复功能 |
| 央视文艺 | 1. 结合春晚主题，营造节日氛围；云端看春晚，多音轨畅享听觉盛宴；独家VR直播+沉浸式三维声，不一样的直播体验；亲友包间功能，边看直播边聊天；与嘉宾、明星视频合拍，玩转整个春晚（春晚结束后回归常规版视觉设计）<br>2. 新增直播带货功能，新增广播底层页、广播互动功能；全新页面升级；竖屏直播全新上线，新增视频列表播放功能，提高观看体验；直播礼物焕然一新，直播互动趣味增多<br>3. 优化部分页面交互体验；适配深色模式，用户视觉体验更舒适<br>4. 新增电台悄悄话功能，与电台主播分享你的故事 |
| CGTN | 1. 事件直播页面进行更新和优化升级，支持屏幕投影<br>2. 优化用户界面交互，增加深色模式 |

在中央广播电视总台的客户端升级中，我们不难发现，2021年的客户端功能革新重视UI的升级以及视听体验的优化。这与当今社交媒体的扁平化内容发展以及短视频内容的革新是密不可分的，因此，中央广播电视总台在具有优势的视听资源领域发力，这成为2021年客户端升级革新的重要一环。

### （三）平台运营：平台联动与会员制度相结合

作为中央广播电视总台的重要组成部分，客户端也在平台联动和付费升级层面积极发力：一方面平台联动可以在重大事件报道中形成矩阵合力，营造完整的联动协作的新格局；另一方面在平台内打造会员制度，创新内容变现方式，为客户端的持续发展创造内生动力。

1. 加强平台联动，创新传播方式

中央广播电视总台内部通过及时联动和信息共享真正做到一次采集、多种生成、多端传播，进而引发全媒体、立体化传播的涟漪效应，提升新闻传播效果和影响力；中央广播电视总台与社交媒体客户端形成联动互助局面，可自由实现平台间的跳转切换，打破了平台间的壁垒。在面对重大主题报道时，中央广播电视总台各客户端之间会形成传播联动，这不仅会适应全媒体时代的传播特点和规律，还会达到更好的传播效果，提升媒体的传播力、引导力和影响力。

2021年是中国共产党成立100周年，"央视频"和"央视新闻"等平台聚合型客户端从视频内容和新闻报道的不同视角切入，对庆祝中国共产党成立100周年大会进行了全方位的呈现。在活动当天，视频内容被制作成便于传播的短视频、VR视频和短篇新闻报道，便于观众从不同角度全面了解活动盛况。同时，"央视影音""央视新闻移动网""云听"等音视频平台结合自身平台优势，推出了符合音视频特性的作品，如视频内容"200秒带你走过天安门广场"、音频内容"影像中的党史"等，它们从自身专业角度出发，共同营造庆祝建党百年的氛围。以内容细分为切口的央视文艺、央视财经等，也在开屏页的中心位置设置庆祝建党百年的特殊活动入口，结合自身平台特性，设置"别出心'财'庆祝建党百年""文艺礼赞百年"等专题板块，深入挖掘不一样的报道宣传角度。另外在海外传播板块，中国国际电视台对庆祝活动进行了实时转播，并将其中的精彩瞬间制作成符合海外用户阅读习惯、便于传播的融媒体产品，以差异化的角度向全球实时推广。各客户端之间可进行链接的点击跳转，保证受众的聚合和客户端之间的联动。平台内和平台间的协作，实现了采集的资源被全方位使用，以适应不同平台与媒体和其他用户展开互动。

此次庆祝活动除了在总台客户端矩阵推出外，还在微博、微信等社交媒体账号中被置顶推荐，吸引众多网友即时观看并在线参与互动。此外，总台还将精彩的直播内容进行碎片化处理，结合网友的暖心留言进行二次传播。客户端的联动和不同媒体的差异化传播，实现了传播效果最大化。

2. 推出会员制度，实现价值变现

随着商业视频平台和商业媒体会员制度的成熟，中央广播电视总台也面临后续内容变现、创造自身活力的问题，因此进行了会员制度的尝试。会员制度最早在央视体育 VIP 客户端试水，在尝试初期其作为独立客户端将精品内容推送给付费用户。2020 东京奥运会期间，中央广播电视总台尝试性地在核心平台央视频内部推出会员制度。为了让受众更全面地观看奥运会，央视频为会员特别提供另外 4000 场比赛的直播。在常规赛事内容之外，央视频会员可享受诸多增值服务。平台特别策划推出"会员天天奖之奥运系列活动"，为央视频会员用户提供众多独家专享福利，包括"乐享夺金时刻"H5 互动抽奖和"会员请回答"直播答题抽奖两大活动。用户可以通过充值开通会员、分享活动页、参与央友圈#我的奥运故事#话题讨论等多种方式赢取专属抽奖码，中奖名单在 H5 活动页及配套直播抽奖节目"会员请回答"中公布。

奥运会员活动结束后，央视频还策划开展"会员开学季"活动，并搭配抽奖活动，持续为会员提供众多福利。除此之外，央视频还结合节庆、假期、特殊日期、重大赛事及晚会等热点，不定期上线惊喜会员季活动，持续更新会员玩法，赠送当季惊喜福利。

此次会员制上线，央视频充分发挥中央广播电视总台在体育垂直领域方面的资源优势，实现体育类内容的价值变现；其他优势节目也为央视频会员提供丰富的内容权益。在奥运期间启动会员制，打造会员专属权益活动，是央视频以用户思维进行功能创新的再一次进阶，是互联网运营思维的进一步探索。作为以用户为核心的互联网平台，央视频精准捕捉用户人群需求、提升用户黏性、增强视频社交平台互动，这也是央视频今后发展的关键所在。

## 五、央媒移动客户端的发展进路

三大央媒移动客户端的渠道、内容和技术是其发展和竞争的三个关键点。

围绕这三个关键点，三大央媒形成了独具特色的发展模式，并为央媒移动客户端的未来探索出新的发展道路。

### （一）搭建共享平台，整合内外资源

在三家央媒的客户端矩阵中，建设开放式运营、共享共建的移动客户端成为必选项。例如，《人民日报》的"人民号"聚合全国多家党媒；新华社的"新华号"聚合新华社、新华网权威资讯和原创优质内容，并面向全国各地党政机关、媒体、事业单位、社会团体等各领域机构及专家学者开放；而中央人民广播电视总台则通过打造客户端矩阵号的形式，形成一个前端为用户互动平台，后端为通稿系统和媒资系统的综合信息平台。以短视频和直播为主要内容的"央视频"开放了其他媒体或者公众入驻的通道，邀请大量不同行业的创作者入驻，形成央友圈，他们可在央视频发布自己的内容。

在全媒体时代，信息无处不在、无时不有、无人不用。单靠一家媒体来采集和分发信息已无法适应当前的媒介生态。新的媒介生态的变革一方面来自内容创新，另一方面则来自信息渠道的冲击。建设开放共享的平台，能够贯通用户与信息渠道之间的联系，有效整合内外部资源，将移动客户端打造成与新媒介生态相适应的信息渠道。

### （二）垂直细分内容，实现差异化发展

除了综合信息平台，三家央媒都围绕某一个垂直细分领域打造了特色明显的移动客户端。例如，中央广播电视总台旗下央视戏曲频道的央视文艺 App、央视体育频道建设的央视体育 App、央视财经频道建设的央视财经 App、央视少儿频道建设的央视少儿频道 App，依托各个频道的垂直领域内容，通过精耕细作走出差异化之路；而以短视频为主的"央视频"、以音频分发为主的"云听"、以新闻资讯为主的"央视新闻"则从媒介符号、功能差异等方面满足不同用户的需求，确立自己的特色。

新华社的新华网则以品质阅读作为突破口、《半月谈》以公务员理论学习为功能定位，重新将新华社的资讯类内容进行整合，在客户端进行差异化的推送和筛选，为用户提供差异化的服务。《人民日报》也差异化地开辟领导人

留言板、人民论坛等客户端，打造独有的知识库和社交圈子，让用户对客户端形成依赖。《人民日报》从政务服务、理论学习等多角度切入，形成良好的口碑和品牌效应。

选准垂直细分的内容领域，一方面能够充分发挥媒体固有的资源优势，打造极致的功能；另一方面能够树立移动传播领域的品牌特色，增强用户黏性。通过垂直细分内容，实现差异化发展是央媒移动客户端长效发展的有效途径。

### （三）顺应技术演进，革新媒介功能

数字技术的高速发展导致媒介生态发生改变，也推动了移动客户端的转型迭代。在近几年的发展中，三家央媒的移动客户端都经历了多轮升级迭代。人民日报客户端的前身为"人民新闻"，新华社客户端的前身为"新华发布"，而总台最早建设的客户端为"CCTV手机电视"。早期的移动客户端是从旧媒介向新媒介迁移的工具，是单一的信息应用。在随后的几年间，《人民日报》在后台技术的支持下将移动客户端打造成开放共享的公共信息平台，新华社则不断优化客户端的功能和体验，而总台则"另起炉灶"打造了"央视频""云听"等全新的移动客户端。

数字技术的迅猛发展也改变了媒介的符号和介质：一方面，内容形态的变化迫使内容的入口——移动客户端必须做出相应更新；另一方面，由技术引发的传输渠道的变化给央媒移动客户端的发展带来外部压力。央媒移动客户端顺应技术的演进，不断革新媒介功能，这既是现实需求，又是发展进路。

## 六、结语

从三大央媒的实践来看，在角色定位上，央媒移动客户端已经从内容型平台逐渐转变为技术型平台，成为以技术为支撑的信息应用，脱离了传统媒体的"标签"，成为具有独立品牌属性的移动应用；在功能上，央媒移动客户端承担着新闻报道之外的社会治理、应急广播、公共文化服务、生活服务等多种功能，以服务国家和人民的需求为导向，发挥新型媒介应用的作用；在

技术应用上，三大央媒将直播、短视频、VR/AR 等技术在移动客户端上进行试水和融合，使移动客户端成为新技术试验平台和引领型阵地。

放眼整个移动生态，央媒移动客户端的发展仍然面临着较大的竞争压力。随着整个社会媒介化程度的加深，媒介的功能正从信息传播向着人类生存的多种需求维度拓展。移动客户端从一个信息传播端口转变为人联网、物联网和智联网的端口。在移动生态圈中，微信、微博、抖音、B 站等平台仍然占据着用户的主要时间。多渠道矩阵传播是当前央媒提高信息触达率的有效途径。面向未来，移动客户端的价值和意义不仅仅在于自主可控，还应该以传播力和引导力为导向，在整个矩阵体系中发挥独特作用，这是央媒移动客户端未来发展的着力点和突破口。

# 三大主流媒体构建技术和应用新系统*

2020年3月，中央广播电视总台推出5G新媒体平台"云听"；5月，全国两会前夕，新华社推出"5G全息异地同屏访谈"，全球首个3D版AI合成主播"新小微"正式上岗；人民日报智慧媒体研究院推出"智能云剪辑师"；中央广播电视总台成功进行了国内首次5G+8K实时传输和快速剪辑集成制作。2020年8月17日，中央广播电视总台融合发展中心正式成立。

事实上，从2019年末开始，中央级三大媒体就在技术创新上频繁发力，2019年11月，中央广播电视总台"央视频"5G新媒体平台正式上线，新华智云发布"媒体大脑3.0融媒中心智能化解决方案"等。三大主流媒体在2020年的一系列举措既是对2019年行动的延续，又是应对新情况、新问题的创新之举。中央级三大主流媒体以技术为抓手、以智能为引领、以内容为目标，着力构建一个面向新的媒介生态的生产、传播和管理系统。

本文将着重分析《人民日报》、新华社、中央广播电视总台三大主流媒体的技术创新与应用，并反思其中的问题，同时对未来发展提出策略建议。

## 一、媒介生态演变下主流媒体面临的挑战

### （一）媒介生态的新特征

媒介技术的创新会引发媒介生态的变革。近年来，随着信息技术的突破，媒介领域的整体技术和应用呈现集中爆发的态势，在经济、社会力量的协同

---

\* 文章原载于《中国新媒体研究报告》2020年第12期，收入本书时，略有删改。

作用下,媒介生态呈现出新的特征。

第一,新闻传播的媒介载体更加多元。当前,用户获取新闻的渠道十分丰富,传统媒体、新闻客户端、社交媒体、短视频应用平台和音频应用平台等多种载体共同构建起媒介生态的信息流动层。例如,2020年曾祥敏、张子璇开展的一项调查显示,用户通过不同媒介载体获取信息,其中微信的用户黏性最高(90.8%),其次是电视(78%),再次是微博(69.8%)、新闻客户端(51.6%)及抖音、快手等社交软件(47.3%),最后是广播(37.1%)、视频客户端(29.8%)、报纸杂志(23.3%)、兴趣小组(19.4%)、其他渠道(1.9%)。用户因场景、需求以及兴趣的不同,选择不同的媒介,信息的流动呈现出更扁平的网状结构。

第二,信息传播的主体增多,内容生态面临更多不确定因素。以信息中介为主的科技公司、以生产内容为主的MCN机构、任意一个拥有移动终端的公众,甚至是搭载人工智能的传感器都在持续不断地生产内容。虽然各地的融媒体中心通过不同载体进入新媒体领域,但在如今的媒介生态中,专业新闻机构生产的内容所占比重越来越小。伴随内容爆发的是质量的良莠不齐和鱼龙混杂,尤其是在经济利益的驱动下,一些营销号为了流量而制造谣言、吸引眼球的行为,给媒介生态带来严重的信息污染。

第三,用户圈层化更加明显。信息爆炸式的增长给了用户更大的自主选择权,算法推荐的应用加深了信息茧房效应,平台在激烈竞争中选择垂直化和个性化发展,这些因素最终导致受众因地缘、趣缘、学缘和业缘等形成了不同的圈层。不同圈层对信息的接受度、认可度迥异,但是圈层内部极易达成共识,这给媒介生态的治理带来阻碍。

### (二)主流媒体技术创新的必然选择

主流媒体主要以严肃新闻为报道内容,着力弘扬主流价值观,在竞争领域内处于主流地位,在社会发展中担当较大社会责任。[①] 习近平总书记在中共

---

① 强月新,徐迪.我国主流媒体的公信力现状考察:基于2015年问卷调查的实证研究 [J]. 新闻记者,2016(8):50–58.

中央政治局第十二次集体学习时强调，推动媒体融合发展，要坚持一体化发展方向，通过流程优化、平台再造，实现各种媒介资源、生产要素有效整合，实现信息内容、技术应用、平台终端、管理手段共融互通，催化融合质变，放大一体效能，打造一批具有强大影响力、竞争力的新型主流媒体。①

在新的传播环境中，传播结构的网状交叉给主流媒体的信息传导带来更多的不确定性，信息的汪洋大海稀释了主流媒体舆论引导的作用力，而用户的圈层化增加了社会共识形成的壁垒。媒介生态的新变化给主流媒体的生存发展带来诸多挑战，同时，技术的持续更新也给主流媒体提供了弯道超车的机会。作为中央级的主流媒体，必须在技术的创新应用上有所突破，发挥引领示范作用。

## 二、《人民日报》：内容呈现新样态，丰富用户感知方式

2016年2月19日，习近平总书记视察人民日报社时强调，全党全国人民都从《人民日报》里寻找精神力量和"定盘星"。四年多来，《人民日报》持续在内容创新上发力，推出了直播、VR全景、虚拟现实、竖屏短视频、互动H5、音乐快闪等多种报道形式，并制作出一批创意丰富的、具有影响力的新媒体产品。

### （一）打造互动式产品，提升新闻传播效果

为适应新媒体传播变化，《人民日报》推出了多个H5互动式产品。相比于传统的新闻，H5不再是翻看、点击等简单的交互，而是通过游戏等方式与用户进行互动，建立起用户与新闻内容的联系，给予用户更好的体验和更强的参与感。

2020年1月23日，人民日报客户端推出了H5互动产品《这场马拉松，我们即将冲刺了》，从几千年的民族奋斗史聚焦到中国共产党带领人民进行的

---

① 推动媒体融合向纵深发展 巩固全党全国人民共同思想基础［N］.人民日报，2019-01-26(1).

艰苦卓绝的奋斗的过程，号召大家一起不畏艰险、勇往直前、共克时艰，该产品在社交媒体上得到了广泛传播，起到了凝聚人心、鼓舞士气的作用。

2020年4月24日是第五个"中国航天日"，《人民日报》发布了《我的星辰是天王星，属于你的是哪颗星？》H5产品，在微信公众号上获得了10万+的点击量，该产品创意新颖、互动效果好，让受众在游戏中感受到了中国航天人从1956年奋斗至今的心路历程（如图1所示）。

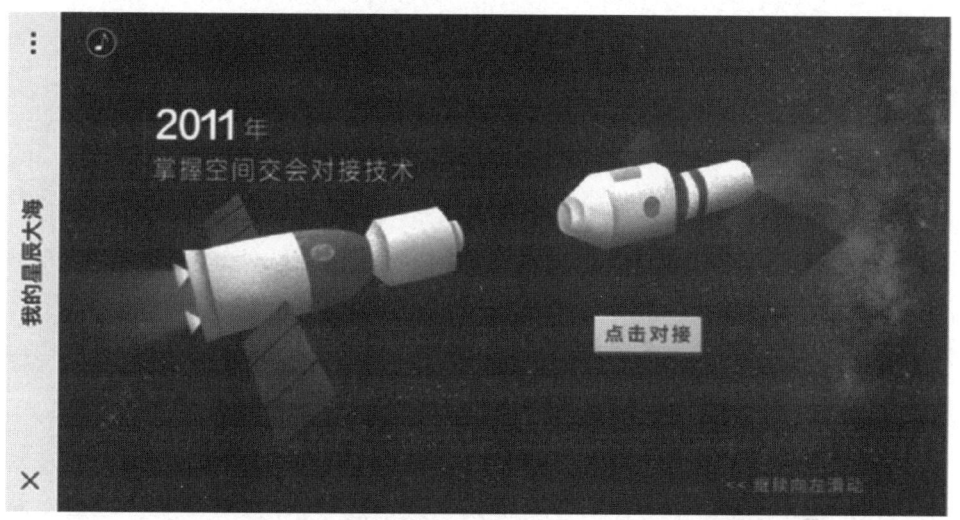

图1 《人民日报》H5产品《我的星辰是天王星，属于你的是哪颗星？》页面

《人民日报》推出的H5产品频频引爆网络，获得极高的关注度，已经成为其拳头产品。在2019年，《人民日报》的H5产品《一根线能盘出啥》和《56个民族服装任你选，快秀出你的爱国style》，都获得了10万+的点击量。

### （二）利用多样态、多终端，实现全息传播

面对全媒体融合发展的局面，《人民日报》不断创新，推出适应不同场景、不同终端的多种融媒体产品样态，以多元立体的形式表现内容，为用户带来更丰富的体验，取得了良好的传播效果。

#### 1. 短视频精品

目前，短视频已经成为用户接收信息的重要形式，各大媒体纷纷在短视

频上不断发力，《人民日报》在短视频方面同样精品频出。

2019年，《人民日报》推出的微视频《中国24小时》，当天播放量达到了1.5亿次；①国庆期间，《人民日报》推出的短视频《阅兵车牌号是1949和2019》，在微博获得了49.4万的点赞量；竖屏短视频《天安门前，穿越70年的两场阅兵》，获得了55.5万的点赞量，两条视频均在微博等平台高居话题榜首。②

《人民日报》发挥主流媒体内容创作的资源优势，制作出高水准的短视频产品，取得了很好的传播效果，为当前的媒介生态注入优质内容的同时，传达了主流声音，实现了主流媒体的价值引导作用。

2. Vlog 系列

Vlog是近两年出现的一种新的视频样态，以第一视角记录和分享生活为主要特点，具有较强的纪实感和亲近感，深受用户的追捧。目前的Vlog制作正朝着高质量方向发展，高点击率的作品均由制作团队精心打造，《人民日报》凭借自身的内容制作优势推出多个爆款Vlog，将其打造成自身的拳头产品之一。

Vlog以自我分享为特色，强调大众自身的视角，吸引和调动大众广泛参与，这样才能更好地顺应其产品特点和传播规律。2019年，《人民日报》调动平台资源，为Vlog搭建传播平台。人民网人民视频、人民网移动中心联合腾讯新闻、新浪微博等平台举行"寻找夜归人"活动，面向全国征集与2019年全国两会相关的Vlog短视频，吸引了众多媒体同行和网民的参与。这一活动联动政务机构600余家、党媒平台100余家，覆盖人群1.8亿，带动了以Vlog这种个性化短视频报道全国两会的风潮。代表委员、全国两会相关工作人员、上会记者等通过拍摄Vlog参与了诸多全国两会话题互动。③

---

① 《中国24小时》播放1.5亿次　记录奋斗足迹　传递豪迈激情［N］.人民日报，2019-03-11（16）.
② 数据来源：《人民日报》微博官方账号，https://weibo.com/2803301701/4422582860107571。
③ 李雪昆.人民网人民视频全国两会推Vlog内容　新实践带来新变化［N］.中国新闻出版广电报，2019-04-02.

除了短视频和 Vlog，《人民日报》还综合利用图片、海报、直播等多种形式进行报道，打造了适应不同场景和平台的产品，满足用户个性化的需求，丰富其感知方式。这些优质的内容成为新媒体领域的标杆之作，起到了引领示范作用。

## 三、新华社：构建智能生产系统，增强内容供给能力

在对信息技术的创新和应用上，新华社依托人工智能和云计算技术，逐渐搭建起以技术为驱动的新生产系统，走出了主流媒体创新发展的差异化道路。2017 年 2 月 19 日，新华社推出"现场云"系统，利用人工智能提升内容生产的效率；随后又推出了"媒体大脑"人工智能平台和智能化编辑部，新华社逐步构建了技术驱动的新闻生产新系统。2020 年，这一智能化生产系统成为新华社及其他媒体生产力的有力补充，发挥出在内容供给上的效能。

### （一）媒体大脑：媒体生产的新基础设施

"媒体大脑"是由新华社与阿里巴巴联合打造，由新华智云自主研发的中国首个媒体人工智能平台。媒体大脑通过搭载云计算、物联网、大数据和人工智能等多项技术，为媒体提供更加便捷的生产方式，成为媒体生产的新基础设施。

"媒体大脑 3.0"通过 AI 技术，可以对内容进行审核，降低内容风险，节省人力与时间，有效地解决互联网中的内容乱象问题。同时，通过区块链技术，内容创作者可以轻松了解创作产品的传播情况，一旦发现侵权情况，可以快速取证，确保内容产品的版权。通过智能化机器，内容创作者解决了需要大量人力才能解决的问题。目前，"媒体大脑 3.0"方案已经在江西省融媒体中心、齐鲁智慧媒体云等平台落地。

在 2020 年期间，从 2 月 2 日至 2 月 20 日，覆盖 31 个省（自治区、直辖市）的 992 家媒体机构在"媒体大脑"MAGIC 平台上合成了 20 万条视频内容。

在2020年全国两会期间,由于无法进行现场采访,新华社"MAGIC短视频智能生产平台"的机器人通过分析报道大数据,揭示出两会新趋势,受到媒体和读者的关注。时长不到1分钟的《AI学政府工作报告 发现了中国社会这些变化》,在新华社客户端上获得155万次点击。除此之外,MAGIC平台还服务于全国300多家媒体和机构,阅读量突破3.5亿,并仍在快速增长,成为国内两会智媒报道的先行者。①

### (二)现场云:再造媒体生产的全流程

"现场云"是新华社在"现场新闻"技术平台的基础上推出的全国服务平台,向全国新闻媒体提供"一站式"解决方案。现场云的核心理念是不断追求将新闻事件现场以更快、更全、更直观立体的方式还原到受众感官上的能力。②在现场云的帮助下,现场人员通过手机进行拍摄与回传,后方编辑部进行实时编辑与发布,实现了即拍即传、即编即审即发的移动化线上生产,增强了报道的及时性与全时性。"现场云"不同于其他的直播态产品,不仅以视频直播为主要报道方式,还可以进行文字、图片、视频等多种形式的报道,以更加全面、直观、真实的方式将现场呈现出来。

现场云是一款全国服务平台。地方媒体申请账号,通过审核后就可以使用"现场云"系统平台。2019年9月27日,甘肃省临夏回族自治州和政县举办"2019丝绸之路国际露营大会暨西部花儿(民歌)歌手邀请赛",州广播电视台新媒体首次利用新华社现场云进行网络直播,点击量10万+,在线观看人数突破11万人次。③

"现场云"平台还是一个面向全国多家媒体的开放协作平台。截至2020年3月,现场云入驻机构3800多家,覆盖全国省级、地市级媒体,入驻记者

---

① 两会机器人.三年"跑"两会的机器人,媒体大脑MAGIC又发现哪些好玩的?[Z/OL].(2020-06-08)[2020-07-05].https://mp.weixin.qq-com/s/YrKSGvZNPKeeCa7uqrigg.
② 关明辉.在手机上生产用户争相观看的新闻:新华社"现场云"为媒体融合发展提供全新解决方案[J].中国记者,2017(7):9-11.
③ 临夏电视台企鹅号.直播精彩!新媒体现场云直播点击量突破10万+[Z/OL].(2019-09-27)[2020-07-15].https://cloud.tencent.com/developer/news/501043.

编辑 80,000 余人，日均直播突破 800 场，已成为全国最大的移动在线生产传播平台和新闻短视频汇聚分发平台。①媒体用户通过"现场云"制作的内容产品不仅可以在自有终端发布，也可进入新华社客户端"现场新闻"，通过国家通讯社的传播平台提升报道的传播力和影响力。

### （三）智能化编辑部：面向全媒体的新型协作模式

为落实习近平总书记的要求，加快建设国际一流的新型世界性通讯社，全面提升全媒体编辑能力，推动媒体融合向纵深发展，新华社建成了智能化编辑部。智能化编辑部以智能技术为基础，人机协作为特征，不断优化生产中的协作关系，打造新型协作模式。

"现场云"作为采集端智能化平台，已经与作为生产加工平台的"媒体大脑"实现接口互通。四川分社、西藏分社在践行"四力"的行进式采访中，首次使用现场云一次采集、用"媒体大脑"量产输出视频产品，推出系列融媒体报道"行走川藏线"，生产效率显著提升。②采集平台"现场云"将采、编、发融合于一个平台，整合资源，简化流程；而智能制作平台"媒体大脑"带来的最直接便利是视频制作的智能化；两个平台的互通协作，形成了智能型的全新新闻生产系统，不仅提升了内容的供给能力，在分发、审核方面也都有了实质性的提升。

智能化编辑部还联合搜狗公司推出了全球首位 3D 版 AI 合成主播——"新小微"。相比于前几代 AI 合成主播，"新小微"在视觉效果上更加逼真，更加灵活，可以走动和转身，做出多种复杂的播报动作。只要在机器上输入文字，"新小微"便可以实时进行播报。与 2D 的 AI 主播相比，拍摄机器也可以对"新小微"进行 360 度的呈现，在立体感与层次感方面明显增强。未来，3D 版 AI 合成主播将在演播室外的更多场景中应用。

---

① 何强，宋小岑. 如何利用人工智能技术打造新型新闻应用场景：以新华社智能化编辑部为例［J］. 新闻与写作，2020（5）：95-98.
② 刘国铮. 人工智能人机协作提高效能：新华社智能化编辑部建设回顾与展望［J］. 青年记者，2020（4）：15-16.

此外，智能化编辑部也依托 5G 进行了多种尝试与探索。2019 年国庆报道中，智能化编辑部配备了全球首台 5G+8K 超高清转播车，实现首次 8K 全链条实战直播报道。2020 年全国两会前夕，新华社首次推出 5G 全息异地同屏系列访谈节目，打破了空间限制，使用 5G 网络传输和全息成像技术，将真人比例的人大代表实时投放至异地演播室，实时呈现人大代表的表情和动作。

智能化生产平台、8K、5G、VR、AI 主播所组成的智能化编辑部，通过高新技术与智能化推动新华社不断朝着智慧媒体方向发展，打造了统一、协同、高效的智能化运行体系，不仅让新闻生产提速、提量、提质、提效，还为媒体融合发展探索出了一条新路径。

## 四、中央广播电视总台：构筑全媒体传播平台，提升媒介内容触达率

中央广播电视总台的组建本身就是整合媒介渠道和资源的举措。自成立之后，中央广播电视总台在新媒体领域频频出招，实现了渠道的拓展和内容的延伸。2020 年 8 月 17 日，中央广播电视总台融合发展中心正式成立。这标志着总台融合从改变肢体动作走向了重组大脑中枢。从中央广播电视总台官方公布的新闻稿可以看出，这一中心将为中央广播电视总台媒体融合进行顶层设计，发挥中枢作用，并针对当下的现象级产品进行布局。这意味着中央广播电视总台除了拥有面向电视生产的机构之外，还拥有了面向全媒体的新机构，能够减少传统媒体思维和体制的束缚，更好地向新媒体的蓝海挺进。

尽管中央广播电视总台的融合发展中心成立不久，其效能尚未外显，但从 2020 年的种种举措中依然能够窥见其总体发展思路。这一年，总台通过盘活自身渠道、连接外界渠道、搭建新型渠道三种模式，构建了一个全媒体传播平台，其内容触达率有显著提升。

### （一）研发超高清音视频制播技术，发挥电视媒体的引领作用

4K 超高清电视是目前全球范围内的新兴技术，相比于高清电视，高分辨率、高帧率、高色深、宽色域、高动态范围和三维声六个维度技术的全面提升，可以带来更具震撼力、感染力和沉浸感的用户体验。4K 技术是视频行业向智能化转型的关键，它将带来视频与电视的体验升级。中央广播电视总台作为国家级媒体，率先开展了 4K 技术的研发与应用，发挥示范带头作用。但目前 4K 制作所需经费较多，并且收视群体较少，尚未完全普及。为不断推进 4K 技术的发展，中央广播电视总台在 2017 年提出了"4K 伴随 HD"的制作理念，在高清制作平台实现 4K 与 HD 的同步制播，大幅度降低了 4K 系统建设成本。

2020 年春晚，中央广播电视总台采用了首创的 4K 伴随 HD 制作模式。主分会场全部采用 4K 超高清设备，所有摄像机、播放服务器等均同步输出 4K 超高清和高清视频信号，按照 4K 超高清与高清一一对应的要求进行处理，实现 2020 年春晚高清和 4K 的同步实时制作。中央广播电视总台提出的"4K 伴随 HD"的制作理念是主流媒体向 4K 技术过渡的有效方式，能够延续 HD 节目的生产流程，也能同步进行 4K 技术的发展，为各大媒体提供可借鉴的范式。未来几年，总台将致力于实现主力频道的 4K 播出，2021 年也将开展 8K 超高清技术试验，为 2022 北京冬奥会 8K 信号制作提供支撑。

### （二）创建新型移动终端，突破传统媒介形态的束缚

2020 年，中央广播电视总台推出了音频 App"云听"，这是继 2019 年末推出"央视频"后，又一款面向全媒体的移动终端。这两款 App 基于 5G、AI 等技术构建，更能适应当前的媒介生态，有利于中央广播电视总台打破传统媒体形态的束缚，寻求新媒体发声渠道，提高内容传播触达率。

1. 央视频

2019 年 11 月 20 日，我国首个 5G 新媒体平台"央视频"正式上线，这是中央广播电视总台基于"5G+4K/8K+AI"等新技术全新打造的综合性视听新媒体平台。"央视频"整体的技术架构采用了"大中台 + 小前台"的设计，

"大中台"是由视频中台、数据中台和 AI 中台组成的 5G 新媒体平台,"小前台"是指"央视频"客户端。通过这样的技术架构设计,"央视频"能够有效地协调全台的节目资源,更加快速地将内容传输到用户平台。

"央视频"秉持"台网并重、先网后台、移动优先"的原则,发挥中央广播电视总台的视频优势,将短视频、长视频、电视直播和移动直播等多种视频形态整合起来,并将年轻用户喜欢的社交方式融入其中,邀请台内名人开通账号,成为国内首个主流的视频社交媒体。

2. 云听

2020 年 3 月 5 日,由中央广播电视总台打造的音频 App"云听"上线,这是继"央视频"之后中央广播电视总台推出的又一个新媒体平台。该平台全力聚焦移动音频领域,填补了中央广播电视总台在音频领域移动应用的空白。

中央广播电视总台着重将 5G 网络与人工智能技术运用到"云听"的开发与建设当中,打通了 5G 新媒体中台,深度开发了总台的资源。该平台分为泛文艺、泛知识、泛娱乐三大品类,着力为听众提供优质的声音内容产品。在内容板块上,"云听"主要分为"听精品""听广播""听电视"三大板块,"听精品"主要包括有声阅读、知识付费等内容;"听广播"聚合了全国的电台广播;"听电视"是将中央广播电视总台的优质视频内容进行音频化呈现,并将其优质声音内容进行最大化的价值开发。目前,"云听"客户端总激活用户规模已超过 2600 万人;在内容资源方面,已经拥有 166 个细分频道,150 万小时的版权内容,汇聚了全国各地主要省市地方台广播频率节目 300 余路。①

"云听"作为互联网音频行业的"国家队",内容资源、制作水准以及央视的新媒体传播矩阵是其优势,在音频行业逐渐衰弱的情况下,"云听"利用 5G+AI 的高新技术,与"央视频"共同开启了新媒体智能化转型之路。

---

① 央广新闻."云听"惊蛰亮相,移动音频"国家队"有看头![Z/OL].(2020-03-04)[2020-07-14]. http://news.cctv.com/2020/03/04/ARTHNtAFCQlqwzbqONVvaOE200304.shtml.

## （三）开展多元合作，向新媒体拓展和延伸

近年来，中央广播电视总台不仅通过自建新媒体平台壮大新媒体矩阵，还积极与多个商业平台展开多元合作，借助多种传播渠道扩大自身影响力。

2020年，在抖音和快手两大短视频平台收看《新闻联播》已经成为不少年轻人的选择，截至2020年8月，《新闻联播》在快手的粉丝数为3649.7万人，在抖音的粉丝数为2817.6万人。①《新闻联播》在这两大平台的官方账号上，提供短视频等碎片化内容，辅以常态化的慢直播和《新闻联播》直播，极大提升了中央广播电视总台声音在新媒体的覆盖面、触达率，有效解决了优质内容、权威声音被电视束缚的窘境。

与此同时，中央广播电视总台打造了《主播说联播》系列短视频IP，康辉、郭志坚、海霞等新闻联播主播对中美关系等观众关切的话题进行评论，竖屏的形态、富有网感的语态，十分符合新媒体的传播特点，取得了很好的传播效果。

除了抖音和快手两大短视频平台外，2019年12月8日，央视新闻正式入驻哔哩哔哩（简称B站）。B站备受青年群体喜爱，"康辉Vlog"在B站发布后，引起网友的热议，在全站日排行榜中居第7位，获得了249.5万的播放量。②

综上所述，中央广播电视总台在新媒体的短视频、长视频平台已经占据一席之地，具备了持续生产内容的能力，打造出了自己的IP，为新媒体的用户群体提供了获取权威信息的渠道，为传递权威声音和主流价值观开辟了新路径，搭建了新阵地。

## 五、主流媒体新技术应用升级

2020年9月29日，中国互联网络信息中心（CNNIC）发布《第46次中

---

① 数据来源：抖音和快手App上的官方数据，2020年8月19日。
② 央视新闻.康辉的第一支Vlog：要出趟远门了［Z/OL］.（2019-11-10）［2020-07-20］. https://www.bilibili.com/video/BV1BE411Y7oa?from=search&seid=14242675037433252133.

国互联网络发展状况统计报告》。中国互联网协会副理事长黄澄清表示:"我国网络安全产业发展进入'快车道',现有网络安全产品和服务已经从基础网络安全领域延伸到云服务、大数据、物联网、工业控制、5G等不同应用场景,实现了对于基础设备、基础技术、安全系统、安全服务等多个维度的全面覆盖。"这是媒介竞争的弯道,也是主流媒体必须把握的机遇。

### (一)重塑指挥中枢,助推体制改革

随着5G商用落地,物联网、云计算、人工智能、AR/VR、4K等技术在信息传输方面的瓶颈被突破。数据化、云端化、智能化、全息化将会成为未来的重要趋势。中央级主流媒体在资金、人才、技术方面具有明显优势,应该继续发挥引领示范作用,当好全国主流媒体的排头兵。在已有的技术创新和应用基础上,中央级主流媒体也在寻求体制上的创新。

中央广播电视总台成立了融合发展中心,组建面向全媒体调度运营的中枢,人民网和新华网均已完成改制上市工作,实行事业和产业双轮驱动,与市场接轨,以此激发主流媒体的创新力,而全国多地的融媒体中心也通过组建企业或者企业和事业双轨运行,极大地提高了工作效率。

从顶层设计入手,面向全媒体重塑主流媒体的大脑中枢,将使主流媒体从单一的"肢体行动"转向整体的"身体转向",更好地向媒体融合的蓝海挺进。

### (二)开发人力资源,培育创新能力

在创新发展过程中,人的脑力作用至关重要,人才队伍是实现创新的根本。因此,主流媒体在创新研发的过程中,要兼顾设备投入和人才队伍建设的关系,加强对人才的引进、培养和资助。只有人力资源跟上,才能更好地发挥技术和设备在媒体融合方面的作用。

2020年8月17日,在中央广播电视总台融合发展中心成立之时,中央广播电视总台台长慎海雄就提出:"要推动建立实战化新媒体人才培训体系,为

总台乃至全行业媒体融合发展提供人才保障。"[①] 其他主流媒体也都在过往的融合中反复强调人才的重要性，并且采取了相应的举措。

面对即将到来的新技术，媒介领域必定会遇到新的问题、新的矛盾、新的现象和新的方法，亟须专业人才队伍应对新挑战。因此，主流媒体在下一步的创新中，仍需要采取灵活多样的措施，加强人才队伍建设。

### （三）开发数据资源，实现精准传播

数字时代，媒介信息以比特的形式储存和传播，数据成为新闻生产和传播的重要支撑。随着网络传播的深入、用户的增多以及人工智能的发展，在数据的支撑下，新闻生产和传播呈现出智能化、精准化、个性化的趋势。

我们看到，我国各大主流媒体日益重视对新技术的开发应用。主流媒体将AI技术引入新媒体的生产，根据用户的使用数据、应用算法进行精准推荐；通过传播渠道的延伸去搜集和记录更多的数据；加强与其他信息平台的合作，获取更多数据；开发已有的数据资产，将历史积累的非数字化资源进行数字化整合，并进行开发利用。主流媒体通过对数据的搜集和分析，实现精准的传播、精确的舆论引导，提升了媒体的传播力、引导力、影响力、公信力。

---

[①] 央视网.中央广播电视总台融合发展中心正式成立[Z/OL].(2020-08-20)[2020-08-21]. http://sz.people.com.cn/n2/2020/0820/c202846-34240369.html.

# 困知勉行　守正创新[*]

## —— 我国各级党报融合发展的前沿观察

党报，即马克思主义政党创办的机关报。党报是宣传政党的纲领、路线和政策的工具，也是沟通政党与民众关系的桥梁。本文所提的"党报"，特指中国共产党创办的各级委员会机关报。

2019年是我国推进媒体融合发展国家战略的第六年。传统报业与新兴媒体深度融合，从网络时代过渡到多媒体时代，进而发展到当下以大数据为内核并向多产业延伸的全媒体时代。伴随着人工智能、大数据等技术在过去一年内越发快速地落地运用，我国传统报业所遭受的冲击也不断加大。但在制度变革、结构调整等内部作用之下，党报在全媒体时代所受的冲击似乎较小，其融合发展正不断向深度与广度迈进。

## 一、研究背景与研究方法

据人民网发布的《2019中国媒体融合发展指数报告》，中央级媒体融合传播力领跑全国。广东省进入前十的报纸有《广州日报》和《南方日报》两家，上海有6家报纸进入百强，北上广地区的传播格局和实力基本稳定，继续领跑我国报业的融合发展。

此外，部分县级党报发展特色鲜明，在融合发展中不断探索，初见成效。

---

[*] 文章原载于《中国新闻传播研究》2020年第2期，收入本书时，略有删改。

本文主要通过实地调查法、个案研究法与文本研究法相结合的方法对我国各级党报的融合发展进行研究。笔者以当前我国报业的发展格局以及人民网从2017年建立的党报融合传播指数指标体系为主要依据，实地走访北京市、上海市、广东省、江苏省、浙江省等地，对其主要党报媒体进行调研，并针对其他省、市的主要党报媒体进行文本分析。

本文将各级党报的融合发展置于我国社会发展的大环境中，并结合实际参与者的亲身体验进行综合考察。笔者着重选取我国各级党报中的典型代表——人民日报社、南方报业传媒集团、广州日报报业集团、羊城晚报报业集团、太仓日报社，围绕各级党报在我国报纸行业中到底处于什么样的特殊地位、各级党报的融合发展具有哪些特色、各级党报的融合发展又该走向何处等问题展开访谈和研究，试图对我国各级党报融合发展的内在机理进行分析，从而为各级党报的融合发展提供最新经验。

## 二、当前我国各级党报融合发展的整体态势

从2018年6月至2019年6月，我国各级党报的"自我改革"已初具规模，全媒体平台悉数打造完成，典型新媒体案例频出，各级党报成为我国媒体融合发展中不可忽视的力量。整体来看，当前我国各级党报融合发展呈现以下主要特征。

### （一）各级党委政府大力扶持党报发展

近年来，中央及地方各级党委政府出台的政策、支持举措为我国各级党报的融合发展注入了极大信心。2017年9月，国家新闻出版广电总局出台的《新闻出版广播影视"十三五"发展规划》提出了扶持重点主流媒体的创新思路，坚持传统媒体与新媒体共同发展，内宣与外宣共同发力，不断提高党报党刊、电台电视台等主流媒体的宣传报道水平，着力提升其传播力、引导力、影响力和公信力。

在财政支持方面，从2017年1月1日起，上海市仅就澎湃新闻给予上海报业集团3年的支持就超过了3亿元，澎湃新闻的经营能力不断提升；南方

日报社2014年获财政支持5000万元，近几年增长到每年1亿元。

在广告投放方面，2018年在我国报纸广告收入普遍下滑的趋势下，党报的广告收入却依然稳定增长。根据CTR媒介智讯的数据，2018年上半年我国报纸广告面积下滑严重，达33.8%，但《重庆日报》《新华日报》《南方日报》等省级党报，《金华日报》《温州日报》《湖州日报》等地市级党报的广告投放仍保持增长态势。这种增长主要依靠部委办局在专刊专版的广告投放等一些非市场化广告运作模式。

### （二）党报主题宣传守正创新、有声有色

党报姓"党"，党报的新媒体发展重点仍然是壮大主流舆论。2018年，智能化技术的深落地不断推动着党报融合产品服务升级。人工智能与媒体的"联姻"，已不再是单纯的新媒体助力传统报纸进行简单的功能叠加，而是做到了以技术为驱动，进而融合产品内容与形式。在过去的一年里，我国各级党报新媒体在描绘新时代、弘扬主旋律、传播正能量等方面继续发力，优秀作品层出不穷。

2018年全国两会期间，主流媒体融合报道探索得有声有色。人民日报社首次将微缩定格动画引入时政报道，推出了动画微视频《政府工作报告怎么读？〈人民日报〉为你建了一座城！》。该产品通过制作微缩模型，建造了一座叫作"种花家"的微型城市，在"小区""花园"等日常生活场景中，以投影字幕特效的方式展示5年来中国建设发展取得的成就，描绘政府工作报告提出的新年度奋斗目标。该产品获得总播放量超过850万的良好传播效果。

南方报业传媒集团继续提升"唱响南方主旋律"的业务能力，在2017年至2018年连续推出反腐脱口秀视频节目《武松来了》，其以广东省反腐办案为题材，以短视频脱口秀为呈现形式，成功吸引了互联网用户，全网点击量突破了2亿。

### （三）政务服务成为党报融媒的新蓝海

围绕中心，服务大局永远是党媒的重中之重。近年来，政务服务成为各

级党报多元化经营的新蓝海。截至 2018 年底，我国经认证的政务微博已经达到 17.6 万个，阅读量达 3800 多亿。我国各级党报承接的政务服务主要包括以下三种。

一是对接政务服务平台。由于一些地区部门还未有实力完成政务服务的提升，地方党报便主动进行对接，如"南方+"主动响应政务倡导的"数字广东计划"，承接广东省线上交党费、出入境办理等政务服务。二是政务新媒体代理。许多党报主动代运营多家政务新媒体，并通过这些渠道传播新闻，形成良性循环。三是服务政府宣传或政务活动，在提升政府形象的同时提高了媒体的影响力。

"新闻+政务+服务"的模式成为党媒融合的主要通道，也反映了政府部门以购买服务的方式，对媒体融合发展提供了除直接补贴以外的支持，为壮大主流舆论，搭建起了更加多元化、更具传播力、更有贴近性的融媒体矩阵。

### 三、人民日报社：解读"中央厨房"的内在融合逻辑

近年来，人民日报社的融合发展在中央媒体中尤为显眼。2012 年，以人民日报社为代表的主流党媒开始进入社交平台，这代表着中国党报传播体系的综合性平台建设水平进一步提升。截至 2019 年 6 月，人民日报社以人民网、人民日报客户端作为媒体融合的旗舰和突破口，形成了综合覆盖受众超 9 亿的全媒体矩阵。

回顾人民日报社的融合发展之路，其搭建的"中央厨房"是支撑整个报社全媒体矩阵的重要后台节点，然而，学界与业界对"中央厨房"一直褒贬不一，有的人认为采编系统每个媒体都有，"中央厨房"只是一个噱头，还有的人直言"中央厨房"就是"假日厨房"，并没有做到常态化运行。笔者带着这些疑问赴人民日报社调研，人民日报社媒体技术公司给了以下答案。

### （一）人民日报社始终坚持业务先导

多年的新闻实践为人民日报社积累了过硬的业务能力。无论处于何种媒体环境，业务上的突破与创新一直是人民日报社的重要坚持。早在 1999 年，人民网便在两会期间开设了《本报记者网上谈两会》的视频栏目。澳门回归时，人民网派出记者从澳门发回传统的图文报道以及音视频报道，是我国网络媒体首次派记者参加国家重大政治活动的报道。

2015 年，人民日报社"中央厨房"在全国两会期间开始试运行。比起行业里许多提供融媒体平台搭建服务的技术公司，"中央厨房"最大的优势是多年积累下来的新闻业务能力。作为一项技术，"中央厨房"服务于整个报社业务流程的创新。2016 年两会期间，人民日报客户端用 VR 作品《VR 带你进会场 政协大会这样开幕》，为用户带来了 360 度的沉浸式体验，这是人民日报社基于"中央厨房"试水新媒体视频直播的一次重要尝试。

2017 年，人民日报社开始对外服务输出，支持各级媒体的融合建设。在针对特定媒体的融媒体平台搭建过程中，人民日报社根据特定媒体的基本业务情况进行相应的调整，从而保证"中央厨房"系统服务于业务的理念得以贯彻执行。

### （二）理顺体制机制，激活记者创新力

人民日报社多年积累的大量新闻人才保证了其在任何媒体时代的转型发展。当媒介融合促使人民日报社开始全方位变革，"中央厨房"便用全新的机制、全新的系统激发采编人员的潜能。

2016 年，人民日报社以"中央厨房"为"孵化器"，正式启动"融媒体工作室"计划。融媒体工作室顺应全媒体生态下信息需求的分众化趋势，以专业化、精细化、垂直化原则进行分类，内容覆盖时政、财经、国际、文化、教育、反腐等，从而形成自己的品牌个性。

"中央厨房"在融媒体工作室中的作用主要表现为：首先，融媒体工作室可以灵活使用"中央厨房"的整套技术体系，协助内容生产，如 H5 产品制作工具、移动助手、新媒体内容发布管理系统等。其次，"中央厨房"为融媒体

工作室编辑记者的内容创新提供基础资金、推广运营、技术实现等支持。最后,"中央厨房"还为工作室配备专业的技术开发、视觉设计、推广运营等人员,帮助工作室实现内容创意以及内容产品在各个渠道的推广传播。

以"中央厨房"灵活的体制机制为依托,依靠编辑记者在政策解读、文字功底上的优势,融媒体工作室不断创新新闻报道方式,打造出了多款传播效果显著的新媒体产品,进一步提升了报纸和新媒体的报道质量。

## 四、南方报业传媒集团:以"南方+"为龙头唱响主流"南方声音"

南方报业传媒集团是我国首批将纸媒内容数字化的传统媒体集团之一。2018年,南方报业传媒集团持续向"政务+"领域发力,与广东省政务机构连接的网络进一步拓展,有效提升了"唱响南方主旋律"的业务能力。从2018年4月起,南方报业传媒集团相继与广东省教育厅、广东省文化厅、广东省公安厅、广东省社会科学院、广州市黄埔区政府等建立深度合作关系,达成共建全媒体平台、联合开展调研活动等共识。

手机新闻客户端"南方+"是南方报业传媒集团移动新媒体端的拳头产品,是广东省权威信息发布平台,从2015年10月上线至今,下载量已突破5000万,在2019年党报App排行榜上居地方党报首位。南方报业传媒集团以"南方号"和"直播广东"等自建平台为依托,拓展"南方+"的产品生态圈,从而唱响主流党报集团的"南方声音"。

### (一)"南方号":广东省权威的政务服务平台

政务平台"南方号"是广东省权威的新媒体发布平台。"南方号"邀请广东权威机构、自媒体入驻,使它们成为"南方+"的内容提供方。同时,南方报业传媒集团通过"南方号"发布集团内容,从而形成良性双向发布机制。截至2018年底,"南方号"入驻单位超过5000家,这些单位覆盖广东省21个地级市以及医疗、教育、政法、公安等垂直领域。

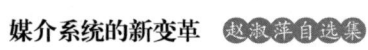

此外,"南方号"平台已实现内容的双向输出。据"南方+"内容总监介绍,"南方号"每个月的发稿量已达 45,000 条,即"南方+"不用依靠记者,每个月就有 45,000 条权威信息发布。"南方+"通过"南方号"渠道也会输送客户端优质内容,如关于港珠澳大桥的短视频等新型产品,产品通过"广东共青团""暨南大学"等机构自媒体被推送,最终成为"10万+"的爆款。

### (二)"直播广东":全方位还原广东经济社会发展最新现场

2016 年 3 月,"直播广东"平台在"南方+"App 上线,以图文和视频实时直播的形式,全方位还原广东省经济社会发展的最新现场。"直播广东"上线至今,其在突发事件和日常的新闻策划中皆表现不俗。

2018 年 9 月"山竹"台风期间,"直播广东"发挥了重要的媒介作用。"直播广东"联动全省 21 个地级市记者站进行了一场 60 个小时的移动直播。该直播成为广东省各地三防办了解一线情况的重要途径,东莞市三防办更是将"直播广东"作为信源,在三防办指挥部滚动播放。除突发事件的直播之外,"直播广东"也在日常报道中对各个领域进行新闻策划,包括邀请各个部门的官员担任主播,用直播走访的形式解读"河长"、海关等部门的政策,为观众提供专业领域的知识。

2018 年,"直播广东"完成了 1500 多场直播,除了依靠南方报业传媒集团内部的大型直播策划外,主要依靠的是"直播广东"平台上的各入驻单位。"直播广东"通过技术支撑、选题策划等方面的平台服务,支持入驻单位进行直播。平台的完善降低了直播的门槛,强化了与各部委的联系,提升了直播的质量,使得"直播广东"成为公众了解广东经济社会发展的重要窗口。

## 五、羊城晚报社:"媒体+创意园"融合发展的现代文化传播集团

同样作为省级党报,《羊城晚报》在创刊之初便树立起与《南方日报》有差异的发展理念。谈起媒介融合,《羊城晚报》编委孙璇认为"两个再造"不

可缺，即流程再造与产品再造。流程再造要解决队伍的思维问题，员工的思维要适配最新的技术。产品再造强调的是用户思维和市场导向，产品的好坏不再仅仅依赖部门主任来判定，这是媒体融合能否成功的重要指标。在发展模式上，羊城晚报社依据自身条件，打造了全国独一无二的媒体融合与文化产业聚集的创新驱动平台。

### （一）从"房东"到"股东"的转变

2017年，由羊城晚报社首创的"媒体＋创意园"的全新融合模式正式落地运营。通过经营羊城创意产业园，吸引和服务租客，羊城晚报社获得了一定的资金来源，为集团的整体转型提供了物质基础。目前，羊城创意产业园扩展为四大区域，分别为黄埔大道主园区、东风东园区、广州东园区和南沙园区。黄埔大道主园区被文化部授予"国家级音乐产业基地"称号，是广州首批"互联网＋"小镇的核心区。2017年黄埔大道主园区入驻企业145家，以互联网音乐类产业为主，主要有滚石音乐、荔枝FM、网易直播、金山游戏等企业，年产值超100亿元。2018年，主园区、东风东园区两个园区的入驻企业已达260多家，产值超280亿元。

以文化创意园为基础，羊城晚报社正逐渐实现从"房东"到"股东"的转变。通过开展论坛、培训会、音乐节等特色活动，羊城晚报社不断深化与园区内外企业的合作，将园区资源与报社的新媒体产品生产、岭南特色文化培养、传媒行业标准制定等相融合，探索与企业形成内容互联互通、线上线下整合的传播新路径。多年的园区日常维护与管理经验使得羊城晚报社得到许多园区的认可并输出了其管理模式。

### （二）"文化＋科技＋金融＋双创融合"模式

2019年，羊城创意产业园以文化为核心，以科技为重点，以金融为驱动力，大力发展文化创意、移动互联和网络金融三大产业，努力推动创意园产业转型升级，助力羊城晚报社逐渐形成"文化＋科技＋金融＋双创融合"的发展与赢利模式。

羊城创意产业园主园区毗邻广州软件产业园和广州金融城，经过多年培育，已聚合超过100多家信息科技、艺术设计、文化传媒企业的优势资源，初步建立起了以羊城晚报报业集团旗下系列报及数字媒体公司为核心，视频直播、音乐移动播放、在线电台、在线游戏制作、实体演艺剧院等线上线下一体的多元传播生态。此外，从2015年起，羊城晚报社积极融入广东大学生创新创业基金体系，着手对特色内容、活力用户等项目进行股权投资，使之成为推动集团创新发展的重要驱动力。

羊城晚报社独具特色的"媒体＋创意园"的融合发展模式成效显著，新媒体的传播力与影响力在广东甚至全国都走在前列，正向具有岭南特色的新型现代文化传播集团大步迈进。

## 六、广州日报社：立足本地、垂直深耕的地市级党报发展典范

人民网研究院发布的《2019全国党报融合传播指数报告》显示，广州日报社的融合传播力全国排名第四、报纸传播力全国排名第二、微博传播力全国排名第四、微信传播力全国排名第三。可见，广州日报社近年来的媒介融合实践使其成为全国地市级党报的标杆。

2019年，广州日报社本着"以传媒为根本，以融合促转型"的基本思路，全面构建一体化融媒生产矩阵。广州日报社以技术为基础，利用大数据持续推动用户"连接"在纵横双向上的扩张，利用自身与政务部门深度合作的优势，不断优化政务服务水平，同时对基层社区垂直深耕，达成优势关系的价值变现，实现用户量亿级的突破。

### （一）"广州＋"：广州市权威政务服务咨询发布平台

"广州＋"是一个专业媒体、政务媒体、机构媒体的聚合平台及内容分发平台。

入驻"广州＋"的新媒体公众号享有传播优先、服务优先、资源优先三大优势。

2018年3月,来自政府机关以及医疗、社会团体的160家政务公众号入驻"广州+",共同打造全新的广州权威全媒体矩阵。2018年10月,广州市165家教育公众号入驻"广州+",这些教育公众号的入驻促进了广州教育信息的精准传播,提升了教育部门与市民的良性互动,成为携手打造广州教育系统宣传阵地、准确把握教育事业发展面临的新形势、新任务的一次有益探索。

此外,依托广州日报社"中央厨房"与人民日报社、新华社以及腾讯、今日头条、新浪微博等建立的战略合作关系,"广州+"推送的内容融入逾亿级的传播生态圈,进一步提升了"广州+"的辐射力与影响力。

**(二)"健康有约":华南地区最权威的健康资讯和服务平台**

"健康有约"是广州日报社联合广州地区所有三甲医院,与数百名顶级名医合作打造的华南地区最权威的健康资讯和服务平台。"健康有约"自成立以来,在线上线下全面发力。截至2019年6月,该平台推出的"名医大讲堂"和名医微课直播已举行超200场,场均点击量超20万,钟南山、侯凡凡、吴一龙等众多名医先后担任主讲。

此外,"健康有约"举办了多个树立行业标杆的线下活动,其中"广州妙手护士评选"与"广州星级家庭医生评选"两大活动分别创下100多万和60多万的投票量。"健康有约"在与群众互动、健康知识传播、全民医学素养提升等方面都做了有益的探索,并在2018小蛮腰科技大会上获得2018年度最具影响力医药健康媒体奖项。

## 七、太仓日报社:以价值导向探索"中央厨房"与商业模式的延展性融合

习近平总书记在2018年8月21日召开的全国宣传思想工作会议上指出,要扎实抓好县级融媒体中心建设,更好地引导群众、服务群众。当前,区域传统媒体正受到理念、技术、渠道、内容等诸多限制,融合之路步履蹒跚。

对于县级党报来说，新闻发布是使命，多元化经营是生命线。太仓日报社以"中央厨房"为阵地，以用户思维为导向，以党媒特有的影响力、权威性让多元化经营反哺新闻主业，形成了良性融合发展闭环，也为太仓市的媒介融合探索打下了坚实基础。

笔者通过调研了解到，太仓日报社共有60多名员工，属于差额拨款事业单位。报社一年开支需要2000万元，财政每年拨款431万元，资金缺口近1600万元。得益于报社成功的多元化经营，目前报社一年广告营收将近3000万元，盈余资金为融合发展事业注入更持久的活力。

### （一）开设多种栏目，承接政务服务

太仓日报社社长兼总编辑张忠在与笔者交流时说道："党和政府是党媒最重要的用户。围绕中心，服务大局永远是党媒的重中之重。"近年来太仓日报社主动对接政府部门，开设了多个栏目，政务服务水平显著提升，也给报社带来可观的经营收入。

太仓日报社承接的太仓市政务服务具有领域广、触角深的特点。在宣传层面，报纸和官网都开设了政府部门专版，承接政务内刊与杂志、书籍出版工作，代理政务微信，开设政务直播，拍摄短视频专题片，承办政府活动。此外，太仓日报社还开设了民生平台、太报智库平台等。

### （二）盘活社会资源，提升经营水平

成功的跨界经营管理是县级媒体持续运转的必要保证。区域媒体由于地域限制无法完成流量变现，这使得价值变现成为出路。

在提升政务服务之外，太仓日报社将触角延伸至太仓市经济社会的各个方面，如承接当地金融服务，建立"太报智屋"房产交易平台、二手车交易平台、家装服务平台、教育资讯平台等。太仓日报社在经营中重视营利性活动和公益性活动，不断提高《太仓日报》的媒体影响力和价值变现能力。

太仓日报社的案例说明，区域县级媒体的融合建设应立足正确的舆论导向、坚守基层舆论阵地、做好新闻宣传本职工作。此外，县级媒体还应该找

准角色定位，适应地方发展实际，满足群众需求，适应县级媒体的发展现状，确保融合优势落到实处。

## 八、我国各级党报融合发展的问题与困境

### （一）整个报纸行业仍处于爬坡阶段

近年来，党报传播的生态环境面临着从行政主导向专业主导、从单纯价值主导向消费与价值主导交织的转变。在新媒体的持续作用下，党报传播生态呈现以下特征。

技术重构了信息接收模式，信息的受众需求和消费性特点日益明显，信息传播的多向度和强互动性日益显现。纵观整个报业，融合进程中的体制机制调整、人才的吸引与培养等问题仍较为严峻。

目前，整个报纸行业仍处于爬坡阶段。传统报业仅仅依靠纸质"端口"无法实现增长，媒体融合成为报业的现实选择，但传统报业的融合转型仍处于阵痛期。仅2017年至2018年，全国超百家报刊关停并向移动端转移，但真正转型成功的报刊仍为少数。陕西华商报社与一百多名记者解除了劳动关系，许多优秀记者选择离职创业；重庆报业集团留住了一批调查记者并推出慢新闻客户端，其传播效果仍需观望。

### （二）党报融合的内生性机制有待培养

我国媒体内部整合不到位，在新媒体作品生产方面的内生机制还没有形成。报刊传统单一的生产格局没有发生根本性改变，没有达到新的评价体系下的生产力提升效果。现有的新媒体从业人员的基本结构还非常薄弱，基本素质不高。传统媒体和新媒体"两张皮"现象仍然严重，不足以支撑媒体融合的充分发展。在考核机制上，许多报业集团的新媒体考核占比越来越重，但新媒体考核的加重似乎并不能很好地体现报业自身的品牌价值，这便形成悖论。

此外，生产流程、部门设置、人员组织、制度设计等一系列的转型问题

依旧困扰着众多党报集团。放眼未来,党报融合的体制机制仍然需要进一步的探索。

### (三)人才流失掣肘党报融合

报业新媒体人才流动过快,优秀人才队伍建设面临困难。报社新媒体员工的薪酬有限,薪酬标准与市场化媒体相比并无太大竞争力,薪资方面对人才的吸引力不足,人才流失严重。

体制机制对人才资源的流动也有一定的影响。因为关系到领导问责问题,党报集团的新媒体不太起用体制外的人才,但体制内能做好新媒体的人才又时常不足。

此外,传统媒体现有人才与技术发展脱节的现象仍较为严重。新媒体采编制作有自己的规律,传统报业集团在这一套话语方式中并不一定占有优势。新的媒介环境使得党报记者必须从"报人"转型为"融媒体人"。

## 九、我国各级党报融合发展的对策与建议

### (一)管理层加强战略引领,助力党报迈上新台阶

党报管理层的战略目光与决心对党报今后的发展至关重要。依托互联网技术拓展渠道重构关系是各大报业集团都能做到的,但如何根据自身特点进行适合自身的转型升级,就需要各大集团在实践中进行不断探索。

上海报业集团力推"三二四"战略布局。"三"指的是《解放日报》《文汇报》《新民晚报》三大传统报纸及其融媒体平台;"二"指的是集团两大现象级新媒体产品"澎湃新闻"与"界面";"四"是聚焦国际传播媒体领域,财经服务领域,提供个性化、对象化、定制化信息产品的领域以及综合信息服务领域四大细分领域,在新媒体端垂直发力。这些产品围绕新技术运用、新语言空间、新商业模式,以特色为支撑,探索市场化发展之路,目前已进入快速发展期。

深圳报业集团狠抓战略先行，在深入调研的基础上，根据市委要求，制订新一轮深化改革总体方案。这一方案从2018年开始实施，推动集团进一步深化发展战略，构建全媒体传播格局，不断提升"四力"。

### （二）着眼绩效考核，调动新媒体发展指挥棒

绩效考核是调动媒体内部成员积极性的指挥棒，绩效考核偏向新媒体，新媒体的供稿积极性就会大涨。

浙江报业集团将报、网、端三个端口的编辑、记者集合在一起进行考核，并根据各自的工作绩效进行分档，分级发放薪酬和奖金；四川报业集团的人员考核中，30%和新媒体挂钩；贵州报业集团的记者在纸媒发稿只能拿到一半薪酬；《新京报》目前已做到先端后报，记者采写的稿件先在新京报客户端上发布，然后再见报。

南方日报社的记者如果先端后报发稿就会有一定的奖励，如果先报后端发稿，就没有额外的奖励，相当于转载。"南方+"客户端主要依靠南方日报社的记者队伍供稿，有的记者给客户端提供的稿件占到其收入的70%至80%。

此外，除整个绩效考核向新媒体倾斜之外，许多报业集团还针对业务突出的记者进行机制适配，以激发记者生产出更为优质的内容。南方报业传媒集团从2016年底开始推进"南方名记者"项目，以报社骨干组建相对超脱于集团的工作室，集中精力去做一些大项目。工作室在收入上摆脱了按单条稿件计算工资的制度，推行一人一策，通过"先锋带动整体"，促进整个集团的绩效考核的完善与创新。

### （三）智库化媒体建设，开辟行业新通道

党报开启智库化转向是未来发展的方向之一。深度对接政府、企业、社会机构与普通用户，注重学术思维、专业知识、理性思辨，以人文关怀的视角传递新闻讯息、社会关怀与生活态度是未来党报赋能新媒体健康发展的进路。

2018年7月，南方报业传媒集团10大传媒智库机构正式亮相，涵盖经

济、法治、教育、城市、党建5大领域，此外南方报业集团还成立了南方数字政府研究院、广东乡村振兴服务中心、南方周末研究院、南都大数据研究院与南方舆情研究院五大智库机构，对外实现高品质的内容输出，对内实现产品"自我消化"，为自身发展提供决策依据。同时，各智库不断加快为系列产品植入"南方系智慧"的步伐，全面提升内容质量，取得了较为丰硕的成果。

2018年以来，澎湃新闻下属编辑部澎湃研究所进一步向新型媒体智库转型，加强内容生产，策划了"山河"系列大型报道——《山河2：穿越海岸线》《山河3：江南》，出版了《中国实验室2》《改革中国》《漫步魔都》等系列图书，新设了《全球城市观察》《街角社会》《口述中国》《城市与社会》《中国家庭》等栏目，力争打造"山河"系列IP和澎湃研究所丛书品牌。

### （四）人工智能应用升级，助力产品再造

随着VR（虚拟现实）、AR（增强现实）、大数据、AI（人工智能）技术的快速发展，传统媒体在数字化转型升级中，通过技术赋能、数据赋能，使新闻报道内容的传播价值得到提升，形成新的技术优势。

2017年7月，国务院印发《新一代人工智能发展规划》，提出新一代人工智能发展分三步走的战略目标，到2030年使人工智能理论、技术与应用总体进入世界领先水平，使我国成为世界主要人工智能创新中心。这是我国首个面向2030年的人工智能发展规划。2018年3月，全国两会再次提及"加强新一代人工智能研发应用，在医疗、养老、教育、文化、体育等多领域推进'互联网+'"，人工智能上升到国家战略层面，成为媒体融合发展的新方向。

依托于人工智能技术，2018年3月，人民网联合人民日报全国党媒信息公众平台，进行全国两会内容报道，推出直播、微视频、H5专题、日播视频节目等新媒体产品，贯彻移动优先的发展战略，告别过去以报纸为主的"单兵作战"，立足融媒体发展理念，呈现多维度、多层次的新闻报道。

由四川报业集团的封面新闻自主研发的"小封机器人"于2017年问世，成为我国党报集团中首个聊天机器人App。同时，封面新闻"因人而异"的

算法推荐技术非常成熟，AI机器人写稿技术不断完善，加速了我国媒体行业的迭代更新。

**（五）推进整体解决方案，拓宽产业生态圈**

在2018年的报业融合中，智能化技术引领产品服务升级，内容迭代升级推动融媒体产品范式更新，平台聚合互动进一步激发融合活力，县级媒体融合打通"最后一公里"。未来，我国党报应尝试更多跨界合作，消弭产业边界，扩大融合广度，同时在既有融合模式中全面创新、精耕细作，以增加融合的深度。

《南方日报》佛山记者站只有不到100人，2017年实现营收1亿元。在记者站的营收中，报业收入占40%，非报业收入占50%以上。记者站与当地党政部门、公共机构、技术企业等进行合作，以新的传播平台和传播方式为铺垫，编织出了一张"内容＋资源＋市场"的盈利之网，为报业经营提供了良好范本。

当广告销售模式令传统报业越来越难以为继时，为甲方提供整体解决方案的模式成为报业盈利的新模式。通过为甲方提供整体解决方案，党报集团将所有户外广告、PC端、手机移动端打包成"套餐"供甲方选择的盈利模式比传统媒体时代的单一广告盈利模式有更强的竞争力。

## 十、总结

近几年来，我国各级党报的融合发展可圈可点，已成为我国媒体融合发展不可忽视的力量。在各级党报的融合发展中，层次分明的全媒体格局、对舆论和思想引导的强调、优质原创内容的布局等优点使得党报媒体在新媒体时代既能提供最新、最权威的新闻，又能抓住时代脉搏，服务大众，宣传思想。守正创新，引领内容，各级党报正不断通过自身实践为媒体融合发展的国家战略贡献"党报智慧"。

# 央地联动与区域竞合：粤港澳大湾区媒体融合的协同发展与未来进路[*]

粤港澳大湾区由香港、澳门两个特别行政区和广东省的广州、深圳、珠海、佛山、惠州、东莞、中山、江门、肇庆等九个地级市组成，是中国开放程度最高、经济活力最强的区域。

2018年5月，习近平总书记先后主持召开中央政治局常委会会议和中央政治局会议，对《粤港澳大湾区发展规划纲要》进行审议；同年11月，《中共中央国务院关于建立更加有效的区域协调发展新机制的意见》发布，开启区域科学发展新篇章。2019年2月，中共中央国务院联合印发《粤港澳大湾区发展规划纲要》，并发出通知，要求各地区各部门结合实际认真贯彻落实。粤港澳大湾区建设上升为重大国家战略，其核心内容是建设世界级城市群，打造全球范围内具有世界竞争力的重要空间载体，有效对接"一带一路"，开启对外开放新格局。

粤港澳大湾区的规划和建设，使大湾区媒体融合被进一步提上日程。大湾区媒体亟待探索具体可行的合作方案，按照资源集约、结构合理、差异发展、协同高效的原则，构建高水平的大湾区媒体融合模式，抓住媒体机遇，发挥媒体作用，承担媒体使命。

---

[*] 文章原载于《中国新媒体研究报告》2022年第1期，收入本书时，略有删改。

## 一、大湾区媒体融合的产业基础与功能特点

在大湾区概念提出之前，珠三角地区和港澳地区的传媒产业便早已开启了交流往来，并随着市场发展、政策引导和文化交往而不断紧密。在媒体融合战略和大湾区建设的驱动下，该区域的媒体融合实践也呈现出新的特点，并担负起新的功能使命。

### （一）合作历史悠久，媒体产业基础深厚

粤港澳地区的媒体交流始于广播电视领域，早在20世纪70年代，香港的广播和电视便在广东沿海地区落地，到了20世纪90年代，广东有线广播电视台成立后，开始在省内传输香港无线和香港亚视的节目。[1] 2001年起，国家广电总局陆续批准了香港翡翠台、香港明珠台、凤凰卫视中文台、澳门澳亚卫视等港澳电视频道在广东播出，广东成为全国唯一一个有境外电视频道落地的省份。

在报刊领域，珠三角地区的纸媒也较早开始探索省内传播资源的互通。自2002年起，广东各媒体集团开始创办直接针对省内二、三线地市的专版或周刊，带动了省内媒体的跨区域竞合。此外，《广州日报》还先后与香港《星岛日报》等报刊合作创设海外版。

2014年，媒体融合上升为国家战略，广东作为媒体大省、网络大省，在内容、技术、管理等方面积极进行媒体融合探索。《2020年媒体融合传播指数总报告》显示，广东在地方媒体融合建设中持续领跑，综合传播实力居于各省前列。[2] 这样的产业环境也为大湾区的媒体融合提供了良好基础。

---

[1] 申启武. 粤港广播电视传媒竞争与合作的历史考察与现状分析 [J]. 中国广播电视学刊，2008（6）：107–109.
[2] 人民网. 2020年媒体融合传播指数总报告 [R/OL]. （2021-04-26）[2021-05-30]. http://yiy.peoplecom. cn/n1/2021/0426/c244560-32088214. html.

## （二）城市圈群多元，融合实践动态演进

尽管大湾区有着良好的媒体交流和产业发展基础，但在大湾区内部，各城市媒体间的互动模式和紧密程度并非均衡等效，而是包含了复杂多元的融合实践。

大湾区城市群有着"一个国家、两种制度、三个关税区、四个核心城市"的区位特点。这使大湾区的媒体格局具备多层次结构，各城市媒体的定位、功能、覆盖人群和产品特色不尽相同。与此同时，该区域囊括了广深双龙头、深港创新圈、珠澳一体化、珠江口西岸都市圈、广佛肇经济圈等多个细分城市圈群，媒体作为支撑城市间信息和资源流动的重要平台，其融合进程与城市间的协作发展同步，因此，大湾区城市媒体间的联动互通疏密不一，尚处于动态的演进过程中。

## （三）承担多重功能，发展能级不断提升

在大湾区建设的国家战略推动下，粤港澳三地媒体的融合实践不仅服务于大湾区的产业创新、人员往来、沟通互鉴，也在不断与外界进行资源、信息和能量的交换，承担着多重使命。

从全国范围来看，大湾区是国家经济发展的重要引擎，与其他经济区、城市群一起推进我国多中心网络化的区域布局。[①] 在此基础上，大湾区媒体也需要与中央和各省、市媒体保持协作互动、对接多元要素，共同助力国家发展。

从全球范围来看，大湾区承担着参与全球竞争、对接"一带一路"、创新对外开放的战略任务，大湾区的建设是个持续性的过程，必须及时捕捉大湾区建设要义和近况，用更广阔的国际视野呈现发展成果，深度参与全球的传播格局。

综上可知，大湾区的媒体融合是一个跨媒介、跨制度、跨地区的动态复杂系统，并在新时代的背景下承担着"立足湾区，面向全国，延伸世界"的

---

① 蔡赤萌.粤港澳大湾区城市群建设的战略意义和现实挑战[J].广东社会科学,2017(4):5-14.

使命。为了形成新的有序结构,大湾区媒体需要内外联动、彼此协调,突破传统资源配置方式,寻求全新的发展动能,进而为各种要素的高效流通提供渠道,发挥更强有力的平台连接作用。笔者通过对大湾区多个城市的走访调研,梳理总结了该区域媒体融合的探索与实践。

## 二、央地联动,媒体资源纵向贯通

大湾区的战略定位决定了其要加快融入党和国家发展大局和全球化新格局。因此,大湾区媒体首先要深化与中央媒体的联动,超越自身的区域局限,借助央媒的内容、平台、资源、技术等优势,实现全面的互融互通,从而发挥"面向全国、延伸世界"的传播作用。同时,对于中央媒体而言,要做大做强主流舆论,必须扎根大湾区,通过一体化的生产传播,绘就中央和大湾区的最大同心圆。从这一层面来看,央地媒体资源的上下贯通不仅为大湾区的媒体融合注入外部动能,还是合作双方"共赢"的选择。

### (一)《人民日报》:搭建融媒体工作室,打造大湾区新闻品牌

2018年10月,人民日报全国党媒信息公共平台与珠海市委宣传部、珠海传媒集团合作共建了粤港澳大湾区融媒体工作室,这是全国首个央地联动、常态化运营的融媒体工作室,在央地媒体的内容生产、团队协作、资源共享方面进行了有益探索。

*1. 建立"混编"团队,多元内容协作生产*

融媒体工作室是《人民日报》为了优化内容生产机制所开辟的业务线,旨在鼓励报、网、端、微采编人员跨部门、跨媒体、跨地域和跨专业组织,在垂直领域自由组合,以项目制施工的形式进行跨界生产。粤港澳大湾区融媒体工作室依托《人民日报》该业务的运营经验,由《人民日报》和珠海传媒集团组成执行团队,围绕珠海中心工作和大湾区发展情况进行集中策划、统一报道、融媒传播,并与《人民日报》合作推出《大湾风》新媒体栏目,该栏目已成为在全国有一定影响力的大湾区新闻品牌。

2020年6月,在决战决胜脱贫攻坚的报道中,粤港澳大湾区融媒体工作室将珠海和北京的主创成员进行"混编",形成全媒体报道团队,兵分多路深入珠海对口帮扶的云南省怒江州和西藏林芝市米林县等地进行采访拍摄,通过沿线走访、直播带货、蹲点报道等形式展现珠海在这些地区的扶贫行动和扶贫故事,生产了一系列文字、短视频、脱口秀、直播、长图等形式的原创作品。这些报道不仅在珠海本地产生了反响,还被人民网、环球网、澳门《力报》、腾讯、网易、今日头条等平台广泛转发,产生了较深远的影响力。

传统媒体时代,中央媒体与地方媒体以同类合作为主,即中央广播电视总台与地方广播电视台合作,中央报刊与地方报刊合作,合作生产的内容类型也较为单一;而在媒体融合环境下,央地合作打破了媒介形式的壁垒,突破了内容形式的边界。在粤港澳大湾区融媒体工作室的案例中,我们可以看到《人民日报》与珠海传媒集团优势互补,粤港澳大湾区融媒体工作室一方面利用了《人民日报》的政治站位和选题策划优势,另一方面充分发挥了珠海传媒集团的融媒体生产效能。双方合作策划生产的短视频《跨越4000里的足球情缘》,讲述了珠海支教教师帮怒江大山里的孩子圆校园足球梦的故事,视频点击量超过500万次,视频的相关内容和截图还登上《人民日报》版面,实现了媒体融合的一次采集、多种生成和多元发布。

**2. 聚焦大湾区发展,营造良好舆论氛围**

粤港澳大湾区融媒体工作室以珠海作为大本营,但在内容策划上不仅注重提升珠海在国内外的影响力,更关注大湾区在深化改革、科技创新、文化民生等领域的发展成绩。因此,工作室在选题切入时会依据珠海毗邻港澳的区位特点,寻求内容影响力的最大公约数。

例如,《大湾风:港珠澳大桥开通一年,经济账怎么算?》《大湾风:这个"为澳门而生"的横琴,到底长什么样?》《大湾风:回归祖国20年,"澳门故事"越来越精彩》等报道,既与珠海本地密切相关,又是全国人民都关注的大湾区"重头戏",工作室在地利的基础上披露独家内容,体现了"人无我有、人有我深"的差异化优势。其中,面向国际传播的作品《即将通车的港珠澳大桥什么样?》,海内外总点击量达440万,并获得第二十九届中国新闻奖二等奖。

此外，为了更加全面地反映大湾区的建设与发展情况，工作室还开展了"走马大湾区"大型主题采访活动，兵分多路深入粤港澳大湾区各大城市，采访、挖掘、观察各城市参与大湾区建设的工作人员及其成绩亮点，总结发展经验。通过深度报道、系列报道、短视频、脱口秀、H5等各类新闻产品，工作室全景式地展现了不同城市的魅力，并记录梳理各地的举措成效，不仅促进了城市间的交流合作、互学互鉴，还为我国的大湾区发展营造了良好的舆论氛围。

为了进一步强化大湾区媒体联动，让新闻触角全方位延伸到大湾区各地，工作室在2020年向大湾区各大城市媒体记者颁发了"特约记者"证书，初步建立起横跨各城市的创作团队，形成了常态化的联络、供稿机制，迈出了开门办"室"的重要一步。机制自建立以来，江门、中山等地的媒体记者多次为《大湾风》栏目采写新闻，在丰富报道内容的同时，让这些城市的新闻通过人民日报全国党媒信息公共平台传得更远。

**3. 借助央媒智库，提升地方媒体站位**

与中央媒体相比，地方媒体在资源、人才、平台等方面一定程度上存在着先天不足，在新闻报道中容易出现"站位不高、视野不宽"的情况。为了补足这一短板，粤港澳大湾区融媒体工作室充分借助《人民日报》在高端智库资源方面的优势，推出了独家权威解读、高端访谈等"拳头产品"，不断扩大新闻报道的广度，增加新闻报道的深度。

在澳门回归祖国20周年、深圳经济特区建立40周年等重要时间节点，工作室均与《人民日报》联合推出视频访谈节目，国务院参事室特约研究员姚景源、中国与全球化智库特邀高级研究员张连起等重磅嘉宾做客演播室，与珠海传媒的主播进行对话，深度解读粤港澳大湾区在国家经济发展和对外开放中的支撑引领作用。视频访谈节目在人民网首页被特别推荐，在全国党媒信息公共平台重要位置发布，并在珠海电视台黄金时段播放，引起广泛的社会反响，被几十家平台转载。

借助中央媒体的平台，让高端智库"外脑"对接地方媒体，有力地促进了粤港澳大湾区建设舆论高地。对《人民日报》来说，这是"开门办报""开门办融媒体"的生动实践；对珠海传媒来说，则是"借梯登高""借船出海"，增加自身报道高度和扩大报道广度的有效途径。

### （二）中央广播电视总台：开设电台频率，架起大湾区声波桥梁

2019年9月，中央广播电视总台粤港澳大湾区之声（以下简称"大湾区之声"）正式开播，新媒体平台同步启用，这是我国首个专门面向粤港澳大湾区播出的国家级电台频率。大湾区之声覆盖大湾区内的广东省9个城市和香港特别行政区、澳门特别行政区，全天播音21小时，拥有新闻、财经、生活、文化、音乐5大内容板块，是媒体深度融合背景下国家主流媒体传播中央权威声音、深入反映大湾区民众生活的重要平台。

#### 1. 服务国家大局，坚守舆论阵地

中央广播电视总台台长慎海雄曾在大湾区之声的开播仪式上表示，大湾区之声将助力发挥粤港澳综合优势，深化内地与港澳合作，支持香港、澳门融入国家发展大局，增进香港、澳门同胞福祉，保持香港、澳门长期繁荣稳定，让港澳同胞与祖国人民共担民族复兴的历史责任、共享祖国繁荣富强的伟大荣光。① 这样的独特定位，决定了大湾区之声肩负着主流媒体进入粤港澳大湾区舆论场的使命任务，其不仅要传播和阐释国家的政策、立场、态度，更要深入大湾区的社会生活，理解、读懂、关心并服务于大湾区受众，提高中央媒体在大湾区尤其港澳地区的舆论影响力。

首先，精心做好重要时政报道和重大活动直播工作。大湾区之声面向粤港澳大湾区受众，提前谋划、认真做好习近平总书记出席全国两会等重要会议，以及赴湖北、浙江、陕西、吉林等地考察，参加世界卫生大会视频会议等重大时政活动的报道，广播和新媒体联动，向大湾区受众生动展现习近平总书记的领袖风范；同时，用粤语直播习近平总书记新年贺词、全国两会、

---

① 中国政府网.中央广播电视总台粤港澳大湾区之声开播［EB/OL］.（2019-09-02）［2020-05-30］.htp://www.gov.cn/xinwen/2019-09/02/content_5426375.htm.

第二届进博会、国庆70周年庆典、澳门回归20周年等一系列重大活动，其中，制作的《此时此刻——国庆70周年盛典》4K直播电影粤语版，在香港、澳门等多家影院播映，获得热烈反响。

其次，为加强对粤港澳地区的舆论引导而推出的"大湾区之声热评"，以有风骨、敢亮剑、接地气的新语态，传达中央精神，抢占粤港澳舆论场话语权的制高点。2020年6月，《中华人民共和国香港特别行政区维护国家安全法》（以下简称《香港国安法》）正式落地，大湾区之声连续发出14篇热评，就《香港国安法》密集发声，阐释了立法的重大意义，并表达了中国政府维护国家安全的意志和决心。这一系列评论通过声音、视频和文字等多元形态，在广播、电视、新媒体平台上同步推出，对《香港国安法》的解读生动易懂、客观理性，被香港、澳门和海外的数十家媒体广泛转载，有效发挥了舆论引领作用。

最后，连续制作独家精品融媒体产品，主题主线报道深入人心。2020年，大湾区之声广播和新媒体策划推出14期系列融媒体报道《脱贫攻坚中的大湾区力量》，通过音、视、图、文等多种形式展现大湾区城市对口帮扶、精准扶贫的成果和经验，中央主要媒体、大湾区重点媒体以及多家海外媒体积极转发。此外，大湾区之声与香港特别行政区政府驻北京办事处共同制作了《每周听香港》新媒体栏目，并联合9家省级广播电视台同步推出，让内地受众及时了解香港的社会民生；大湾区之声与澳门特别行政区政府新闻局联合制作了《观览澳门》新媒体栏目，结合音视频和新媒体交互内容，全景展现澳门的风土人情。

**2. 贴近用户习惯，营造文化认同环境**

粤港澳大湾区经济往来和人文交流互动密切，有着独特的历史人文景观，拥有岭南文化这一共同的文化底色。大湾区城市在人文精神和风俗习惯上彼此相通，在方言运用、亲缘观念、市井风情等方面也同气连枝。①面对这样的文化环境，大湾区之声在内容经营和表现方式上，更加贴近大湾区的受众习

---

① 唐铮. 粤港澳大湾区媒体融合的逻辑与进路 [J]. 学术研究, 2019（10）: 71–75.

惯，为大湾区提供更有力量的文化共同体认同资源。

首先，大湾区之声实现全粤语（方言）播出，以粤语节目为主，并设有客家话节目《四海乡音》、潮汕话节目《天下潮人》等，并在建党百年、澳门回归20周年等关键节点，分别推出《大营救》《安妮的花海》《福满楼》等粤语、普通话双语广播剧，用方言贴近大湾区不同文化群体。无论是广播、视频还是文字，大湾区之声都注重使用适合当地人的本土化表达方式，增强内容的可听性。

其次，大湾区之声注重对当地文化的创造性转化、创新性发展，包括物质性的文化资源，如宗祠、书院、庙宇；非物质性的文化资源，如民俗、节庆、音乐。例如，《韵味岭南》等节目关注岭南地区的粤剧、潮剧，传统美食，民俗手艺，展现大湾区文化同源的魅力。在微信公众平台上，大湾区之声还推出了"家乡话·听节气"系列内容，邀请主播用不同方言朗诵关于节气的诗词，传播中华传统文化。

最后，大湾区之声针对年轻的受众群体，设置了多档文体娱乐、网络热点、文化精品节目，并提供了一系列创业指导、心理疏导等内容。其中，生活服务类节目《搵食大湾区》深受年轻受众喜爱，节目主持人以脱口秀形式讨论大湾区居民休闲娱乐、就业创业、升学教育、跨境服务等话题，为城市青年提供轻松、实用、多元的信息资讯，同时该节目采取社群运营的方式设置互动话题、提升用户黏性，展现了"一流湾区、一流生活"的媒体视角。

**3. 台网并重、移动优先，实现跨媒体传播**

粤港澳大湾区的互联网产业具有网络基础好、规模大、发展快、生态完善的特点，这为大湾区之声的跨媒体传播提供了良好条件。按照"台网并重、先网后台、移动优先"的原则，大湾区之声将内容覆盖到不同终端的多元受众。

大湾区之声建设了以大湾区之声微信公众号、大湾区之声官方微博为主的新媒体传播平台，紧跟粤港澳地区新闻时事和政策发布，关注港澳发展动态，不断策划推出图文、音视频等形式多样的优质新媒体内容。例如，融媒体品牌专栏《建言大湾区》专访多位香港、澳门和大湾区其他城市重量级人士，专栏内容在大湾区广泛传播。同时，大湾区之声在微信移动端提供在线收听服务,并内嵌了小程序"粤朗倾听",整合了精品节目和粤语故事、美文、文化等内容,拓宽受众渠道,提升用户体验。

在网页和客户端收听方面,大湾区之声入驻了总台的声音聚合分发平台"云听",受众不仅可以随时收听广播直播,还可以回放和下载往期节目,实现频率的收听、回听和离线收听,打破了传统频率的平台限制,更适应碎片化时代的受众收听习惯。

## 三、区域竞合,城市媒体差异发展

粤港澳大湾区的媒体融合系统是一个复杂的自适应系统,既向外部环境开放并进行能量交换,又在内部存在着多元的利益主体互动。协同学认为,竞争与合作是系统演化的最重要动力:一方面,竞争可以让子系统之间保持差异,从而实现整个系统的永恒运动;另一方面,子系统也会基于某种规则自发进行连接和行动,通过交叉合作形成某种有序结构。[①] 因此,大湾区媒体的协同发展,既需要各个媒体不断在竞争中打造自身的差异化优势,又需要它们通过自组织的交叉合作,形成相互影响和作用的联动网络,从而有序推动大湾区媒体的融合。

### (一)读特客户端:发起频道互通,推动跨区域传播

2016年3月28日,《深圳特区报》上线了读特客户端,力争打造与深圳城市地位相匹配的"改革开放第一端"。5年来,其下载量已经超过2000万。为了更好地参与粤港澳大湾区建设,读特客户端带头发起了大湾区城市媒体客户端的频道互通计划,并联合多地媒体发起大型直播活动,实现了从区域传播向跨区域传播的跃升。

---

① 吴彤.论协同学理论方法:自组织动力学方法及其应用[J].内蒙古社会科学(汉文版),2000(6):19–26.

**1. 资源共享，大湾区信息对接融通**

随着粤港澳大湾区货物、资金、人员、技术等要素的加速流动，大湾区城市之间的合作也在不断深化，在此背景下，大湾区媒体亟待搭建起高效便捷的信息平台。在"区域合作，媒体先行"理念的支撑下，读特客户端率先与多个大湾区党媒客户端开展频道互通合作，建立日常稿件共享、重要稿件对接、重大活动共同推广等机制，让大湾区受众无须下载多个客户端，便能及时了解其他城市的最新动态和重大新闻，实现大湾区在资讯服务方面的共享共融。

读特的频道互通计划始于 2020 年 5 月 15 日，读特客户端和广州市融媒体中心客户端新花城达成合作，分别上线了"深广联动"和"广深联动"频道，进一步打通深圳和广州的信息边界。联动频道下设《双城要闻》《权威解读》《广读深读》《科创速递》4 大栏目，重点关注两地的重要新闻、创新政策、多元合作、改革举措等。深圳和广州承担着粤港澳大湾区建设核心引擎的职责，这一举措也符合广深"双核联动、双轮驱动"的战略定位。

2020 年 12 月，读特与珠海传媒集团的观海客户端合作上线了"深珠联动"频道，强化了两地新闻资讯的共享互通，为两大经济特区的深度合作提供服务支撑，也推动了珠江口东西两岸的融合发展。在频道上线的同时，两大客户端策划了"频道挖宝"活动，用户可以在"深珠联动"频道的新闻里寻找带有奖品标识的图片，他们将截图发送到《深圳特区报》或《珠海特区报》的微信公众号后台后即可参与抽奖，这一活动在为双城频道造势的同时，也为双方的新媒体平台进行了导流。

到了 2021 年，中共佛山市委十二届十二次全会报告指出，佛山全市上下主动学习深圳改革发展经验，推动"深圳科创＋佛山产业"的协同发展，建立两市的沟通联系机制。"深佛协作"频道在此背景下应运而生，由读特与佛山传媒集团的"佛山＋客户端"联手推出，频道重点关注两地的科创动态和产业合作，为两地政经界提供交流互鉴的信息平台，进一步发挥大湾区党媒的城市传媒智库功能。

除了上述合作，读特客户端与东莞、肇庆等城市党媒的频道互通计划也已提上日程，并计划在未来进一步拓展到中山、江门、惠州，最终实现大湾区 9 座城市的广域联通。

在过去，大湾区城市媒体只能依靠人工筛选其他城市的新闻，来满足大湾区受众互通有无的信息需求，但这样的方法耗时长、工作量大、主观性强。读特搭建的频道互通平台，则建立起媒体之间的供稿、配稿机制，合作媒体会每天固定向新闻池输送稿件，并根据新闻的重要性和相关性进行大致排序，以便其他客户端挑选和呈现，从而提升两地资讯的及时性和准确性。同时，两地媒体会根据区域合作的动向，在相关频道共同推出政策解读、需求互动、智库报告等服务，助力粤港澳大湾区深度协同发展。在各城市客户端中互开频道的做法，有利于大湾区主流信息的相互观照、相融相通，也是推动大湾区信息一体化的重要实践。

2. 地域合作，重大主题联动传播

作为主流媒体客户端，读特始终重视自身在议程设置、组织动员和话语认同方面的优势，积极在重大事件、重要节点发挥作用，联合其他主流媒体，基于共同目标发起联动直播、联合采访等新闻行动，以话题传播推动多地凝聚共识。

2020 年 10 月，在深圳经济特区成立 40 周年之际，深圳、珠海、汕头、厦门、海南的主流媒体首次进行联动，启动了"我们都是新时代追梦人"大型直播活动，在读特客户端、珠海传媒集团观海客户端、汕头融媒集团汕头橄榄台客户端、厦门日报社潮前智媒客户端、海南日报客户端以及新华社客户端同步推出。身处此次活动的主场，读特客户端主播带领全国观众走近深圳地标，采访特区人物，回顾特区发展历程，展现改革开放变化，并关注粤港澳大湾区建设带来的重大机遇，向全国展示了深圳速度、深圳奇迹、深圳精神。

2021 年 4 月，中宣部宣布授予东深供水工程建设群体"时代楷模"称号，以表彰他们为解决香港同胞饮水困难而付出的努力、作出的奉献。为了更好地宣传建设者们的先进事迹，读特客户端与人民日报客户端合作摄制并推出了视频《一滴水的故事》，邀请东深供水工程的首批建设者之一的何霭伦讲述当年开山劈林、凿洞架桥的经历。视频上线后，在全网获得超过 3.9 亿的播放量，为深港合作的历史增添了鲜活的注脚，弘扬了饮水思源、爱国爱港精神。

此外，读特客户端还依托大湾区城市媒体的频道互通基础，与多个媒体合作策划了联合采访活动。例如，在 2020 年全国两会期间，读特客户端和新花城客户端共同推出"广深 1+1"云桌会，邀请深圳和广州两地的代表委员、业界专家、科创干部等，就广深两地在科创领域的合作进路进行广泛探讨，共同探索"双城联动"的发展之路。

可见，围绕着粤港澳大湾区协同发展的共同目标，读特客户端积极扮演着行动者的角色，联结、动员其他媒体，对大湾区受众进行话题引导、政策传播、认同召唤，从而发挥舆论宣传的作用。

### （二）新花城客户端：搭建服务平台，连接穗港澳青年

2019 年 10 月 22 日，由广州日报报业集团主要运营的广州市区融媒体中心——新花城客户端上线。与以往的客户端样态不同，新花城客户端并不隶属于一个媒体或一个区县，而是定位为"新闻聚合＋服务聚合"的市级融媒体平台。它融合了全市的媒体资源和政务资源，提供市、区、街道、社区的新闻内容，具有更加多样化、精准化的基层服务功能，是广州市媒体融合发展的重要探索成果。2020 年 5 月，在广州市委、市政府的协调推进下，新花城客户端上线了穗港澳粤语频道，成为促进穗港澳合作联络的主阵地。

#### 1. 依托粤语生态，优化"新闻＋服务"效果

在粤港澳大湾区的建设过程中，广州承担着重要的引擎角色。近年来，广州市政府以"湾区所向、港澳所需、广州所能"为导向，推出了一系列惠港、惠澳的民生事项，吸引港澳人士来穗发展，并为他们的工作生活提供全方位的融入型服务。在这样的背景下，新花城客户端的穗港澳频道应运而生，在众多垂直领域为港澳人士提供资讯服务产品。

穗港澳频道以"粤语生态、繁体显示、港式表达"为特色，由广州日报报业集团的采编团队进行运营管理，团队成员通晓广州情况、熟悉粤语文化、贴近港澳人士，在日常运营中能够根据港澳人士的关心和需求进行内容采编，

并用易被港澳青年接受的方式进行表达。频道内容主要包括资讯聚合、政策解读和生活服务三部分,为了贴近港澳用户的阅读习惯,频道全部以繁体中文的形式呈现。

在资讯聚合方面,穗港澳频道会及时整理、呈现关于港澳发展和大湾区建设的报道、评论、智库报告,消息来源涵盖中央媒体、大湾区媒体和其他地区主流媒体;在政策解读方面,穗港澳频道会对广州市的涉港、涉澳政策进行宣讲、解读、答疑,涉及创业补助、个税优惠、跨境教育等多个领域;在生活服务方面,穗港澳频道推出了一系列原创的文娱休闲内容,挖掘与港澳用户同根同源的文化底蕴,加入港澳人士感兴趣的实用本地指南。

此外,穗港澳频道还内嵌了多个服务按钮,可以跳转到广州市各个便民服务平台,包括粤省事、穗港澳政策查询、穗港澳青创服务平台等页面,让港澳用户可以通过新花城客户端一键享受高效便捷的城市服务,寻求到更多的工作和交友机会,深度融入广州生活。

**2. 具备多维功能,助力港澳青年创新创业**

新花城客户端穗港澳频道的建设,得益于广州市委、市政府的支持推进。2019年5月,广州市大湾区领导小组印发了《发挥广州国家中心城市优势作用支持港澳青年来穗发展行动计划》,推出了15项支持措施,打造了一批创新创业基地,汇聚了一系列优质资源,从学习、实习、交流、就业、创业等多个方面鼓励扶持港澳青年在穗的职业发展。穗港澳频道则成为这一计划贯彻实施的重要平台,其从多个层面服务港澳青年来穗创新创业。

首先,穗港澳频道发挥着政策沟通的作用。近年来,内地营商环境持续优化,以广州为龙头的大湾区城市陆续实施了惠及港澳青年创业的便利措施,并制定了相应的配套政策和实施细则。穗港澳频道除了定期发布资讯进行政策宣传解读外,还通过内嵌页面整理了广州市的全部就业创业政策,并细化到各区的产业优惠政策、人才补贴政策、办公扶持政策,让港澳青年详细了解市内各区实施政策的范围和程序。同时,港澳用户可以在穗港澳频道留言评论,反馈政策实施效果,从而实现政策互动。

其次,穗港澳频道发挥着资源对接的作用。尽管出台了一系列政策,但创业青年在起步阶段仍会面临场地、人脉、项目缺乏等资源痛点。对此，穗港澳频道与广州市港澳青年创新创业服务中心达成合作，用户通过频道内嵌的服务按钮，便可直达穗港澳青创服务平台，该平台整合了办公场地申请、工作机会发布、投资比赛项目、技能培训活动等多个板块，将政务资源、商业资源和教育资源与港澳青年有效对接，破除其在穗的发展瓶颈。

最后，穗港澳频道还发挥着港澳青年认同建构的作用。为了更好地展现港澳青年在穗的奋斗拼搏精神，频道开设了《港澳人在广州》《湾区新青年》等栏目，采访知名港澳企业家，记录穗港澳创业者的心路历程，鼓励更多青年以开放、探索的心态拓宽就业地域和领域，参与大湾区建设。通过故事讲述和强化典型，穗港澳频道不断激发港澳青年来穗创业的意愿，并为他们提供了付诸行动的平台。

**（三）珠海传媒集团横琴融媒总部：设立派出机构，服务粤澳深合区**

2009年8月14日，国务院正式批准实施《横琴总体发展规划》，将横琴岛纳入珠海经济特区范围，并提出要逐步把横琴建设成粤港澳合作新模式示范区，自此，横琴开发上升为国家战略。经过10余年的建设，横琴地区生产总值不断增长，并在深化对澳合作方面取得丰硕成果。2019年12月20日，习近平总书记在庆祝澳门回归祖国20周年大会上强调，要做好珠澳合作开发横琴这篇文章。2020年10月18日，在珠海市委宣传部的统筹指导下，珠海传媒集团组建成立了横琴融媒总部，其作为重要派出机构，全方位展示了珠海推进粤澳深度合作区建设的成效，承担起了融入国家发展战略的媒体责任。

1. 扎根横琴，创新全媒体协同运作

珠海传媒集团于2019年4月30日正式挂牌，它是以原珠海报业集团和珠海广电集团为基础，组建成立的国内首家全媒体国有文化传媒集团，集团下设总编室、融媒采访中心、融媒编辑中心、新媒体中心、广播节目中心、电视节目中心、纸媒出版中心7大中心，形成了采编刊播的全流程闭环。

在集团成立之前，珠海报业和珠海广电都设有专门的跑线记者负责采编横琴地区的新闻，但随着横琴发展量级的提升以及集团一体化融合效能的凸显，集团决定在横琴配备更高规格的采编队伍，以全面报道横琴发展。自此，集团从7大中心选派骨干成员，在横琴新区成立了一个人员完备、要素齐全、结构合理的独立机构，负责横琴地区新闻的一体策划、一体统筹、多元发布，赋予横琴融媒总部更高的起点定位和更大的自主权。

在新闻生产环节，横琴融媒总部全面负责珠海传媒集团在横琴区域的新闻信息采集，与横琴区域内各级政府部门、企事业单位保持密切联系，独立进行线索汇聚、指挥调度和采编联动，深入挖掘横琴建设的亮点和民生事项。在新闻发布环节，横琴融媒总部依托集团的融媒体管理系统，与集团各中心进行对接协同，将新闻内容按需分发到电视、报纸、电台和新媒体端，推动内容的精准分发和服务的精准触达。此外，横琴融媒总部也会与集团总部进行联动，共同策划完成重大选题，引导舆论走向，更好地展现珠澳合作在横琴的生动实践。

这样的运作机制，一方面让横琴融媒总部真正扎根于"珠澳合作开发横琴"的第一现场，宣传横琴、服务横琴，深入全面地展示大湾区建设的创新成果；另一方面也提升了珠海传媒集团的传播效能，其通过与派出机构的高效协同，进一步推进宣传舆论工作的全平台、全链条、全区域融合，为推动珠澳合作和粤澳深度合作区建设贡献珠海传媒力量。

**2. 连接珠澳，讲好深合区发展故事**

横琴新区位于珠海市南部，与澳门仅有一河之隔，有着独特的地理区位和战略地位，肩负着粤澳深度合作区的责任。随着珠澳两地往来的日益频繁，在横琴置业就业的澳门人越来越多，在横琴注册的澳门企业已超过4000家。因此，横琴融媒总部除了负责宣传横琴发展成效外，更肩负着促进珠澳信息交流、服务珠澳人员往来、助力珠澳协同发展的使命任务。

对珠海传媒集团的新媒体用户进行分析后可以发现，有相当一部分用户在使用珠海澳门一卡双号的手机套餐，这意味着往来珠澳的跨境人员正在越来越多地通过新媒体渠道关注两地信息。因此，横琴融媒总部格外重视民生政策的创新扩散，希望借助融媒体技术促进两地的民生融合、民心相通。例如，2021年3月，珠、澳两地政府进一步放宽了澳门机动车出入横琴的条件，并增加了车辆配额。得知这一消息后，横琴融媒总部快速响应，联合横琴公安分局策划制作了系列短视频《初办单牌车，疑难全击破》，对出入车辆的申请资质、管理方式、交通章程等问题进行解答，为了适应澳门用户的阅读习惯，视频还采用了"粤语解说+繁体字幕"的形式来呈现。该系列短视频在珠、澳两地多个视频号、抖音号推出后，取得了良好效果，横琴融媒总部还收集了部分澳门居民的留言，并及时反馈给珠海和横琴相关职能部门，形成了政策的良性互动。

除了在新媒体端持续发力外，横琴融媒总部还积极与澳门媒体在传统媒体业务领域开展交流合作。依托珠海传媒集团这一平台，横琴融媒总部与澳门广播电视公司、澳门有线电视台等有影响力的澳门本土媒体保持新闻交换合作，让内地居民了解澳门社会民生的同时，将横琴当地的重要政策、重大新闻推荐给澳门媒体。横琴区政府为常住横琴的澳门居民发放珠海社保卡、横琴出台优惠政策支持澳门青年创新创业、横琴初冬的花海长廊吸引大批游客前来打卡等多条新闻，由横琴融媒总部进行采编报道，报道再经由合作媒体被传到澳门，推动琴、澳两地的信息共享和深度融合。

## 四、大湾区媒体融合的未来进路

当今的媒体，已经不再仅仅是信息流通和交换的中介，还成为连接社会关系、重组资源要素的结构性力量。乘着大湾区建设的"东风"，大湾区媒体亟待进一步突破原有的产业格局，优化动力机制，探索协同创新的融合进路。

### （一）推进资源共享，实现大湾区信息服务一体化

随着信息技术的迭代以及大湾区城市在经济、民生、科创等多个领域的一体化发展，大湾区媒体需要进一步再造信息生产流程、重构资源配置方式，推进优质信息在大湾区的顺畅流动，并为大湾区的社会服务提供平台保障。

一方面，大湾区媒体需要进一步打通资源壁垒，实现大湾区信息的一次采集、多种生成、多元发布、跨域传播，让身处大湾区不同城市的用户可以

随时通过多种渠道掌握大湾区各地动态，推动大湾区信息一体化进程。另一方面，大湾区媒体也要积极利用该区域的新兴科技产业优势，深化与科技企业的合作，强化移动融媒体端的建设，开发智能化的信息服务模式，实现公共信息的精准传播和精确反馈，在提升大湾区信息影响力和到达率的同时，构建智能化的社会服务空间。

**（二）创新话语形态，讲好新时代大湾区故事**

推动大湾区媒体的融合发展，需要探索新型话语，讲好大湾区的发展理念和发展成就，对内增强大湾区的文化认同效果，对外传播真实、立体、全面的国家形象。

就国内而言，在大湾区的建设过程中，机制创新、产业协同、民生融合、民心相通等每一个宏大主题都是新闻富矿，大湾区媒体在挖掘优质内容的过程中，需要更加注重从单向度的"独白"转向与受众"对话"和"交互"，积极策划新媒体互动产品，让用户在参与式传播中深化对大湾区的理解和认同。① 此外，大湾区媒体需要格外注重青少年群体，可以通过分析研究互联网空间中青少年群体的趣缘圈层，找到粤港澳三地青少年的兴趣连接点，引导他们在共同价值取向的基础上，以兴趣为纽带进行聚合。

就国际而言，大湾区媒体要积极利用香港、澳门的区位优势，不断提升国际对话能力，全面洞察和把握国际关系与世界格局，深谙针对不同国家的跨文化沟通技巧，并根据不同新媒体平台的定位特征，进行差异化的多媒体内容生产。近年来，全球社交媒体市场经历了"视频转向"，有学者提出了"视觉说服"理念，认为视听语言可以最大限度地利用传播过程中的"情感卷入"机制，并降低国家间的文化折扣。② 可见，大湾区媒体可以尝试探索有效的新媒体视听传播形式，挖掘有意义的个体故事和情感故事，建构大湾区发

---

① 田香凝，曾祥敏. 身份、能力与道德规范：声誉管理视角下的新型主流媒体建设［J］. 中国出版，2021（14）：27–32.
② 来轶玫. 视觉说服与国家形象建构：对外传播中的视听新话语［J］. 新闻与写作，2017（8）：14–18.

展的价值正当性和文化感召力。

### （三）深化合纵连横，构建中国特色区域媒体融合模式

大湾区开创了合纵连横的区域媒体融合模式：一方面，打破基于媒体级别的层级观念，让中央媒体与地方媒体有机联系、良性互动；另一方面，突破大湾区媒体的形式边界，强化彼此之间的资源交换与合作。在未来，大湾区需要继续深化合纵连横，保障和推进大湾区战略的全面实施，并为中国特色的媒体融合发展交出大湾区答案。

在合纵层面，大湾区媒体需要深化和中央媒体的纵向联动。当前，大湾区媒体与中央媒体的合作大多是围绕重大事件开展的话题传播项目，在未来，其合作模式应超越项目制、活动式的短期合作，演化为常态化、机制化的长期协同。同时，央地联动的对象也可以有所突破，不限于《人民日报》、新华社、中央广播电视总台，可以着眼各部委、机关主管的专业类、行业类媒体，转换利用其专业资源，在细分垂直领域深耕合作。[①]

在连横层面，大湾区媒体要在报道议题、节目策划、产品研发、人才交流、技术应用、渠道融合等多个领域深化业务合作。同时，在融合发展的过程中，大湾区媒体应优化竞合关系、进行差异化发展，在深耕各自优势领域的同时，让媒体资源得到优化配置，形成开放平衡的协同效应，打造优势互补的协同创新共同体。

## 五、结语

现代信息、交通和远程通信体系的发展不断塑造着社会的空间形态。早在20世纪90年代，著名网络传播学者曼纽尔·卡斯特便说，中国南部将会崛起"香港—深圳—广东—珠江三角洲—澳门—珠海都会区域体系"，这一

---

① 周浩，王亚丽.央地协同：媒体深度融合战略中的路径选择[J].出版广角，2020（24）：69—71.

体系会成为 21 世纪最具代表性的都市面貌和空间形态。卡斯特认为，在这样的空间中，城市、地域和组织会建立起网络联结，不仅在彼此之间进行信息、资本和技术的不断流动，还参与全球的信息体系建设。

  我国的实践举措证实了卡斯特的预言，在大湾区建设的战略规划框架下，作为支撑城市间信息资源流动的重要连接者，粤港澳媒体在强化区域媒体互通互融的同时，与全国和全球的信息传播体系保持互动。本文基于对粤、港、澳三地媒体的调研，分析梳理大湾区媒体的融合实践，总结了其行动逻辑和模式特征，希望本文的研究可以为区域媒体融合和粤港澳大湾区建设提供新的工作思路和行动参考。

# 省级融媒体云平台建设*

## 一、拓展延伸：省级云平台建设不断推进

省级融媒体作为我国全媒体传播格局的重要组成部分，是推进地方媒体融合发展的坚实力量。自 2015 年以来，各省积极实践，探索区域媒体融合的有效途径。目前，许多省份已搭建起立足于各省实际的云技术平台，将全省范围内的报纸、广播、电视等传统媒体与新媒体全面整合，同时将媒体资源、产业资源、人力资源、社会资源等汇聚于省级调度系统，利用数字化技术连通全省范围内的县市区。省级的云平台建设成为地方融媒体建设的有益实践。

当前的媒体融合已经出现下沉趋势，从中央媒体迅速向省级、区县级媒体发展。国内的省级融媒体建设已全面铺开并不断加快进程。在我国 34 个省级行政区中，位于华北地区的北京、天津、河北等地，目前已经建设完成并上线运营融媒云平台，河南省融媒体成为第一个通过国家验收的省级技术平台，其他各地的融媒云平台也都在全力建设中。

在宏观层面，从现阶段多省的云平台建设情况来看，我国省级融媒云技术平台的定位日渐清晰，逐渐凸显出两个实际功能：一是以省级"新闻+政务+服务"为定位，整合媒体资源、产业资源、社会资源和文化资源等，推进地方新闻、政务信息、民生信息的互联互通；二是带领推进当地县级融媒

---

\* 文章原载于《中国新媒体研究报告》2020 年第 12 期，收入本书时，略有删改。

体建设，各省级融媒体利用现有的技术经验，为县级融媒体的建设发展起到示范作用和助推作用。

在微观层面，各省的融媒体平台在发展过程中各具特色，其目标定位和发展水平也体现了一定的差异性。笔者对截至2020年2月的省级融媒体发展情况进行了梳理，目前建成融媒体的22个省级行政区内，云技术平台的具体功能定位见表1。

表1 我国省级云平台建设概况一览表

| 序号 | 省级行政区 | 云平台名称 | 目标定位 |
| --- | --- | --- | --- |
| 1 | 北京 | 北京云 | 通过"1+4+17+N"的融媒体传播矩阵，提供媒体服务、党建服务、政务服务、公共服务和增值服务 |
| 2 | 天津 | 津云 | 依托"中央厨房"为天津各区建设融媒体中心提供支持 |
| 3 | 上海 | 上海融媒体中心技术服务平台 | 为各区县融媒体中心高效运营提供强有力的视频资源保障 |
| 4 | 广东 | 南粤全媒体智慧云平台 | 广东广电网络开创了县级融媒体建设新模式 |
| 5 | 浙江 | 中国蓝云 | 浙江广电集团为提高技术资源的共享能力、再分配能力构建的省域全媒体业务支撑平台 |
| 6 | 江苏 | 荔枝云 | 汇聚能力强大、定制专业服务、便捷高效输出，全面助力县级融媒体中心建设 |
| 7 | 山东 | 闪电云 | 以技术促进融合，以融合促进山东政务融媒体建设与发展 |
| 8 | 河北 | 冀云 | 云上河北的大数据中心及覆盖全省的网络公共信息云服务体系，成为全省云服务的总入口，总平台 |
| 9 | 河南 | 大象融媒 | 首个通过国家验收的省级技术平台，以省级融媒体中心带动县级融媒体中心落地为主要目标 |
| 10 | 湖北 | 长江云 | 通过"1+N"模式，催生、带动、助推湖北省各地县级融媒体中心成长壮大 |

续表

| 序号 | 省级行政区 | 云平台名称 | 目标定位 |
|---|---|---|---|
| 11 | 重庆 | 上游云 | 云平台功能基本具备，将为县级融媒体中心建设提供服务 |
| 12 | 湖南 | 红网融媒体云平台 | 基于云计算技术体系、运用微服务架构搭建而成，是湖南省县级融媒体中心建设的两家省级技术平台 |
| 13 | 甘肃 | 新甘肃云 | 构建甘肃省"全省一盘棋""全省一张网"的融媒体传播新格局 |
| 14 | 福建 | 福建省县级融媒体中心省级技术平台 | 以推动福建省县级融媒体建设为目标，拥有完善的融媒生产服务能力 |
| 15 | 江西 | 赣云 | 基于互联网和大数据技术的主流媒体自主可控平台，已实现省内省、市、县三级广电媒体内容垂直一体化整合 |
| 16 | 山西 | 山西媒体智慧云平台 | 省级"中央厨房"兼县级融媒体中心建设的省级技术平台 |
| 17 | 四川 | 熊猫云 | 通过"中央厨房""融合发布""统一管控"及"新闻+"四大模块的设置，助力县级融媒体建设 |
| 18 | 吉林 | 吉林融媒体指挥中心 | 按照"中央厨房"的生产方式进行全省广电新闻资源汇聚和全媒体融合生产 |
| 19 | 陕西 | 秦岭云 | 陕西广电网络传媒集团的视频云平台，对县级融媒体的支撑作用主要体现在快速部署和快速上线方面 |
| 20 | 贵州 | 多彩云 | 提供"云应用服务超市"，为县级融媒体中心建设提供云技术平台 |
| 21 | 广西 | 广西云 | "广西云"融媒体生态系统为省、市、县三级媒体搭建全区统一策采编发系统 |
| 22 | 青海 | 青海云 | 省级管控平台、省级融媒体业务服务平台、全省内容共享平台，助推县级融媒体向纵深发展 |

## 二、北京云：构建区域政务服务智能中心

2019年1月25日，习近平总书记在中共中央政治局第十二次集体学习

时发表重要讲话,指出"推动媒体融合发展、建设全媒体成为我们面临的一项紧迫课题"。加快推动媒体融合向纵深发展,持续巩固壮大主流舆论,成为媒体融合新阶段的重要工作。截至 2020 年 2 月,我国共计 22 个省(自治区、直辖市)成功搭建并开始运营省级云平台。其中,"北京云""津云"和"冀云"显现出独特的地域特色,在数字化技术的基础上,体现出地区融合传播特征的差异性。

### (一)打造"1+4+17+N"平台,优化内容协同管理

2019 年 3 月,北京市委宣传部召开专题会议,决定将"北京云·融媒体市级技术平台"建设交由北京市广电局牵头落实,歌华传媒集团负责承建。"北京云·融媒体市级技术平台"以国家广播电视总局编制的《县级融媒体中心省级技术平台规范要求》为标准,以具备宣传管理能力、媒体业务能力、应用系统建设能力、大数据处理能力为核心,以移动优先为原则,进行技术平台的规划、设计和建设,构建"1+4+17+N"媒体融合发展生态环境,为市委宣传部、市属媒体和各区融媒体中心提供技术服务支撑平台,实现首都"新闻+政务+服务"信息的互联互通、信息共享。

"1+4+17+N"平台,即北京市 1 个指挥调度平台、4 家市属媒体机构(《北京日报》、《北京青年报》、《新京报》、北京广播电视台)、北京市 16+1 个区级融媒体中心、N 家媒体融合发展工作相关单位。"北京云"平台支撑 16+1 个区融媒体开展党建服务、政务服务、公共服务等多项业务,通过办公大屏、移动办公手机终端、办公电脑网页、微信小程序和电视端提供"接诉即办"的便民服务。

此外,"北京云"还为各区融媒体中心的内容资源交换提供支持,如建立市级平台内容共享库,将区融媒体中心发布的内容同步到市级平台,实现市区两级内容互通。同时,市级平台汇集市区两级融媒体平台数据,包括稿件发布信息、用户评论信息、用户行为数据等,"北京云"对北京市各区融媒体中心的传播效果进行评估。同时,"北京云"可在宣传管理部门、媒体单位以及各区融媒体之间协作联动。

## （二）深化特色政务功能，提升地区服务管理能效

### 1. "吹哨到岗"的政务服务

"北京云·融媒体"最大的特色就是具备"党建引领，街乡吹哨，部门报到平台"的政务服务功能。政务服务平台主要由办公大屏、办公App、办公PC、微信小程序和电视端5个模块组成。通过"工作端、手机端、电视端"三端融合的方式，提升"接诉即办"的服务效率。

此外，"北京云"将会陆续提供申报审批、注册办证、办理社保、投诉受理等一站式政务服务；对接党政部门技术平台，整合水电燃气缴费、就医、税务、旅游、购物和停车等便民服务资源。

### 2. 版权管理和融媒指数分析

"北京云·融媒体"市级技术平台在全国省级融媒体平台中，率先实现了版权管理、融媒指数分析等功能。热点分析包括全国及北京（省、市、区可选择配置）热点话题排行，以及一个热点话题关注度的区域分布情况，帮助宣传管理人员、融媒体记者和编辑发现全网热点，为各级宣传管理部门及媒体机构选题策划提供依据。

融媒体传播呈现出多元、多向、多点的特征，能够支持更大程度上的双向传播，让信息无障碍地跨屏流通。在联通各级政府、媒体以及其他单位的云平台上，政务信息、新闻信息、民生信息等都成为交互传播的内容。由于省级融媒体是建立在开放的、多对多的传播关系基础上，因此，传播的参与主体获得极大的扩展。

## 三、津云：搭建一体多元的网络传播体系

在媒体融合的时代背景之下，省级融媒体云平台技术已经演变为新的媒介形态，构建了跨区域的信息服务网，实现了多层级之间新闻信息、政务信息的立体化传播，打破了传统媒介单一化的传播格局。"津云"平台作为省级媒体融合发展的代表，有力地推动了传统媒体与新兴媒体在渠道、平台、经营、管理等方面的深度融合。

### （一）以"中央厨房"为依托，构建网络舆论管理生态格局

天津市作为国家中心城市，是我国先进制造研发基地、环渤海地区经济中心，在经济和技术的支撑下，云平台的建设起步早，功能较为完备。2017年3月，由天津市委宣传部牵头、天津市委网信办主办，北方网负责技术开发和运维管理的"津云中央厨房"正式启动运营。云平台融合了《天津日报》、天津广播电视台、《今晚报》、北方网等主流媒体资源，并且同步推出"津云记者"采编系统和"津云"客户端。

"津云中央厨房"自投入使用起，就以构建全市"一朵云"为目标，持续扩展网络舆论管理生态格局，推动大数据与网上政务大厅、社会公共服务平台的应用层面深入融合，打造"云上系列"新媒体宣传和服务矩阵，受到各界广泛关注。该项目涵盖了指挥中心、策划中心、采集中心、编审中心等10大业务管理模块。经过不断创新研发，目前"津云"的功能研发自主率已经超过90%。

2018年2月13日，"云上系列"举办上线仪式，共有包括各区、市属委办局、高校、医院和国企等177家单位入驻。截至2019年底，云上系列入驻单位已经突破200家，此外还有40家海外华人媒体和近2000个"津云号"。用户下载"津云"客户端，便可浏览来自上千个新媒体端的信息，还可以收听、收看和回看天津广播电视台各频道的节目。2020年，"津云"还与天津广播电视网络有限公司、天津市教委联合推出"广电云课堂"学习平台，以广电机顶盒与"津云"App为载体，实现电视大屏和手机小屏的互联互通，满足了停课不停学期间学生们的学习需求。

以"津云"为中心的移动融媒总平台，已经构建起一体多元的传播矩阵，在推动天津媒体融合发展的基础之上，逐渐成为国内第一批模式成熟且卓有成效的新型主流媒体。"津云"以实现"全市一朵云"为目标，在建立初期就与北方网、天津网、今晚网和天津网络广播电视台共同构建了新型传播媒体矩阵和多向度的对话关系。

### （二）推进功能自主研发，打造"云上系列"服务矩阵

#### 1.开放式的"工作室+"制度

在近3年的融媒实践中，"津云"找到了自己的创新路径，不仅与媒体单

位、政府部门实现互联互通，还以开放的格局吸引了来自高校和"自媒体"的优秀从业者入驻。这种开放式的合作方式能够保持云端内容的无限供给，同时能激发传统媒体的创新活力，在融媒体构建的话语体系中，以"工作室+"的方式签约外界的优秀内容创作团队，可以为多方的信息共享、平台的融通互联提供更广阔的空间。

在建设发展的过程中，"津云"差异化地组建了"融智"津云融媒体工作室，率先面向全市传统媒体公开"工作室+"的合作机制，吸引了大批传统媒体自由组队，以工作室的形式入驻"津云"，实现统一、智慧、融合的内容信息生产。此外，"津云中央厨房"还汇聚了各大高校的1752个自媒体，如果说在大众传播时代，相对分散且封闭的媒介组织进行的是无差别的单向传播，那么在融媒体时代，媒介技术赋权的多向度融合媒介传播已经逐渐体现出开放性对话关系的传播优势。

2. 创新型移动短视频功能

短视频是当下网络传播的重点形态，也是省级融媒云平台能够迅速提高媒体影响力、拉近与用户距离的直接方式。伴随5G时代的来临，短视频成为舆论宣传的主阵地、传播正能量的主战场。2019年9月，"津云"在"中央厨房"的应用系统上，创新性地打造出适合区域传播的"津抖云"短视频平台。面向全国网民聚合优质原创短视频内容，着力打造以短视频为主的移动互动社区和开放式交互平台。

同时，"津云"邀请有创意的短视频创作者进驻，重点培育"政务号""耕云号""媒体号"和3大短视频栏目，分别从政务、文化、生活等多个方面深耕短视频创作，自下而上地把短视频的传播优势发挥到最大，鼓励普通用户和融媒体从业者共同讲好天津故事。无论是"工作室+"的合作方式，还是"津抖云"的短视频应用，都展现了"津云"作为省级融媒开放互动的活力，成为拓展媒介形态的有力探索途径。

## 四、冀云：打造新型智慧融合移动平台

在国家"京津冀一体化"的战略之下，河北省作为产业转型升级试验区、京津冀生态环境支撑区，与北京市和天津市形成协同发展趋势。河北"冀云"也正在逐渐成为提升地方传播力和公共服务影响力的重要平台。

2019年10月9日上午，由人民日报媒体技术公司与河北长城新媒体集团联手打造的"冀云"融媒体平台正式上线，①其是由融媒生产、融媒客户端、大数据（包括舆情监测）、智能媒资、共享联动、宣传指挥调度等6大系统构成的一个完整的融媒体内容生产和传播应用体系。人民日报媒体技术公司与长城新媒体集团联合成立了一个200人的团队，在第一阶段共完成了50个主体模块的部署，以"中央厨房"为核心的云端应用系统能够实现一次采集、多种生成、多端发布、立体传播，并支持传统媒体在转型升级过程中的策、采、编、发流程再造。"冀云"自2019年8月22日启动建设到10月9日正式上线，历时仅49天。

目前，河北省内已有12个市县融媒中心入驻"冀云"，并基于平台快速生成能力完成8个区县客户端的建设，通过省级指挥调度中心实现全方位的业务联动，最终打造省、市、县三级融媒传播格局。

### （一）以智慧民生服务为重点，实现全省业务"一张网"

"冀云"将"新闻+政务+服务"作为云平台的目标定位，通过构建河北省"一张网"，把分散的"新闻、政务、服务"资源有效汇聚起来。一方面，"冀云"紧紧围绕"网上晒政、网上问政、网上理政、网上惠政"4项任务，建立完善的信息受理、交办、督办、答复等一系列工作机制，听民生、聚民智、解民忧、惠民生，搭建全省党政机关和领导干部走网上群众路线的总平台。另一方面，"冀云"以打造城市全覆盖数字化智能设施为契机，持续推进

---

① 人民网.人民日报媒体技术公司承建省级融媒体平台"冀云"正式上线[EB/OL].(2019-10-12)[2020-08-11]. https://baijiahao.baidu.com/s?id=1647143555841050351.

"互联网+"与教育、医疗、健康、就业、养老、旅游、交通、气象等领域的融合，培育、孵化一批新的运营业态，使其成为全省民生服务的网络窗口。

农村"智慧大喇叭"是一种传统与现代信息技术结合的宣传系统，不仅可以播放现有的语音资料，还可以口头直接广播。与传统"大喇叭"相比，"智慧大喇叭"的优势在于可以通过移动控制平台与无线网络连接，一个喇叭配置一个信息接收器，只要一台手机就可以实现随时播放。

## （二）以"移动优先"为策略，构建视听内容传播矩阵

河北省作为省级行政区，下辖11个地级市、47个市辖区、20个县级市、94个县、6个自治县，省级融媒体云平台的覆盖范围相对较广。"冀云"在建设初期，就以"支撑宣传管理部门对省市县新媒体资源的统一管理"为目标定位，为省、市、县三级融媒体平台构建了一个统一的融媒体内容生产和传播应用体系。河北省各级融媒体中心只要登录"冀云"融媒体技术平台，即可使用云端的所有应用功能，实现省、市、县的资源互通和信息共享。"冀云"平台极大地整合了省级范围内分散的媒体资源、民生资源和社会资源，创新性地重构了基层社会系统。在复杂的媒介融合传播环境下，社会资源配置发生变化，省级融媒体平台将用户在更大范围内连接在一起，逐渐显现出清晰明确的传播关联，彼此间构成了具有广泛认同的传播共同体。

### 1. 多维度的智慧民生服务

自2019年10月"冀云"总端第一版的移动应用投入使用以来，平台持续不断地丰富信息服务功能，形成满足用户各种需求的闭环。"冀云"以智慧城市生活为重点打造了"生活缴费""医疗健康""个税计算""出行服务""站点查询""交通违章查询"等近50项民生服务功能，并在交互设计与大数据应用上取得了实际突破，实现了贴近民生、惠及民生，让人民群众在共享互联网发展成果上有更多获得感。在目前全国范围内的省级融媒体云平台中，"冀云"可以算是民生服务最完备、功能最齐全的技术平台。

其中，2020年2月8日，"冀云"与河北省卫生健康委员会共同推出首家免费的"河北在线心理咨询平台"，为广大医务人员和民众提供心理疏导。平台上线后收集的典型案例，为促进人民心理健康、帮助更多的心理援助机构

开展服务，提供了实例分析和研判参考。

2. 长短视频传播矩阵

在"冀云"移动端口，"长新闻"与"闪闪短视频""直播"共同组成一体化的视频传播矩阵，发挥短视频碎片化传播的优势，体现了平台"移动优先"的内容生产策略，满足了平台用户多维度的视听信息需求。随着技术的进一步发展，视频作为媒体融合发展的重要组成部分，正在深入影响各个地方的融媒体传播布局。

经过一段时间的建设发展，"冀云"已逐渐成为提升地方传播和公共服务影响力的重要平台。从技术上看，"冀云"是"数字化"的媒介，具有覆盖广、易于传递等特征；从传播上看，长短视频形态的内容具有高度的互动性；从功能上看，"冀云"融合广播、电视等传统媒介的基础功能，融合"新闻、政务、服务"等多种信息和服务功能，并借助技术平台实现省级范围内各区、县之间的互联互通。

## 五、未来省级融媒体云平台发展路径与策略

### （一）资源整合：优化区域发展资源配置

在区域联动与资源整合方面，"北京云""津云"和"冀云"必须进一步强化信息联通与资源整合。在"京津冀一体化"的国家战略之下，须加强京津冀都市圈整体性协作。省级融媒体作为区域信息融汇中心，利用云端技术系统打通区域之间的信息壁垒，是建立"京津冀"信息网络体系的最有效途径。在媒体融合深度发展阶段，各省既需要立足本地的实际需要，又需要拓宽视野，将平台的互联互通功能继续扩大，强化区域融媒协同发展观念，从媒体切入，整合经济、产业、社会、文化资源，利用信息传播聚合式平台，促进北京、天津和河北省之间的互联互通，利用北京和天津的科技发展优势，带动河北省提高技术创新能力，有效加快区域的一体化进程，推进京津冀实现区域协调发展。

在区域资源整合方面，一方面，省级融媒体要逐步完善自有的信息发布

平台，实现平台内资源的互融互通。全平台融合联动包括"传统媒体与传统媒体、传统媒体与新兴媒体以及新兴媒体与新兴媒体的融合联动"。[①] 例如，"北京云"构建了"1+4+17+N"的融合发展生态环境，"津云"搭建了中央厨房整合系统，"冀云"创建了含有50个模块的云端信息平台，以云平台为核心，打造属于省级的全媒体传播矩阵。另一方面，融通外界多个平台，拓展区域信息传播渠道，达到系统内信息的多向交流。不仅可以打通央级媒体、市属媒体以及市场化媒体等多层面传播渠道，借助具有更广泛社会影响力的央级媒体传播区域信息，从而拓宽辐射范围和增强传播效力；还可以与政府职能部门、高校、国企合作，共同入驻云端系统，形成地域生态型的媒体平台，与外部实现全面连接。

### （二）技术搭建：提升移动互联云端技术

技术是媒体融合的先导。依托大数据和云计算技术来优化内容制作、存储和分发，能够为内容生产和传播提供强大支撑。移动优先是建设智慧媒体的重要突破口，它不是将传统媒体内容进行机械化复制转移，而是要求创新性的开发。在内容表达上需要短小精悍，满足用户碎片化的使用习惯，并需要利用前沿科技实现优质内容全方位、立体化、更直观、更便捷地呈现。

目前，在省级融媒云平台新技术的应用过程中，系统稳定性、用户体验感、功能联通等方面还需要进一步优化提升。在云平台系统完善阶段，须通过技术创新实现平台功能升级。例如，强化数据技术对大众内容生产和网络资源的有效抓取及智慧整合，利用数据挖掘、智能算法等人工智能相关技术实现选题分发等。同时可以建立技术合作共享机制，从基层服务中寻找技术创新突破口。

省级融媒体云平台可借助技术优势，实现内部资源与外部资源共享，让资源得到充分利用，改变传统模式下不同部门各自为政的状态；同时，以信息整合与服务为主导，改变既往传统模式下信息内容的生产与传播模式，整合信息上下游连接，实现对信息数据收集、内容生产、用户把握、产品营销

---

① 许劲峰．从新闻立媒到内容立媒［J］．视听纵横，2016（1）：28–30．

以及公共服务提供等方面的整合。

### （三）人才培养：打造专业复合型人才队伍

习近平总书记强调，媒体竞争关键是人才竞争，媒体优势核心是人才优势。[①] 区域融媒体平台建设须着重培养全媒体传播人才。

第一，强化融合型的思维。将经营思维和内容生产理念相结合，将新媒体思维和传统采编思维相结合。只有促进个体转变观念，才能推动全平台转型。

第二，加强专业技能培训。一方面，在内部选拔融媒体人才，建立薪酬奖励机制，组织实施融媒体人才"传、帮、带"；另一方面，加强与高校、媒体研究机构的合作，掌握媒体前沿理念，不断更新业务技能，提升业务水平。同时，省级融媒体平台根据对不同层级和不同岗位员工能力素质的要求，开展有针对性的"需求与实际相结合"的培训，激发员工参与培训的积极性。

---

① 坚持正确方向创新方法手段　提高新闻舆论传播力引导力［N］.人民日报,2016-02-20（1）.

# 新系统与新动能：我国地市级媒体融合发展的态势研究*

## 一、地市级媒体融合的特性与差异发展动因

在一定程度上，媒体融合赋予了媒体更为直接的使用功能。在我国中央、省、市、县四级媒体融合发展布局中，地市级融媒体处于第三层级，是市委、市政府的宣传和舆论阵地，在城市公共服务、政务服务、商务服务、社会治理等方面发挥着越来越重要的作用。

我国城市分为直辖市、省会市、地级市、单列市，随着改革开放的推进，又划分出副省级城市、县级市。国家统计局数据显示，截至2020年底，我国有293个地级市。地级市的管辖范围比较广泛，地级市下面还有市、县、区、旗、乡、村，有些地级市的地域面积甚至大于某些省份。例如，笔者考察过的呼伦贝尔市，辖区内有2个市辖区、5个县级市、4个旗、3个自治旗，其地域面积大于山东、江苏两个省的总和。相对来说，中央级、省会市和计划单列市的媒体融合路径比较清晰，主体模式基本形成；地级市的融合探索具有一定的特殊性，主体模式还没有形成。客观来讲，地级市辖区范围宽泛、复杂的特殊性成为媒体融合推进相对缓慢和滞后的主要原因。同时，这种复杂化与特殊性成为地市级融媒体的特征。故此，地市级媒体融合发展必须从

---

* 文章原载于《现代出版》2021年第6期，收入本书时，略有删改。

国情出发、从实际出发，探寻差异化发展路径。

从宏观上看，地市级媒体融合差异化发展的动因取决于全媒体时代的媒介环境。地市级媒体融合必然要在全媒体环境下演进。伴随着数字技术的应用，传统媒体与新媒体之间互相影响，媒介之间的聚合与互动成为媒介生态环境新系统的突出特征：新媒体呈现出非常活跃的状态，传统媒体积极转型并采取相应行动，二者相互影响并产生强效作用，不同媒体依然具有独立属性并形成新的系统，所有媒体都在谋求不断发展并构成新的格局，新的传播形态仍在演化并使媒介影响力加速扩散，公众以新方式介入并深度使用媒体。在向全媒体过渡的过程中，地市级融媒体不仅遇到利用新技术扩展新功能的机遇，还面临着转型带来的一系列挑战。

地市级媒体融合经过近 8 年的发展，已成为我国构建全媒体传播体系的重要组成部分。2014 年 8 月，国家先后出台了数个有关媒体融合的纲领性文件，对我国县级媒体融合进行了非常具体的部署，指明了"引导群众，服务群众"的大方向。2020 年 9 月下发的《关于加快推进媒体深度融合发展的意见》，进一步明确了推进媒体深度融合发展的目标任务，提出了一系列具体要求，为尚处于探索中的地市级媒体融合提供了原则性指导，即资源集约、结构合理、差异发展、协同高效。

纵观我国地市级媒体融合发展的路径，广播电视媒体是一支生力军，奠定了许多地市级媒体融合的基础。随着国家层面指导性文件的下发，各级媒体的主管部门相继出台了落实中央精神的文件。例如，国家广播电视总局配套出台的文件《关于加快推进广播电视媒体深度融合发展的意见》指出，"因地制宜，加强上下联动和横向合作"，明确提出广电媒体发展的方向和路径；"精耕本地内容，强化本地服务和社交互动，建成本地主流舆论阵地、综合服务平台和社区信息枢纽，做强做实基层党的宣传思想工作新平台、新载体、新阵地"，提出广电媒体融合发展的目标和具体要求。可以说，媒体管理层的文件成为推进地市级媒体融合深度发展的具体行动指南。

我国各级主流媒体融合发展的基本逻辑在于：一是自上而下的战略规划与设计，二是对各地优秀典型做法加以推广。2015 年 10 月—2021 年 6 月，笔者调研走访了6个地区的主流媒体，覆盖海口市、广州市、苏州市、玉溪市、深圳市和珠海市，调研的单位包括以上6个市的市委宣传部、广播电视局、报社、广播电视台和新闻网站等，主要采用实地考察与深度访谈相结合的方法。在实地考察中，笔者走访了各地市级主流媒体的指挥调度平台、内容生产平台、数据后台等部门；在深度访谈中，笔者同宣传部门管理者、融媒体中心领导、云平台负责人、中层干部以及一线运行人员进行了深入交流。通过田野调查，聚焦媒体融合的整体规划方案及具体实践，媒体机构的组织形式、经营管理模式、线上线下的媒介产品与服务等，笔者掌握了大量一手资料，对地市级媒体融合在体制机制、技术应用、管理方式等方面的困境与突破有了充分认识。

笔者通过实地调研发现，体制机制、技术应用与管理方式是地市级媒体融合发展的三大动能。地市级融媒体应探寻差异化发展路径，从宏观上系统布局，微观上精准推动，激发动能，寻求整体突破。

## 二、体制机制创新与"一把手工程"能动作用

体制机制是推进媒体深度融合发展的关键性要素。当下，体制机制问题成为制约一些地市级媒体融合发展的瓶颈。如何突破与创新？在宏观上，应该立足中国特色的媒介环境与媒体性质，在制度优势下进行顶层设计，为长远发展奠定基础。在微观上，应该从两个主要方面进行推动：一是发挥"一把手工程"的能动作用；二是精细化布局媒体内部的组织架构。

### （一）体制机制创新：事企分开、流程优化、人员分流

从当前我国地市级媒体融合的实践来看，"报业+广电"的模式成为体制机制创新的主要路径。在体制机制的探索中，组织架构、流程再造、人员派位是地市级融媒体运行的基础，明确媒体属性、搭建好新的组织架构、优化生产流程、合理安排人员是体制机制创新的重要组成部分。

目前，我国地市级融媒体在体制机制层面的问题主要包括：一是媒体机

构"事企不分"。我国地市级融媒体作为区域主流媒体，多数为公益二类事业单位，在政策范围内具备一定的经营权限。公益单位的媒体身份与企业化经营活动极易混淆，进而影响媒体的高效运转。二是机构臃肿，部门冗余，人浮于事。地市级政府管辖范围宽泛、在媒体发展中政策变化较多等原因，造成了机构重叠、人员混杂、成分复杂的历史遗留问题。人员身份的企业、事业并存混岗，增加了管理难度。三是经费不足，运行艰难。传统地市级报业与广电媒体的日常运行成本高，再加上新媒体的冲击，传统地市级主流媒体陷入经济困境，职工利益得不到保障，运行受到影响。四是传播平台与渠道繁多，合而不融。体制机制的困局严重制约着地市级媒体融合发展，报纸、广播、电视、网站、客户端等平台分立运行，未能实现真正的融合。

我国事业单位改革秉承"事企分开"的原则，这也是地市级融媒体组织架构设计的依据。目前，我国多数地市成立了事业性质的融媒体中心，同时在融媒体中心之外，成立了企业性质的公司或集团。通过整合区域内传统的广电、报业等媒体资源，按照大部制、扁平化的组织架构，建立党委领导的事业单位与法人治理结构的企业相结合的管理体制。

在组织架构上，地市级融媒体中心主要采用三级架构管理模式。党委会负责融媒体中心党建工作，履行把方向、管大局、保落实等职能；监事会承担监督职能，负责法务审计、纪检监察、风险管控等工作；编委会全面统筹融媒体中心的宣传任务，以及重大选题策划、采编力量指挥等决策工作；管理中心履行人力资源、财务管理、后勤保障等职能；政文中心负责时政要闻和重要版面新闻的生产、制作、分发以及负责市委、市政府的重要宣传任务；采编中心履行全媒体采访与全媒体编辑职能；技术中心负责融媒体中心的技术研发与技术运维；运营中心负责媒体业务拓展、媒体信息服务、媒体产业拓展等；媒体事业部履行内容传播职能，涵盖纸媒、广播、电视、政务、新媒体等业务渠道；在媒体事业部下，一般保留原地市级日报社、广播电视台两块牌子；未来媒体研究院根据融媒体中心需求，提供业务培训、技术研发、内容孵化、产品输出等服务，助推地市媒体传播创新研究与发展（如图1所示）。

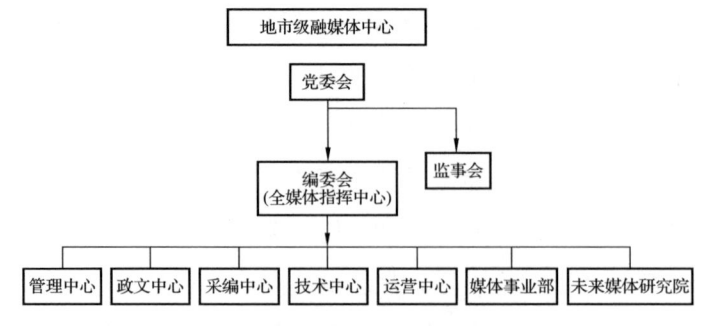

图 1　地市级融媒体组织架构基本构成

从全国范围看，多数地市成立了传媒影视集团有限公司（以下简称"集团"），其性质为正处级市属国有独资文化企业，一般由当地市委宣传部、市融媒体中心负责政治导向把关。市融媒体中心与集团实行平行运营模式，明确市融媒体中心"宣传"与集团"经营"的功能定位，宣传业务与经营业务相对分开。实行党委合一、一体化运作，市融媒体中心党委成员为集团的党委成员，集团的党委成员以双向进入、交叉任职的方式进入董事会、监事会和经营管理层，党委书记兼任董事长（如图 2 所示）。

融媒体中心的事业编制人员可与集团进行双向交流，交叉任职，并根据个人意愿分流。分流的方式主要涵盖以下三种：一是保留事业编制，领取事业工资，在集团兼职，或将事业编人员派驻到集团，保留其原职级、职称，执行原聘用合同，正常参加职称评审与职级晋升；二是身份转换为集团的企业人员，一次性发放经济补偿金，按企业职工身份退休；三是保留事业编制，领取企业工资，按事业编制身份退休。可以尝试探索提前退养政策，通过人事调整与优化配置，妥善安置体制机制改革涉及的人员。非事业编人员在解除原合同后，整体转移到集团工作，重新签订劳动合同。

在地市级媒体融合中的体制机制改革，应审慎选择事业编制的调整方案。从我国国情来看，对事业编制的完全剥离不符合融媒体的公益事业单位属性特征。事业编制是融媒体留住人才的主要优势之一。一方面，事业编制保障了融媒体工作人员的基本待遇，能够有效稳定其中坚力量；另一方面，事业编制构筑了一套较为完整的、可延续的融媒体人才队伍。当下，互联网企业化的管理模式对融媒体的改革探索产生了一定影响。融媒体在顺应时代潮流、加强企业化管理的前提下，应适当保留一定的事业编制。事业编制给予年轻从业人员实现其职业理想的机会，将事业编制完全剥离会导致融媒体中精英人才的流失，降低从业人员的职业身份认同。

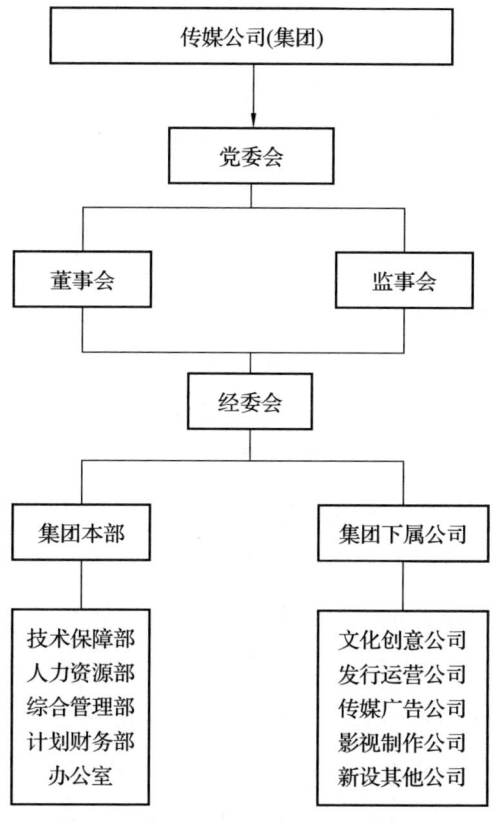

图2 传媒影视集团组织架构基本构成

## （二）"一把手工程"：总体谋划、具体规划、强力推动

推动媒体深度融合发展是国家战略，体现国家意志。媒体融合发展比较顺畅的地区，都得益于三个"一把手"，即地方党委"一把手"、地方宣传部门"一把手"、融媒体中心"一把手"。在一定程度上，"一把手"的推动作用成为媒体融合发展的关键因素。

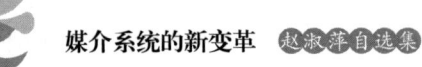

为什么推动媒体深度融合发展是"一把手工程"？2018年8月18日，习近平总书记在全国宣传思想工作会议上发表重要讲话，明确提出建设我国县级融媒体的目标与任务，指明"引导群众，服务群众"的功能定位。随后，中宣部对县级融媒体中心建设作出具体部署，强调要把县级融媒体中心建设作为"一把手工程"来推动。从全国范围来看，县级融媒体建设在"一把手工程"推动下，取得了立竿见影的效果，2020年底已全部完成。2020年9月，中共中央办公厅、国务院办公厅印发《关于加快推进媒体深度融合发展的意见》，提出完善中央媒体、省级媒体、市级媒体和县级融媒体中心四级融合发展布局。地市级媒体融合也必须发挥"一把手工程"的能动作用：第一，站在国家战略高度，进行顶层设计；第二，从地方实际出发，进行具体谋划；第三，精准实施，强力推动。

媒体融合对地市级党委"一把手"的社会治理能力、政治思想水平、媒体素养提出了更高的要求。"一把手"要从提升国家治理能力和治理体系现代化的高度认识媒体融合发展的时代意义；以强大的魄力、决策力、推动力、执行力实施中央战略部署，总体规划顶层设计，坚定推进媒体融合深度发展。由于媒体融合成为"一把手工程"，地市级党委"一把手"对融媒体发展提出了更高、更具体的要求，推动融媒体中心深度参与区域社会治理。例如，深圳广电的新闻在电视播出后的15分钟内，必须被拆条在官方客户端"壹深圳"发布，逐步形成全媒体传播机制，而这一机制是由深圳市委"一把手"统筹推动建立的。地方党委"一把手"对媒体融合发展的重视及其相应举措，在一定程度上影响着区域媒体融合的体制机制、技术投入、内容创新、管理模式。

媒体融合对地市级宣传部门"一把手"的政策水平、统筹规划、组织动员、全媒体专业素养提出了更高要求。"一把手"要从地方实际出发，进行统筹规划，制定具体政策，落实扶持资金，压实发展成果，持续推动媒体融合深度发展。当前，在互联网及商业平台冲击的背景下，"一把手"可以通过统筹、协调地市区域内的政务、商务等资源，扶持地市级融媒体发展。例如，珠海市协调市辖区内所有的户外广告等资源，交由珠海传媒集团进行独家经营，并依据股份进行利润分红。这一措施不但推动了珠海传媒集团发展，而且有利于全市宣传资源的整合。

媒体融合对地市级融媒体中心"一把手"的领导能力、执行能力、专业认知、综合素质提出了更高要求。"一把手"要具有全局意识，从构建全媒体新系统着眼，提升自身造血机能，助推区域发展与媒体发展，形成良性互动。珠海传媒集团建立了地市级融媒体平台与地方政府中心工作的互动机制，自主研发九霄生态系统，在指挥调度中心大屏上开辟宣传动态指令排行模块，对每日市委、市政府下达的指令按照内容的轻重缓急进行排序，一方面提升了区域时政新闻宣传效果，另一方面减少了记者采访报道的盲目性，提高了工作效率。

### 三、新系统构建与技术应用的多维度开发

全媒体技术体系建设是我国总体国家安全观建设的重要组成部分之一。基于自身实力与技术基础，地市级融媒体的技术研发与应用逐渐探索出可持续性、渐进式路径。我们看到，一些具备自建技术系统能力的地市级融媒体，正不断完善灵活性架构设计并进行模式输出。

#### （一）逻辑匡正：量力而为、优化布局、渐进式发展

技术系统的布局与架构是媒体融合发展遇到的首要问题。当前，我国发达地区的地市级融媒体利用自身优势，完成了技术系统自主研发与模式输出，然而，必须要引起注意的是，大多数地市级融媒体陷入研发能力较差、资金支持不足、人才缺乏等困境。基于此，地市级融媒体的技术系统构建首先应匡正逻辑。

第一，树立正确的技术观，警惕技术决定论。当前，大数据、云计算和人工智能所构成的"ABC"战略组合是现代传媒技术发展的基础与核心，是互联网企业布局与深耕的方向，也是融媒体技术突破的方向。融媒体的技术系统构建应立足主流媒体的功能属性，偏离主流媒体的党媒属性，单纯的技

术突破不能履行好主流媒体的使命。

第二，技术思维决定技术方案。地市级融媒体技术系统的构建应以主流价值为引领，促进技术向善，避免技术突破过程中的价值观缺失；摒弃技术主义，避免不切实际的技术追逐与资源浪费；在技术系统构建中践行实事求是、抓大放小、逐步拓展的原则。地市级融媒体技术系统必须能够支撑日常运行，不能是面子工程，更不能是用来展览、参观的空架子。

第三，地市级融媒体技术系统并非简单的高新技术的堆叠。在建设方案的实施过程中，应采用效率优先、实用为上的技术架构，充分考量复杂操作模块和分工种安全网络的详细分布。一方面，采用具有核心功能的技术，摒弃效能低下的技术。参照珠海市的媒体融合实践，精细化设置内容生产与分发模块，打造合理高效的业务流程。另一方面，融媒体指挥调度中心的大屏选择、物理空间布局等应基于原有基础进行集约化改造，避免重复建设。

地市级融媒体的技术系统必须具备可扩展性，升级与迭代应该不影响现有技术系统的正常运转。这意味着融媒体技术系统内部搭建的各模块应具备良好的自主升级能力，采用高扩展性能的硬件框架。此外，还要充分考量整体性功能延展和存储扩容，为技术系统模块的逐步集成、延伸与升级预留一定的空间。

在一定程度上，技术系统的高额投入已经超出部分地方经济的承受能力。地方党委与政府的资金是地市级融媒体技术布局的主要经济来源。在制订完备的技术方案的基础上，还可以通过获取政策支持、申请专项资金等方式拓展资金渠道。

地市级融媒体要审慎选择技术公司的高额技术方案。省级融媒体是我国融媒体云平台建设的中坚力量。基于国家顶层设计中对省级融媒体"一省一平台"的要求，省级融媒体的技术系统具有新闻业务契合度较高、技术安全系数较强等优势，其已成为地市级融媒体技术的重要支持力量。地市级融媒体应探索与省级云平台的技术合作方式，在系统集成、成本控制、升级迭代等层面寻求最优解决方案。

此外，地市级融媒体应提升数字资产意识，构建数据库，为长远发展奠定基础；在与不同平台的合作中，注意防止本地数据资源流失；在技术方案制订的过程中，应明确自身的技术需求，避免掉入技术陷阱。

### （二）自建系统：开放兼容、深化合作、模式输出

客观上看，自主研发一套同时满足报纸与广电的内容生产平台，对于地市级融媒体中心来说，虽然存在一定的困难，但仍需勇于探索。我国传统媒体的发展历史较长，其业务生产技术系统陆续迭代出头部产品，如报纸行业中的方正技术系统，广电行业中的索贝、大洋等技术系统等。这些头部系统具有知识产权、发明专利，以非兼容性的排他手段抢占市场。这些头部产品具有广泛的用户基础，养成了用户的使用习惯，完全舍弃旧系统、重建新系统显然需要耗费极大的资金成本与时间成本。

从长远发展来看，与自主研发一套满足各种传统媒体业务生产的新系统相比，提升融媒体资产的一体化管理更具有紧迫性和可行性。一些具有研发实力的地市开始在原有的生产平台上架构新的技术层，发挥媒体资产管理功能与内容生产前后端的指挥功能，第三方生产工具仅用于专业化的单线内容制作。融媒体中心的所有媒体资产，如报纸文稿、电视节目串联单、海量视频素材、电视节目拆条等都被存储于自建的媒体资源管理系统之中，并在自有平台进行全媒体内容生产与分发的指挥调度。

在新技术的迭代升级与融合发展快速推进的背景下，完成上述技术架构需要多方合作。近年来，商业技术公司纷纷放弃专属性技术优势和排他性竞争策略，积极寻求与主流媒体合作研发融媒体技术新系统。从地市级融媒体平台建设的成效来看，通过技术合作研发，媒体对新系统技术的实际应用更加得心应手；技术公司对媒体的专业特性更加了解，有助于它们及时解决问题，推出解决方案，输出成熟模式。

具体来看，地市级融媒体与商业技术公司的研发合作主要从以下几个层面展开：第一，融媒体中心继续使用商业技术公司专业化的内容生产工具，商业技术公司根据使用反馈不断提升该工具的专业化水平；第二，融媒体中心根据实际情况制订平台使用规范，通过统一的资源管理系统接入厂商的技

术工具，保证自主可控的全媒体生产与传播以及媒体资产管理；第三，探索共享商业技术公司技术后台的路径，即权限管理、系统设置等功能，从而更好地完善融媒体中心自建技术系统的架构，提升安全性与可控性。

### 四、以人为本与创新管理的动能激发

未来的全媒体创新管理，是一种基于互联网思维的人力资源、产业与资本管理模式的聚合式体现。① 具体来看，地市级融媒体应建立适宜的考核与激励机制，拓展产业布局，为实现超媒式、共享型、移动化与智能型的未来媒体探索可行性管理模式。

#### （一）考核与激励：以人为本、灵活多元、机动高效

考核与激励机制是地市级融媒体管理机制的重要组成部分。当前，我国地市级融媒体的考核与激励机制开始借鉴商业互联网平台的管理模式，呈现出以"移动优先"为核心，以提升传播力为目的，行政手段与经济手段并举等特点。具体而言，考核与激励机制主要包括以下几个层面。

一是新媒体内容产品考核。传统主流媒体考核新闻产品的收视率、市场份额等数据，融媒体重点考核新媒体产品的传播数据，对不达标的新媒体产品采取整合、分流甚至关停等措施；设置内容增值绩效，对取得不俗传播效果的新媒体产品予以绩效奖励。

二是部门考核。以频道、频率或工作室等为单位进行全年的生产贡献值考核。例如，每年设置100分的部门考核分，提升新媒体在考核分中的比例，一般占到总分的20%左右。这一考核机制主要考核各生产部门的内容产品对整个融媒体中心的新媒体内容首发贡献率，提高各生产部门生产新媒体产品的积极性。在每年的分值考核之外，部分地市级融媒体的总编辑在宣传工作

---

① 赵淑萍，吴炜华，王婧雯.构建中国全媒体传播体系的三个重心［N］.光明日报，2020-12-09（6）.

例会中对各部门的新媒体传播情况进行复盘,并在整个融媒体中心进行公开评价与排行,形成对各生产部门的倒逼效应。

三是人员考核。对每个员工每天的工作任务进行考核,每月形成一份成绩单,将12个月的成绩单汇成成绩表并作为年底的竞聘定岗依据。管理层一年竞聘一次,融媒体中心考核所有中层干部去年的指标是否完成,进而决定今年是否有资格继续担任原来的职务。竞聘要通过单位答辩、专家组投票。

总体来看,当前我国地市级融媒体的考核与激励机制存在重"流量"而轻"深度"、重"内容"而轻"渠道"、重"考核"而轻"流程"等问题。当我们用极为严苛的数字比例对融媒体职能部门与工作人员进行高频率、高比例、高强度、立体化的机制倒逼时,我们应该反思这样的管理机制是否太过激进?是否不够人性化?当"KPI""996""大小周"成为互联网企业的文化标签时,我们更应警惕这样的风气在融媒体领域蔓延。

媒体融合发展过程中,主阵地不能丢失,正能量不能缺失,主旋律要大力传播和弘扬,党的新闻舆论工作的优良传统要不断传承。[①]地市级融媒体的考核与激励机制创新应以主流价值为引领,以人本主义为出发点,避免高强度的消耗以及陷入"流量主义"桎梏。

地市级融媒体要不断提升管理水平,以科学的生产流程进行内容生产,提高生产效率,减少重复劳动;立足内容生产的实际需要和区域服务的本土特点,探索"一元主导,多元补充"的优化路径,避免单一流程模式的禁锢。[②]

### (二)产业与拓展:平台耦合、区域盘活、跨边界协作

整合自有平台矩阵,打造核心平台集群,探索差异化的发展路径,这为地市级融媒体构建全媒体传播格局奠定了基石。我国的地级市大多是中等城市,传媒资源相对有限,要推动传播活动与经营活动的强劲发展,一方面,要盘活自有平台与渠道。以后端平台为技术支撑,整合报纸业务、电视频道、

---

① 赵淑萍,崔林,吴炜华. 构建媒体深度融合发展新格局 [N]. 光明日报,2020-12-22(6).
② 叶明睿,吴昊. 重生之困:县级融媒体中心发展的逻辑断点、行动壁垒与再路径化 [J]. 现代传播(中国传媒大学学报),2021(4):9-14.

广播频率、网站、客户端以及第三方社交账号等平台资源，制定合理的平台分工与协作机制，形成全媒体传播矩阵。另一方面，要发挥好自办企业的灵活性与便利性，开展新媒体代运营、技术模式输出、媒资版权交易、承办大型活动等合作，拓展全案服务。

媒体融合打开了全方位发展的通道，拓展了媒介的边界。地市级融媒体的区位具有非常突出的地方性，有利于整合区域文娱与传媒资源，打造区域特色名片。具体而言，可以从以下几个层面着手：一是寻求当地政府给予政策、财政资金等方面的支持，以大量"注血"促进自我"造血"；二是立足本地产业园、演播室、实验室等物理空间，推动集约化发展；三是充分发挥体制优势，争取更多公共稀缺资源，地市级融媒体成为当地治理体系和治理能力现代化的核心抓手，深度参与智慧媒体、智慧政务与智慧城市建设。

值得进一步关注的是，地市级融媒体正在尝试建立央地联动、省域统筹、横向贯通等合作机制，促进行业的优质内容互通、资源优势互补；以业务合作为突破口，提升跨区域、跨产业协作能力，拓展区域权威主流媒体的功能。例如，以"视频+"拓展线上业务，突破行业发展边界；依托视听传播优势，开展短视频创作和直播活动；借助互联网，将各行业的业务与自身业务深度结合，例如，与电商、旅游、教育、健康等行业进行商务合作，拓展业务范围，拉动区域经济增长。

## 五、结语

当下，无论是学界还是业界，都一致认同全媒体时代既带来机遇又带来挑战。新媒体与传统媒体的融合带来了新的问题，对于许多新问题，我们需要辩证地考量。媒介变革的演变进程将带来什么样的结果？未来我们应该怎样认识全媒体时代不同媒体的属性、特征和优势？毋庸置疑，全媒体时代已经到来，传统媒体与新媒体之间的融合与互动、助推与分享、探索与创新不但给媒体自身带来了巨大变化，而且对社会产生了广泛影响。可以说，媒介环境的演变是一场历史性的变革，是人类社会重大变革的一部分。

我国地市级主流媒体正处于媒体深度融合发展的起步阶段，因而，当下的实践与探索具有历史发展的阶段性特征。基于区域特色与资源禀赋，地市级融媒体处在努力探寻自身发展的进程中，一个新的系统初步显露。习近平总书记多次强调改革中系统集成、精准施策的重要性。地市级融媒体应充分考虑自身区域特殊性，充分发挥自身独特优势，主动作为，从体制机制、技术应用及管理手段三个主要方面激活发展动能，统筹谋划、一体推进媒体融合深度发展。

# 动态变革：我国县级融媒体功能拓展的历史土壤与现实动能[*]

拓展媒介功能是县级融媒体中心建设的逻辑起点。换言之，县级融媒体建设围绕增强必要的功能而展开，因为只有具备相应的新功能，才能发挥新作用，也才能对标国家顶层设计的定位。我国已有研究成果主要聚焦于县级融媒体基本功能定位，少有深度剖析其功能拓展的动因、基础与驱动要素的研究。从实践层面来看，在国家战略部署的推动之下，县级融媒体进行了各具特色、丰富多样的创新实践，处在十分活跃的动态变革之中。因此，对县级融媒体功能的研究应该在锚定基本定位坐标的基础上，深入一线考察其功能拓展的进路与效能，分析困难与问题，对其变革趋向作前沿性的判断。笔者选择北京、福建、云南、河北、陕西、河南等6个省市的18个区县融媒体为考察对象，着重将其机构运行与移动客户端建设作为跟踪观察窗口，同时对"一把手"和骨干人员进行实地座谈访问，围绕具体问题进行探讨，包括：县级融媒体拓展了哪些新的功能？县级融媒体创新实践的发展逻辑和驱动因素是什么？取得显著成就的典型经验是否具有普遍借鉴意义？县级融媒体的功能拓展预示着怎样的变革趋向？

---

[*] 文章原载于《现代出版》2022年第6期，收入本书时，略有删改。

## 一、县级融媒体中心建设的动因、基础与动能转化

县级融媒体建设与发展是具有当代中国特色的媒介实践，对此可以从其动因、基础与动能转化的过程加以印证。2018年8月18日，在全国宣传思想工作会议上，中央对县级融媒体建设进行了战略部署，2022年底在全国范围内完成全部挂牌。在宏观战略层面上，我国县级融媒体建设的动因主要有两个：一是媒介演进的必然，二是国家治理的需要。

从媒介演进的维度考察，我国县级融媒体中心建设的直接动因是应对新的媒介环境的变化与挑战。第一，融媒体中心的构建速度快，步调一致，仅用两年多的时间就完成了全部挂牌；第二，媒介性质、体制统一，融媒体中心模式是每个县唯一的媒介组织机构，其体制性质都是公益二类事业单位；第三，具有相对稳定的依托基础、基本条件，绝大多数县级融媒体中心的前身为县级广播电视台。相比较而言，中央级、省级、地市级媒体融合面对的局面更加复杂。由于每个层级的媒体机构较多，样态多样，队伍庞大，因而在转型、整合的过程中遇到的问题也相对复杂，在速度、效率、机制、运行等方面都各有各的做法，虽然大方向一致，但是推进的程度、体制机制、模式样态等都有所不同。比如体制，既有纯粹的事业性质，又有事业性质企业管理模式，还有股份制企业性质等。从一定意义上讲，县级融媒体中心建设的模式独具特色。

从国家治理的时代要求考察，县级融媒体建设是筑牢基层社会治理、提升治理能力现代化的抓手。中国是拥有14亿人口的大国，幅员辽阔，地域发展差别很大。改革开放40余年，随着市场经济的推进，农村发生了深刻变化。1983年，维持了25年的人民公社解体，中国建立起新的乡政府、镇政府，形成了县、乡镇两个层级的农村政务体制。伴随农村政治体制的逐步规范完善，政务服务不但常态化，而且在内容与方式上不断拓展，这也是县级融媒体拓展政务服务功能的缘由。此外，随着城镇化建设的推进，农村人口结构发生了巨大变化，一方面，流入城市的人口急剧增多，另一方面，农民

转变为城镇居民。农村的政治、经济、文化、人口结构等方面发生了巨大变化,同时农村基层社会治理的复杂性与难度增加。由此,我们不难理解为什么县级融媒体中心建设是一把手工程。我们也看到,经过几年的摸索,县级融媒体在社会治理方面已经发挥出潜在作用,尤其在政务服务方面已成为基层社会治理的抓手。

从我国县域层级的媒体基础维度考察,县级广播电视台为融媒体中心的搭建奠定了基础并转化为新动能。基于我国1983年开始实施四级办广播电视的政策,绝大多数县级融媒体中心是在县级广播电视台的基础上整合重构搭建起来的。从一定程度上讲,县级融媒体中心的发展虽然只有短短4年的时间,但是规模化的县级广播电视台有着近40年的历史。在互联网还没有普及的年代,我国农村获取信息的主要渠道是广播电视,从家家户户有小喇叭到家家户户有电视机,广播电视在农村发挥了巨大作用,深刻影响着农民的生产、生活、文化和娱乐。同时,围绕党和政府的中心工作,广播电视肩负着上传下达、传播新闻、沟通信息的使命,成为县级党委、政府和一方百姓离不开的地方权威媒体。

值得提及的是,县级广播电视台积累了新闻传播、各类节目制作的丰富经验,拥有一支相对稳定的队伍。正是由于有了广播电视的基础,融媒体中心才能够做到快速启动、快速建设、快速运行。所以说,县级融媒体中心建设是在广播电视的基础条件上进行的,并不是从零起步。今天,县级广播电视台以新的姿态融入了全媒体时代,成为融媒体中心的主力军。也正是因为有了县级广播电视台近40年的发展经验,融媒体中心才能够在动态中边建设、边运行,没有间断地常态化播出新闻。

新的时代背景赋予县级广播电视台转化成融媒体中心的新动能。但是,融媒体中心搭建是一场脱胎换骨的媒介变革,因而,需要面对媒介环境变化带来的严峻挑战。在县级融媒体中心建设初期,笔者调研中所到之处遇到的普遍困难是技术问题、人才问题以及对新媒体的认知问题。例如,面对农村出现空心化、自然村人口结构松散、党和政府的声音不能有效抵达基层群众、很多国家新政策群众不了解等问题,融媒体中心如何发挥作用?从县委、县政府领导层到融媒体中心业务层，都还缺少运用融媒体的经验，然而，经过短短几年的摸索，应运而生的县级融媒体已经步入正轨。从2019年开始，国家广播电视总局开展年度全国广播电视媒体融合先导单位、典型案例、成长项目征集评选工作，每年评选10家全国广播电视媒体融合先导单位、15个全国广播电视媒体融合典型案例、5个全国广播电视媒体融合成长项目。江苏省邳州市融媒体中心、浙江省青田县广播电视台、湖南省浏阳市融媒体中心、河南省城市融媒体中心等多家县级融媒体入选。2022年8月18日，中共中央宣传部召开"新时代宣传文化工作举措与成效"新闻发布会，中央宣传部副部长孙业礼发表讲话，指出我国2585个县级融媒体中心已建成运行，新闻舆论传播力、引导力、影响力、公信力大大提升。[1]

中央对县级融媒体提出了非常明确的要求，"引导群众"与"服务群众"构成了县级融媒体功能实践的核心定位。那么，如何"引导群众"与"服务群众"？笔者认为，当前县级融媒体仍然处在动态变革之中，其功能拓展是基于历史基础与现实考量的实践。面对新的传播环境，新生的县级融媒体在功能拓展的过程中，主要依托三大层面的支撑性力量，即技术层面的模块化系统构建与功能排布、机构运行层面的架构设计与调适以及组织层面的下沉覆盖与协同联动，三大支撑性力量驱动其功能不断拓展。

## 二、模块化系统构建与功能拓展

2019年，中共中央宣传部和国家广播电视总局联合发布了《县级融媒体中心省级技术平台规范要求》，要求县级融媒体中心的技术系统由采集和汇聚、内容生产、综合服务、策划指挥、数据分析、内容审核、融合发布、网络安全、运行维护和监测监管等部分组成，并以模块化方式进行功能部署。这一文件是我国县级融媒体建设的主要验收标准，其对功能的种类与范围的

---

[1] 上游新闻.中宣部发布 | 全国2585个县级融媒体中心建成运行 [EB/OL]. (2022-08-18) [2022-09-11]. https://www.cqcb.com/zhongguofabu/2022-08-18/4993433_pc.html.

规定构成了当前县级融媒体功能拓展的基本逻辑。因此笔者认为，基于当前的传播环境，技术支撑成为县级融媒体功能拓展的首要驱动因素。

当前，县级融媒体作为我国第四层级的媒介机构，不断完善技术层面的工程建设，初步构建起新系统。这一新系统的搭建具有显著的模块化特征，模块化为县级融媒体的功能拓展与排布提供了新功能。模块化是通过人的设计而形成的物质运动的特定方式。对于县级融媒体来说，就是通过标准的界面结构，按照一定的规则，将具有一定作用的部分连接起来，构成一套完整的运行体系。① 县级融媒体技术系统架构图（如图1所示）。

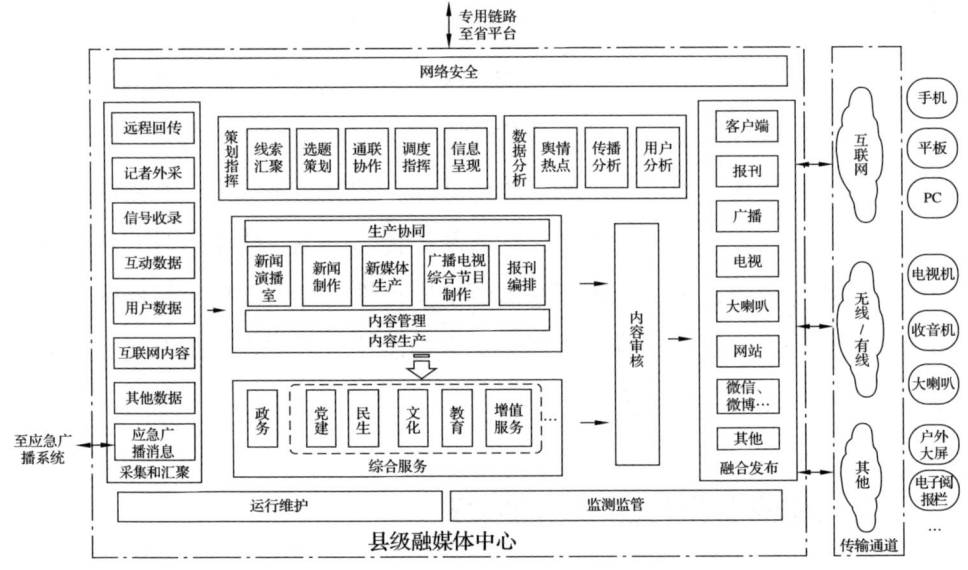

图1　县级融媒体技术系统架构图

需要强调的是，县级融媒体中心模块化体系的运行具有动态特征，不但可以将系统进行分解，还可以进行有效整合。换言之，模块化系统能够将各个细分部分按照功能原则重新聚合。在保证系统稳定性的前提下，分解式结构功能可以赋予系统最大限度的灵活性。因此，县级融媒体中心的某一功能的调整不会影响其他模块，整个系统仍然可以按照规则运行，最大限度满足

---

① 胡晓鹏.从分工到模块化：经济系统演进的思考［J］.中国工业经济，2004（9）：5-11.

用户差异化、定制化的需求。此外，模块化结构起到支撑不同功能组成部分并行创新的作用，一方面有效提升创新能力，另一方面为系统提供更多的选择，控制盲目尝试的风险。

县级融媒体中心模块化系统的组成部分主要包括技术支撑、产品设计、生产流程、组织架构、产业布局、指挥调度等。从发展的趋势看，县级融媒体正在嵌入更高层级的云平台矩阵，布局多元功能模块，推进融合发展的数字化与智能化。透过县级融媒体中心各个移动终端屏幕界面，可以探究其当前模块化功能排布的现状与成效。移动端成为考量我国各层级媒体融合的重要窗口，县级融媒体建设伊始就瞄准移动端发力，努力打造自有移动客户端，主动入驻规模化的商业社交平台。当下，自有移动客户端已经成为县级融媒体发挥功能、作用的最重要端口，成为新闻生产、信息传播、员工考核、部门评估、监督管理的平台。在一定意义上，移动客户端不仅是县级融媒体的主要阵地、用户使用的工具，还是学术研究界进行动态观察的窗口。

总体而言，基于模块化方式，我国县级融媒体初步完成了功能的拓展与排布，围绕"新闻+政务服务商务"，实现了功能发挥。基于实际考察，当前县级融媒体的模块化功能排布还存在一些问题。例如，政务、民生等综合类服务的模块存在应付排布与聚合、简单化链接等问题，这反映出县级融媒体对本地服务资源的开拓能力较弱。许多县级融媒体移动客户端推出的服务功能由于不是唯一的线上入口，往往会陷入无人使用的窘境。县级融媒体客户端的商务服务拓展方面，往往采用简单的与购物平台链接或广告投放，服务的本地化设计水平较低。此外，一些电商直播缺乏头部商业互联网平台成熟完善的支付体系、物流体系等支撑，效果十分惨淡。可见，完成技术层面的功能排布与呈现是县级融媒体功能拓展的第一步，真正发挥作用，还需要整个机构的规范运行与支撑。

## 三、新机体运行规范与组织架构再造

依据新系统运行，着手组织架构再造是县级融媒体发展的重要环节。省级技术平台为县级融媒体中心提供业务和技术支撑，包括支撑县级融媒体中心的省级技术平台的设计、建设和运行维护。①构建起模块化的技术系统是县级融媒体功能实践的第一步，其功能发挥需要依托整个媒体机构产能支撑。因此，规范机构运行与组织架构设计，是其功能实践的又一驱动要素。

目前，在中央与各层级主管部门的政策支持与指导下，县级融媒体已经建立起较为趋同的制度架构与组织形制，并开始拓展多元功能。组织架构再造是随着县级融媒体模块化技术系统的不断深化而产生的新的资源配置形态。当前，融媒体的运行与建设过程中，技术系统的设计往往基于模块化思路，但媒体机构的架构设计往往需要冲破传统的具有一定模块色彩的行政层级组织结构，逐步转变为大部制、扁平化的具有互联网特征的组织架构，实现内部各个组成部分灵活连接和高效配置。大部制的组织架构的作用体现为弱化部门的模块化分割，避免职能交叉，提高行政效率，降低管理成本，有效进行整合。"扁平化管理"是与传统金字塔式"垂直管理"结构相对的一种管理模式。扁平化管理模式的核心原则是权责一体，需求平行发起，中层管理者拥有决定权和自主权，高层拥有知情权。在日常运行中，高层很少介入团队内部的工作，注重调动中层管理者的主观能动性，促进员工个人和团队的发展。

组织架构再造是维系县级融媒体机体畅通运行的关键，首先必须要考虑组织架构如何维系技术平台的规范运行。当前，绝大多数县级融媒体虽然都在不同程度探索扁平化组织结构，但传统媒体的行政制管理观念依旧残留。由于不同地域在地理面积、人口密度、经济政治情况等层面有所差异，县级融媒体信息流动与获取的层级间传递链条较长，往往难以适应瞬息万变的信息传播态势以及基层社会复杂环境，这应当引起县级融媒体足够的重视。

从技术系统的建设到新机构的运行，当前县级融媒体建设的趋同造成了一定的负面影响。在规定时间内，全国县级融媒体全部挂牌成立，省级云平

---

① 《县级融媒体中心省级技术平台规范要求》《县级融媒体中心建设规范》发布［EB/OL］.（2019–01–15）［2022–08–09］. http://media.people.com.cn/n1/2019/0115/c14677–30541139.html.

台介入县级融媒体建设，成为技术标准与基本功能验收者。我们注意到，全国范围的县级融媒体几乎都采用了类似的组织架构和运行方式。此外，县级融媒体之间相互学习的现象十分突出，县级融媒体间的相互学习模仿对于具备相应条件的融媒体中心来说，一定程度上缩小了相互之间的差距，对于不具备条件的融媒体中心来说，则造成了盲目趋同的问题，或者因自身条件不具备而消极应对。

县级融媒体依托省级云平台的技术与政策支持，打通了省级云平台与县级融媒体的通道，一方面形成上下互通的有利局面，另一方面导致县级融媒体的消极应对、盲目随从的问题。一些县级融媒体缺少创新精神和创造力，仅仅停留在形式上的转型之中。多数县级融媒体的新闻生产能力较弱，未能完全把握新系统运行的规律。新闻与信息服务是县级融媒体的首要任务，依托省级云平台的资源共享，省级云平台与县级融媒体的通道被打通，双方实现了指挥策划、采集汇聚、内容生产、内容管理以及融合发布等多模块的协同生产。这种新的格局使得县级融媒体过度依赖省级云平台，忽视了自身的创新。例如，在县级融媒体的党建新闻中，鲜见将党的路线方针政策与本土资源相结合，从两者的情感共鸣点和思想交汇处解释、阐述、分析的优质新闻产品。[①] 此外，面对社会热点话题，许多县级融媒体盲目追求流量，结果却适得其反。

县级融媒体的功能实践离不开组织架构的重构与新机构的运行与调适，这一过程往往呈现出周期长、动态变化等特征。技术层面的运行规范往往容易掌握，但什么样的组织架构与管理制度适合自身发展，是一个需要长期探索、不断调适的过程，这考验着广大县级融媒体管理者与一线人员的智慧。从笔者的调研来看，各地县级融媒体在不断向上级、同级媒体取经的过程中，往往忽略了自身的在地性。当前取得较多突破的县级融媒体，往往基于区域独特资源，下沉至基层寻找更大的发展空间。

---

① 叶明睿，吴昊.重生之困：县级融媒体中心发展的逻辑断点、行动壁垒与再路径化[J].现代传播（中国传媒大学学报），2021，43（4）：9-14.

### 四、区域下沉覆盖与协同联动

从组织社会学的视角来看，县级融媒体在功能拓展与发挥过程中的实践需要依托"合法性机制"（legitimacy），即县级融媒体需要不断采纳具有合法性的组织架构和行为的观念力量。① 由于各地区经济、社会情况各异，不同区域的县级融媒体对基层群众关系的维系具有不同的规则和实践路径。因此，县级融媒体应在不断完善自身功能、强化组织能力的过程中，规范"合法性机制"，满足群众期待，得到社会认可，同时促进县级融媒体间以及县级融媒体与基层群众的多样化交往。在这一过程中，发展较好的县级融媒体取得了一定的突破性进展，主要体现在两个层面：一是在组织架构层面增设诸如分中心、群众服务部等新的部门，将宣传阵地延伸至社区、村；二是强化基层共建，激发基层群众参与治理，并通过树立典型、强化互动等方式，提升基层群众的参与度与满意度。

2020年底，全国县级融媒体中心完成挂牌，初步搭建起相应的组织架构，然而，挂牌仅仅是县级融媒体建设的开端。作为最靠近基层群众的主流媒体，县级融媒体需要不断完善、不断调整。对此，我们可以从北京市朝阳区融媒体中心、丰台区融媒体中心的实践中获得一定启示。

朝阳区作为北京市城区之一，具有国际化程度高、舆论环境复杂、自办政务媒体多等特点。自2018年开始，朝阳区融媒体中心陆续成立54家分中心，覆盖全区43个街乡和11家委办局。54家分中心统一由朝阳区融媒体中心管理，该中心队伍由编制人员与社会招聘人员构成，该中心还将部分技术服务业务外包，有效提升了各分中心的工作效率。43个街乡分中心利用"街乡吹哨、部门报到"的工作机制，在环境整治、全要素小区打造、初心教育等方面积极配合街道工作，及时与融媒体中心沟通交流，提供新闻选题和新闻素材，提高了基层新闻宣传成效。11家委办局分中心充分发挥其基层治理

---

① 周雪光.组织社会学十讲[M].北京：社会科学文献出版社，2003：78.

工具的作用，转变传统媒体身份，引导群众多元参与，形成多层次、全方位的多点架构。

针对重大宣传报道，54家融媒体分中心第一时间协同转发，覆盖朝阳区各街道、社区、乡村，实现与融媒体中心同频共振，将党的声音第一时间传递到基层。朝阳区融媒体中心在54家融媒体分中心的协调支持下，将宣传阵地延伸至社区、村，向基层群众传递党委政府声音的同时，将基层鲜活的新闻素材传递给党委政府，助力党委政府与基层群众建立沟通的桥梁。

从朝阳区融媒体中心的实践来看，其通过分中心的下沉覆盖、具体部署、统一协调等组织化调适手段，强化了分中心之间和分中心等融媒体中心的横纵向联系，提升了基层治理能力，实现了宣传成效的纵深扩散。这一组织化调适依据区域经济、社会特征而进行，取得了层级联动的良好效果。在对个体资源的整合与再开发方面，传统主流媒体的组织架构存在一定的缺陷，难以通过技术路径整合社会个体资源，而新媒体的技术通道则非常便捷地将社会个体资源融入内容生产环节，使其成为内容生产的组成部分。因此，对于县级融媒体而言，通过一定有组织的调适，激发基层群众参与内容生产，不但可以更紧密地联系群众，而且能够增强内容生产的力量。

北京丰台区融媒体中心成立专门的群众工作部，组建"社区新闻发声人"队伍并形成机制，有效激发了群众参与基层治理的热情，加深了群众与融媒体中心的情感联系。"新闻发声人"发端于东高地街道，该街道居民学历高、素质高，为街道的基层治理注入了新的活力。丰台区融媒体中心强化"社区新闻发声人"机制，将镜头对准社区，接地气，讲故事，在社区精神文明建设中发挥了凝聚人心的作用。丰台区融媒体中心群众工作部对"社区新闻发声人"进行专业化培训，许多退休的居民学会了基础摄影、剪辑等技能，并学会了使用各类社交应用。此外，专业团队还对"社区新闻发声人"拍摄的素材进行后期制作，形成有温度的短视频产品，许多"社区新闻发声人"参与制作的短视频通过新华社的全媒体矩阵进行传播，获得了百万点击的传播效果。

"社区新闻发声人"机制体现了中国特色社会主义制度的优势，体现了群

众路线的传承和创新。融媒体中心精准发掘了东高地街道的退休居民,通过专业培训与日常沟通,与群众建立起亲如一家的关系。"社区新闻发声人"机制使融媒体中心获取了丰富的新闻素材,强化了群众基础。

总体来看,在不断拓展媒介功能的过程中,县级融媒体边界的不断下沉,体现了其开放性特征以及与基层社会的多维互动。由于各个区县在区域面积、人口密度、经济政治情况等层面的不同,县级融媒体在功能实践中,要应对信息传播的瞬息万变以及基层社会治理的复杂性,在保证现有体制不变的前提下强化组织调适,更好地下沉基层、靠近群众、引导群众、服务群众。

## 五、结语

县级融媒体建设、发展得到了国家的大力支持与具体指导。我国县级融媒体数以千计,各地区发展差异巨大,这构成了县级融媒体生长的环境特征。作为我国第四层级的主流媒体,县级融媒体中心的功能定位远远超出了传统新闻的传播范畴,在加强社会连接、动员公众参与、协同多元主体、创新社会治理方面发挥了重要作用。着眼未来,县级融媒体应围绕国家战略,拓展功能,更好地履行时代使命。

基于实地调研与考察,笔者认为,县级融媒体的发展演变与功能实践是一个历史进程,需要在动态变革中创新前行。县级融媒体应该是一种什么样的合理稳定的媒介样态?具有什么样的体制机制特征?其功能特点有哪些规律可循?以现实的需求和时代的发展来考量,"引导""服务""群众"是其发展的关键词。由于全国不同区域具有不同的社会、政治、经济、文化特征,县级融媒体中心的作用发挥具有不同程度地地缘基因,积累了可圈可点的经验。然而,我们必须看到,当前县级融媒体中心运行的时间仅有4年,一些成功的经验必然带有一定的时代烙印,需要我们用长远的目光来衡量、判断,避免生搬硬套。

从本质上来看,县级融媒体的功能应用是一个制度化的过程,其变革模式最终将以制度化的方式沉淀下来。毋庸置疑,我国县级融媒体中心建设与发展取得了非常大的进步，但还需要保持清醒的头脑，冷静审视。目前，我国县级融媒体中心的新机体在运行过程中不断完善，也不可避免地显现出诸多问题症候，其还需要不断调适与验证，经受现实性与历史性的检验。因此，现阶段县级融媒体的功能拓展仍处于探索阶段，制度化沉淀还需要长期不断地探索。

当前，世界正经历百年未有之大变局，面对错综复杂的国际环境，县级融媒体发展应着眼于中华民族伟大复兴战略全局，将自身发展深度嵌入国家的建设与治理环节，不断拓展自身功能。同时要注意，县级融媒体的功能并非无限大，不可盲目夸大，或无限拔高。作为我国媒体融合发展进程中的先行者，县级融媒体还要在发展中不断积累经验，不断完善系统化建设，踔厉奋进，创新前行。

# 论主场外交活动与国家形象的媒介构建*

进入中国特色社会主义新时代，我国积极作为，以大国外交为着力点，不断开拓中国对外交往的新时代。在近年来举办的主场外交活动中，2016年在杭州二十国集团领导人峰会第22次会议（以下简称G20杭州峰会）、2017年在北京举办的"一带一路"国际合作高峰论坛、2018年在青岛举办的第18次上海经济合作组织会议（以下简称上合青岛峰会）无论从举办规模、国际参与水平还是国际影响力方面，都代表着中国主场外交的新突破。这些主场外交活动向世界展示了中国不断提升的综合国力，进一步推进了中国的多边国际关系建设，也向主流媒体提出了新的要求和使命。

## 一、主场外交活动与国家形象媒介构建的内在联系

从理论研究层面来看，国家形象构建一般以政治学、传播学、公共外交等范畴的研究为理论依据。目前，我国对于主场外交的研究主要聚焦在国际话语权方面；在国际上，对国际会议新闻报道、媒介功能与首脑人物形象塑造的研究比较充分。可以说，主场外交与国家形象的媒介构建的研究是一个新课题。

中国主场外交活动这一概念的官方阐述源于2014年的全国两会，外交部

---

\* 文章原载于《中国新闻传播研究》2020年第1期，收入本书时，略有删改。

部长王毅在答记者问上提出了这一概念。① 中国主场外交活动是新时代中国特色社会主义思想在外交领域的突出体现,也是以习近平同志为核心的党中央的治国理念与外交理念的重要表征。

简言之,主场外交就是可以发挥主场优势的外交活动。主场外交活动是我国开展大国外交方略的重要组成部分,通过主场外交活动,树立中国外交大国的风范。新时代中国主场外交,特指在中共中央领导下,中国政府作为东道主,在中国境内开展的多主体参与并对当前国际事务发挥积极作用的外交活动。中国主场外交的基本构成要素为:中国作为国际外交活动的主办国,主办地在中国,有多国参与。一般来说,主办国家可以是某一个活动的发起国,活动在相对固定的时间内在本国举办;也可以是某一个国际外交活动的承办国,选取国内某一有特色的地区作为活动举办地点。

主场外交是世界多极化发展的产物。在国际社会中,外交与国际社会的和平发展息息相关,外交是主权国家和地区对外关系的重要手段,强调以国家间的和平对话交流解决国际事务。当前,在以和平发展为趋势的全球环境下,国际政治、经济、文化以及外交形势呈现出纷繁多变的特征,区域间、国家间的合作不断拓展,多元化的外交交往成为国际合作发展的重要通道,世界外交的内涵不断丰富。

从中国外交史的发展来看,由于以美国为主导的西方国家的政治偏见与封锁,我国在国际社会发声并产生影响经历了艰难的过程。如今,中国的国际地位与影响力已今非昔比。我们看到,中国的主场外交活动不断延伸,中国的外交理念不断得到国际社会的认同,中国处理国际事务的主张不断得到国际社会的响应。

与此同时,我国主流媒体以不断创新的方式对主场外交活动进行多元化的传播,与外交活动的主场声音同频共振。在一定程度上,在本国属地上进行的国际传播活动,是一种国家形象构建的媒介行为。对此,我们可以从以

---

① 王毅就中国的外交政策和对外关系答记者问 [EB/OL].(2014-03-08)[2019-10-08]. http://www.xinhuanet.com//politics/2014-03/08/c_119669879_3.htm.

下五个层面来观察研究。

其一，从一个国家文化特质的维度来看，国家形象的媒介构建具有彰显文化软实力的特征。20世纪50年代，美国政治学家肯尼斯·博尔丁（Kennith Boulding）提出了国家形象这一概念。他从信息输入与输出的层面对国家形象进行阐释，即一国政治、经济、文化等通过特定介质传播、输送到观者的眼中、脑中，并作用于观者的意识，最终在观者脑海中形成对一国的认知。国家形象是人们对一国政治、经济、文化等方面的综合印象与感知。在一定意义上，活跃在中国本土主场外交活动上的主流媒体，通过传播手段、内容、形式、效果搭建起传递中国声音与塑造中国形象的媒介舞台。

其二，新时代，习近平总书记从国家战略的高度与历史文化发展的层面阐释了中国国家形象内涵，指出从历史与传统文化的角度，中国国家形象应着力彰显中华民族的文明底蕴；从现实国家发展的角度，中国国家形象应该是在政治、经济、社会、生态、国际合作等多领域开放负责的社会主义大国。"可以说，文明大国、东方大国、负责任大国和社会主义大国，是中国想要向世界传达的最基本的形象"①。研究主场外交活动中我国主流媒体的传播，正是基于习近平总书记对国家形象的内涵定位。

其三，全球化时代，媒体成为现代外交的重要组成部分，成为政治传播的重要渠道。大众传媒面向全体社会公众的优势使得它能够最广泛、最快速地在国家与他国公众之间搭建起信息传达、沟通的桥梁。大众传播媒介具有议程设置功能，通过对内容的选择传播特定的信息，从而构建起特定的国家形象。

其四，主流媒体创新传播与主场外交活动的互动，拓展了国际传播的实践与研究范畴。近年来，随着中国国际竞争力、影响力和传播力的不断提升，基于政治学及传播学视角的国家形象媒介构建研究不断拓展，表明学术研究与国家发展的现实需求相契合。可以说，主场外交活动对于塑造国家形象具有最直接的作用，主流媒体的介入实质上也是在发挥塑造国家形象的媒介作

---

① 李岚.习近平对外国家形象战略思想的基本内涵、精神实质、理论品格和实践指向[J].中共杭州市委党校学报，2018（5）.

用。因而，二者之间具有相互促动的内在联系。

其五，中国主流媒体作为党、政府和人民的耳目喉舌，在国家形象的塑造、传播中发出的是国家声音。以人民日报社、新华社、中央人民广播电视总台为代表的我国三大主流媒体，承担着中国政府与国际社会沟通的桥梁与纽带作用；肩负着向世界传递信息并塑造国家形象、影响国际舆论的职责。因而，主流媒体参与主场外交活动传播的着力点是树立国家形象。

主场外交的演绎历史往往折射出主办国的综合国力。从世界范围看，国际机构和组织往往设立在有一定国力支撑的国家，或者具有一定特殊性的国家。例如，联合国总部在美国，欧盟总部在欧洲地理中心比利时，达沃斯论坛在瑞士，国际石油组织总部在奥地利等。作为国际组织、机构总部的常设国家，由于经常召开国际会议，其国际知名度也是水涨船高。虽然国际知名度同国家形象既有联系又有区别，但是这些国家往往在国际事务中处于优势地位。

从一定意义上讲，主场外交与媒介传播都是在议程设置理论框架下的有主导意识的传播交流活动。改革开放以来，中国经济取得历史性的突破，成为世界第二大经济体。中国的外交开始深入世界政治舞台的核心区，拥有了更多的国际话语权，在参与处理国际事务中不断提出中国方案。例如，"构建人类命运共同体"理念、"一带一路"倡议等，让世界看到了中国积极参与全球发展与治理的大国智慧。主场外交作为重要外交战略手段之一，从数量到质量都呈现出不断上升的趋势，中非论坛、中拉论坛、世界互联网大会、中国共产党与世界对话会等，增进了我国与他国在政治、经济、军事、文化、科技等领域的联系、交流与合作。

那么，主流媒体如何围绕树立国家形象开展传播活动？在新的媒介生态背景下，融合传播成为围绕主场外交活动塑造国家形象的突出报道样态，网络平台成为国际传播主渠道。

## 二、媒体对主场外交活动国家形象传播的共性特征

从全球范围看，主场外交活动不但可以提高主办国家的知名度，而且有

助于主办国家形象的传播。那么，对主办国的国家形象传播来说，主场外交具有哪些积极作用？第一，对于主办国参与国际规则制定，发挥国际影响力具有积极作用；第二，主办国借助主场优势，能提高设置国际议题的主动性；第三，为全球问题治理以及全球性议题提供了更多的发声通道；第四，参与国家可以零距离接触主办国，获得客观真实的认识，摆脱认知的误区或者偏见。

近年来，我国主动承办 APEC 峰会、G20 峰会、金砖峰会、上合组织峰会等具有重要影响力的多边峰会，同时打造中国倡导发起的主场外交品牌，如博鳌亚洲论坛、"一带一路"国际合作高峰论坛等。今天，全球问题的治理以及全球性议题越来越离不开多边合作，主场外交为主办国家的议程设置提供了多边直接交流的平台，具有中国主张的议题以及中国智慧的理念上升为国际性议题，推动中国方案进入国际视野。

国家重量级的主场外交活动，其突出特征是具有较高的国际规格并对国际事务产生影响。2016 年 G20 杭州峰会、2017 年"一带一路"高峰论坛以及 2018 年上合青岛峰会，无论是举办规模、国际参与水平还是国际影响力，都体现出中国主场外交的新突破，展现出党的十八大以来中国外交的新姿态，对于树立新时代中国形象具有历史意义。同时，三大主流媒体全力投入，创新国家形象媒介构建模式，刷新了我国国际传播的历史。

下面我们通过对三大主流媒体重点报道的宏观分析，探讨国家形象媒介构建的共性特征。

### （一）定位全球传播，彰显媒介个性，报道形态多样，深度融合传播

在三大主场外交活动期间，三大主流媒体通过网络传播平台，发挥自身传播优势，采取短消息、专题报道、图片、视频等多样态的报道方式，深度融合传播，全方位呈现主场外交活动。新华网着重以深度解析、全球观照进行主场外交多元信息传播；人民网着重以图文配合、中国式亮相进行主场外交大国风范传播；央视网着重以独家视频、现场再现进行主场外交的高规格、

高水准传播。

例如,"一带一路"国际合作高峰论坛是中国倡导、中国主办的论坛,2013年中国提出"一带一路"倡议,2017年第一届"一带一路"国际合作高峰论坛在北京举行。论坛旨在推进国际战略合作,促进"一带一路"沿线国家共同发展。作为中国发起的重要主场外交活动,"一带一路"合作高峰论坛对推动国际和地区合作具有重要意义。29位外国元首、政府首脑及联合国秘书长、红十字国际委员会主席等重要国际组织负责人出席高峰论坛,来自130多个国家的约1500名各界代表参会,来自全球的4000余名记者注册。可以说,我国主流媒体对"一带一路"国际合作高峰论坛的传播达到空前高度,在阐释中国的全球发展观以及提升中国国际竞争力方面显示了媒介的力量。

**(二)聚焦国家首脑,围绕领导人物活动,形成主场高潮**

国家首脑人物是主场外交活动的重点,首脑人物的言谈举止往往构成主场外交中的重要内容,他们之间的会见交流往往表明国与国之间的现实关系。在三大主场外交活动中,我国主流网络平台对国家首脑的聚焦有四个层面:一是聚焦参会的各国首脑;二是聚焦习近平主席同各国首脑的会见交谈;三是聚焦习近平主席的重要讲话;四是聚焦国际社会对习近平主席讲话的反应。在主流媒体网络平台上,报道习近平主席活动的内容占据了大量篇幅。在一定程度上,国家领袖人物具有"国家符号"的象征性意义,领袖人物的亮相直接代表着中国形象,领袖人物的讲话也代表着中国声音与中国立场。

例如,上合组织峰会是区域性合作组织,全称为上海合作组织成员国元首理事会。峰会旨在推动区域合作、共同应对国际风险。2018年第十八次会议在中国青岛成功举行,主流媒体聚焦成员国首脑人物,突出报道习近平主席的活动和讲话,传播中国在区域合作中的地位与贡献,展示中国的海洋文明与海洋经济发展。再如,G20峰会是1999年在德国柏林由多国发起的国家领导人参加的会议，旨在推动国际经济增长，促进国际经济合作，维护国际经济秩序。峰会由原来的八国集团外加十二个新兴经济体组成，也被称为二十国集团领导人峰会。G20 峰会每年举办一次，大都在西方国家举办。2016 年的第二十二次会议在中国杭州举行，这对于中国以及广大发展中国家来说是一次历史性的机遇。通过主流媒体的传播，G20 杭州峰会产生了较大的国际影响。

### （三）围绕峰会议题进行话题传播，突出中国声音，塑造负责任的大国形象

作为国家主流媒体，新华网、人民网和央视网肩负树立国家形象的媒体责任，其融合报道较好地进行了话题传播，传递峰会议题中的中国智慧与中国声音。塑造负责任大国形象的报道取向，贯穿在三大主场外交活动的所有进程中。例如，三大主流媒体的话题传播涉及中国对全球经济、金融的创新贡献；中国成为全球经济发展不容忽视的重要一极；面对同问题的治理，中国是负责任的大国，等等（见表1、表2、表3）。

表1　G20 杭州峰会期间，主流媒体网络平台上的"中国贡献""中国智慧"话题传播

| 主流媒体网络平台 | 话题设置 | 观点印证 |
| --- | --- | --- |
| 新华网 | "上医医士"、中国担当、中国方案、中国进程、中国药方、中国"良方"、中国"创新药方"、"中国范"、"中国策" | G20 杭州成果、世界经济新航程、全球治理新突破、世界经济之船再启航、全球贸易"暖春图"、中国贡献、中国智慧 |
| 人民网 | 中国领导力、世界经济动力源、中国关键力量 | 各国经济增长的重要引擎、促进世界经济复苏、助推全球经济整体增长 |
| 央视网 | 中国智慧、全球贡献度、中国方案、中国引领、中国时刻、中国智慧担当、中国作用、中国领导力典范、世界领军者 | 全球经济变革、中国与世界联动、发展新起点、撬动世界经济、世界经济复苏的助推器 |

表2 "一带一路"国际合作高峰论坛期间，主流媒体网络平台上的
"中国贡献""中国智慧"话题传播

| 主流媒体网络平台 | 话题设置 | 观点印证 |
| --- | --- | --- |
| 新华网 | 造福全球、惠及天下 | 提供新机遇、搭建和平之台、促进世界发展 |
| 人民网 | 十字路口的中国引领 | 发展动力强劲、造福世界、各国搭"顺风车" |
| 央视网 | 中国理念、中国方案、中国倡议、中国"平衡感"、中国动力、造福各方 | 成效惠及世界、摸得着的"红利"、摸得着的"获得感" |

表3 上合青岛峰会期间，主流媒体网络平台上的
"中国贡献""中国智慧"话题传播

| 主流媒体网络平台 | 话题设置 | 观点印证 |
| --- | --- | --- |
| 新华网 | 中国印记、中国新贡献 | 开启务实合作新局面、为世界和平贡献上合力量、为世界和平发展注入强劲正能量 |
| 人民网 | 中国领导力 | 共同繁荣、连接纽带 |
| 央视网 | 中国新动力 | 给各国人民带来越来越多的"获得感"，为改善全球经济治理带来希望 |

我们看到，在这些具有较高国际规格的主场外交活动中，人民网、新华网、央视网依托新媒体平台，传递中国声音，贡献中国智慧，提供中国方案，塑造新时代中国国家形象，彰显了媒介的责任与担当，发挥了媒介的功能与力量。

## 三、主场外交活动中国家形象传播的样本分析

从类型上看，三大主场外交活动各有不同。G20峰会是二十国集团领导人参加的会议，是由多国发起的国际经济合作峰会；上合组织峰会是上海合作组织成员国元首参加的理事会，是区域性合作组织；"一带一路"国际合作高峰论坛是中国倡导、中国主办的高规格会议，参会的成员既有国家首脑、

国际组织领导人,又有各个不同领域的代表,开放度之高前所未有。

### (一)G20 杭州峰会:传播架构、融合样态、内容取向

2016 年 G20 杭州峰会期间,新华网、人民网、央视网分别推出了"二十国集团领导人杭州峰会"①"2016 年二十国集团杭州峰会"②"二十国集团领导人第十一次峰会"③新媒体传播平台,形成了中国主流媒体的传播架构。

1. 主流媒体网络平台首页架构:三类报道形成融合样态

截至 2016 年 9 月 5 日,新华网"二十国集团领导人杭州峰会"网络平台专区主要采取新闻、动态、专题、透视等报道形式,用文字、图片、视频进行全面立体传播,首页显示共 69 条报道。人民网"2016 年二十国集团杭州峰会"网络平台专区在报道样态上囊括了要闻、图片、视频等,其首页显示共 203 条报道,视频类报道占比较少。央视网"二十国集团领导人第十一次峰会"网络平台专区以文字、短视频、图片融合报道 G20 杭州峰会,平台首页显示共 168 条报道,三类报道样态比例比较接近。如图 1、图 2、图 3 所示。

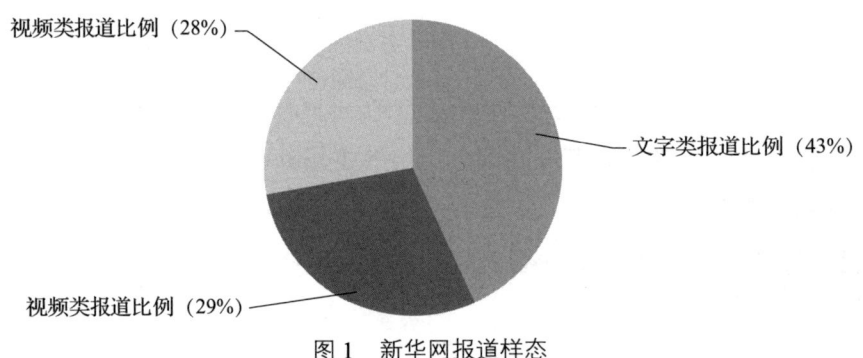

图 1　新华网报道样态

---

① 二十国集团领导人杭州峰会[EB/OL].(2016-09-02)[2019-10-08]. http://www.xinhuanet.com/world/2016G20/.

② 2016 年二十国集团杭州峰会[EB/OL].(2016-09-01)[2019-10-08]. http://world.people.com.cn/GB/8212/191816/402465/#qiangguo.

③ 二十国集团领导人第十一次峰会[EB/OL].(2016-09-01)[2019-10-08]. http://news.cctv.com/special/hzG20/index.shtml.

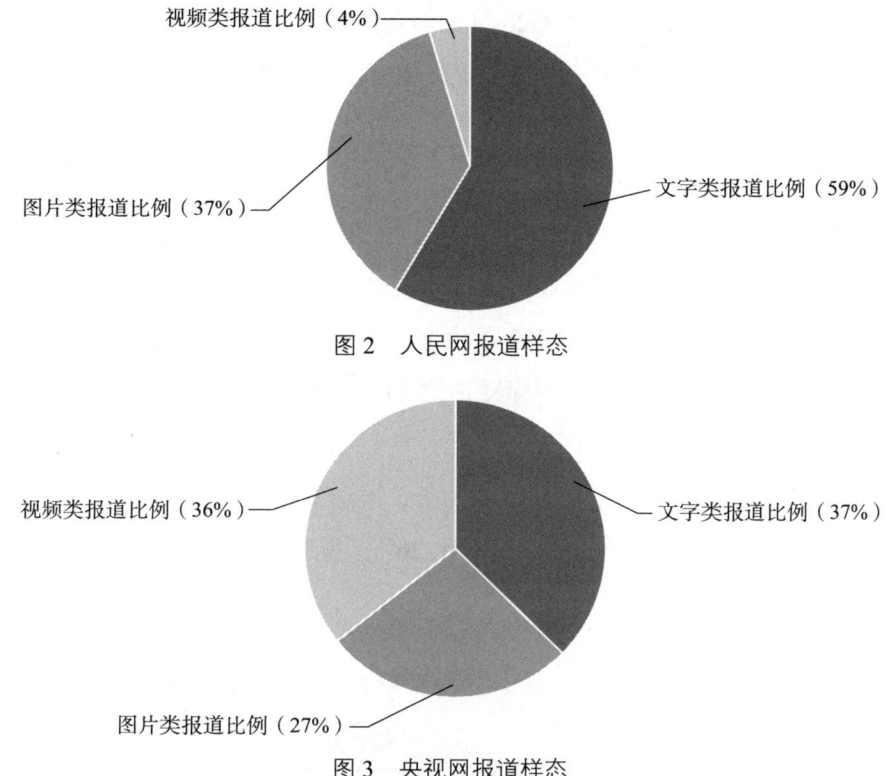

图 2　人民网报道样态

图 3　央视网报道样态

在共性上，三大主流媒体都采取在网络平台设置专区的方式传播 G20 杭州峰会，报道样态主要包含文字、图片、视频三种类型。从平台首页报道数量及传播样态的比例上看，各家媒体的侧重点有所不同，体现出一定的差异性，从中可以看出三大主流媒体的特质以及形成全媒体格局的必要性。

在个性上，三大主流媒体都以拆分传播的方式呈现内容庞大的主场外交活动。人民网发挥报纸文字功底较强、擅长深度报道的优势，重点推出专题、专稿、专访、深度解读；新华网发挥通讯社信息捕捉迅速、擅长新闻述评的优势，重点推出消息、通讯、综述、评论；央视网发挥视频拍摄制作成熟、擅长现场再现的优势，重点推出短视频、镜前报道、现场采访、即时直播。

2. 主流媒体传播内容取向：树立中国大国外交风范

在 G20 杭州峰会主场外交活动期间，三大主流媒体在传播内容取向上主要分为三大类别，一是传播中国作为 G20 成员对国际社会的贡献，二是传播习近平主席的活动；三是传播 G20 杭州峰会的其他相关内容。分解这三类内容的标题，可以给我们提供一个主流媒体树立国家形象的观察点。

截至 2016 年 9 月 5 日，新华网"二十国集团领导人杭州峰会"网络平台专区首页上，包括文字、图片、视频三种形式在内的报道标题共计 69 条，报道 G20 杭州峰会成果的标题占比 15%；报道习近平主席活动的标题占比 33%；报道峰会其他内容的标题占比 52%。人民网"2016 年二十国集团杭州峰会"网络平台首页共显示有 203 条报道，报道 G20 杭州峰会成果的标题占比 9%；报道习近平主席活动的标题占比 21%；报道峰会其他内容的标题占比 70%。央视网"二十国集团领导人第十一次峰会"网络平台首页上，包括文字、图片、视频报道的标题共计 168 条，报道 G20 杭州峰会成果的标题占比 4%；报道习近平主席活动的标题占比 26%；报道峰会其他内容的标题占比 70%（如图 4、图 5、图 6 所示）。

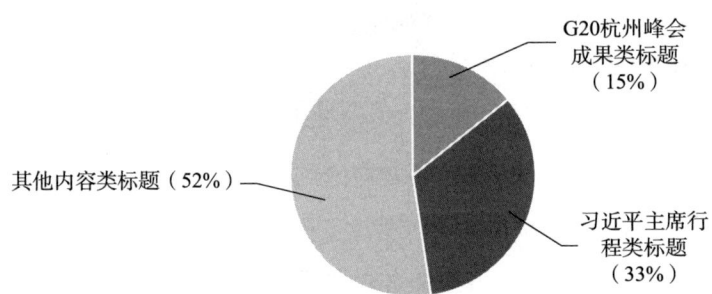

图 4　新华网报道标题类别

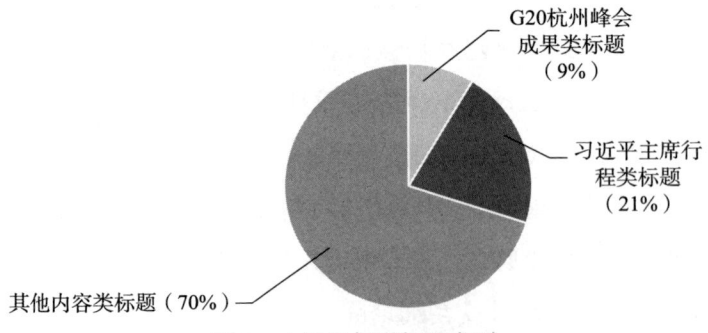

图 5　人民网报道标题类别

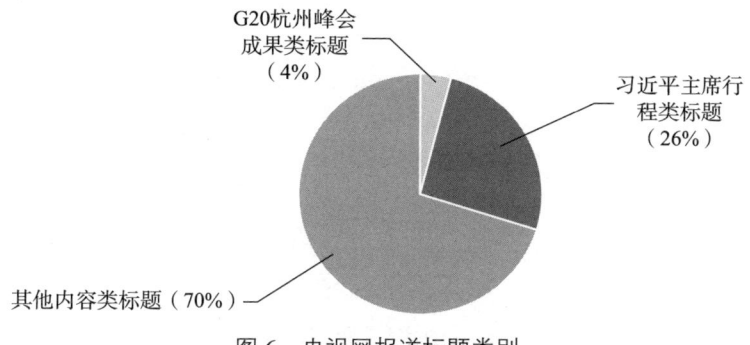

图 6 央视网报道标题类别

三大主流媒体网络平台在首页上都设置了报道 G20 杭州峰会的专区，履行树立国家形象的媒介使命。人民网、央视网在传播内容取向上的比例比较接近，国际部分内容占 70%，中国部分内容占 30%；新华网有所差异，国际部分占 33%，国内部分占 67%。从中我们可以对三大主流媒体传播的侧重点有所了解，也可以体察到国家主流媒体在主场外交活动中的不同分工。

三大主流媒体有着一致的报道取向，即立足国家立场，树立大国外交风范。在内容构成上一方面注重树立中国国家形象，一方面突出主场外交活动的国际化特征。新华网以近 70% 的比例突出传播中国在主场外交中的主导作用，让全球网民更加了解中国，让国际社会听到更多的中国声音。人民网和央视网则以 70% 的比例传播主场外交活动的国际化特征，用 30% 的篇幅传播中国贡献与"习式中国亮相"，最大化地开放主场外交活动的窗口。

### （二）"一带一路"国际合作高峰论坛：聚焦成果、原创、独家、新技术驱动

与 G20 杭州峰会相比，三大主流媒体的传播发生了飞跃式的变化。其主要体现在运用新技术、创新传播形态、增强独家原创意识、推动融合传播等方面。

2017 年"一带一路"国际合作高峰论坛期间，新华网推出"'一带一路'

国际合作高峰论坛"专区①,人民网推出"'一带一路'合作共赢全媒体平台"专区②,央视网推出"'一带一路'国际合作高峰论坛——同奏合作共赢新乐章"③专区。在这三个网络平台上,出现了大图、VR/AR、原创、独家、聚焦成果、聚焦热点等传播样态。三个主流网络专区都以"丝路"或者区域地图为背景,凸显主场外交主题;同时,采取要闻报道、图片集锦和精彩短视频的组合形式,推出主场外交活动的融合报道。从中可以发现,主流媒体对"一带一路"国际合作高峰论坛的传播更加得心应手,更具创新精神。

1. 主流媒体网络平台首页传播样态数据分析

截至2017年5月15日,新华网在"'一带一路'国际合作高峰论坛"专区首页,重点推出论坛热点、视频、图片等报道形式,共呈现三大类76条报道。文字类占比45%;图片类占比43%;视频类占比12%。人民网"'一带一路'合作共赢全媒体平台"专区,重点推出新闻报道、图文专题、VR/AR直播等多媒体形式,首页共呈现156条报道。其中,文字类占比56%;图片类占比36%;视频类占比8%。央视网"'一带一路'国际合作高峰论坛——同奏合作共赢新乐章"专区,重点推出原创头条、独家报道等板块,以要闻、图片、视频的形式呈现主场外交成果。首页共呈现报道164条,文字类占比44%;图片类占比40%;视频类占比16%(如图7、图8、图9所示)。

上述的数据显示,主流媒体在"一带一路"国际合作高峰论坛传播中开始注重个性风格,在创新上做"加法"。新华网采取图片与文字相结合的形式,以权威、严谨的风格进行深度报道;人民网聚焦"一带一路"沿线发展,以鲜活、热烈的风格进行有温度的报道;央视网关注国际政治中的人物故事,以人文化表达的风格,创新国际报道手法。

---

① "一带一路"国际合作高峰论坛[EB/OL].(2017-04-17)[2019-10-08]. http://www.xinhuanet.com/world/brf2017/.
② "一带一路"合作共赢全媒体平台[EB/OL].(2017-04-24)[2019-10-08]. http://ydyl.people.com.cn.
③ "一带一路"国际合作高峰论坛——同奏合作共赢新乐章[EB/OL].(2017-04-20)[2019-10-08]. http://news.cctv.com/special/2017ydylgflt/index.shtml.

论主场外交活动与国家形象的媒介构建

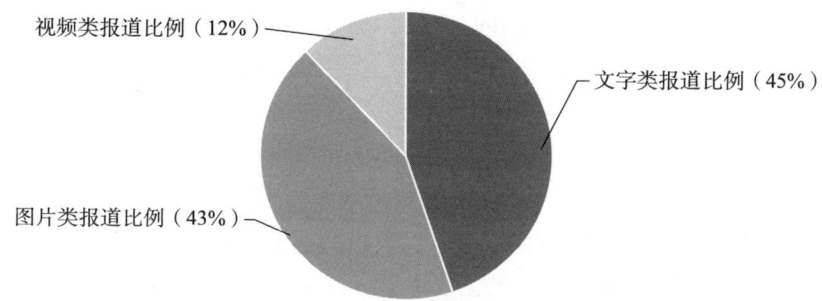

图 7 新华网报道类型

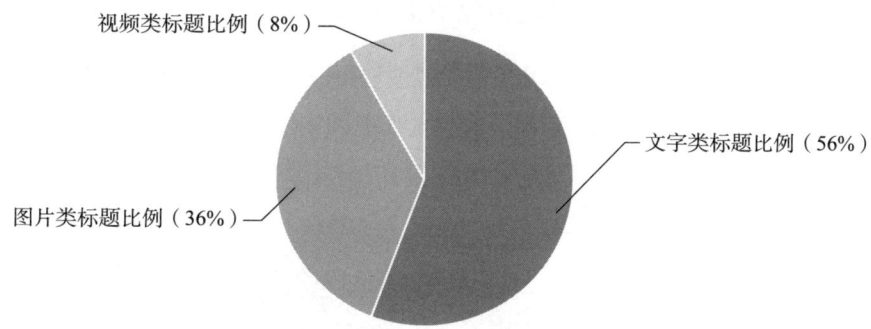

图 8 人民网报道类型

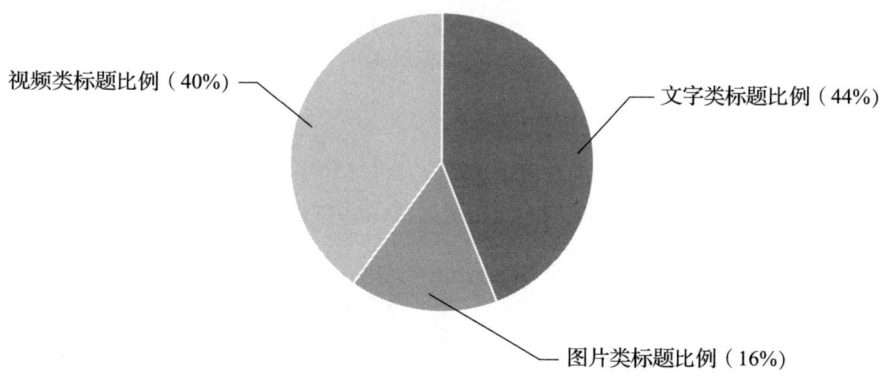

图 9 央视网报道类型

2. 主流媒体聚焦内容与比例差异数据分析

"一带一路"国际合作高峰论坛期间，新华网、人民网、央视网三大主流媒体的传播在内容构成上主要分为三大类，一是习近平主席的活动；二是

| 173

"一带一路"推动国际合作与发展的成果;三是与论坛相关联的其他内容。

截至2017年5月15日,新华网"'一带一路'国际合作高峰论坛"专区首页呈现74条报道,其中习近平主席的活动报道占比31%;"一带一路"合作与发展成果报道占比43%;与论坛相关联的其他内容占比26%。人民网"'一带一路'合作共赢全媒体平台"专区首页呈现156条报道,其中习近平主席的活动报道占比22%;"一带一路"合作与发展成果报道占比36%;与论坛相关联的其他内容占比42%。央视网"'一带一路'国际合作高峰论坛——同奏合作共赢新乐章"专区首页呈现164条报道,其中习近平主席的活动报道占比6%;"一带一路"合作与发展成果报道占比39%;与论坛相关联的其他内容占比55%(如图10、图11、图12所示)。

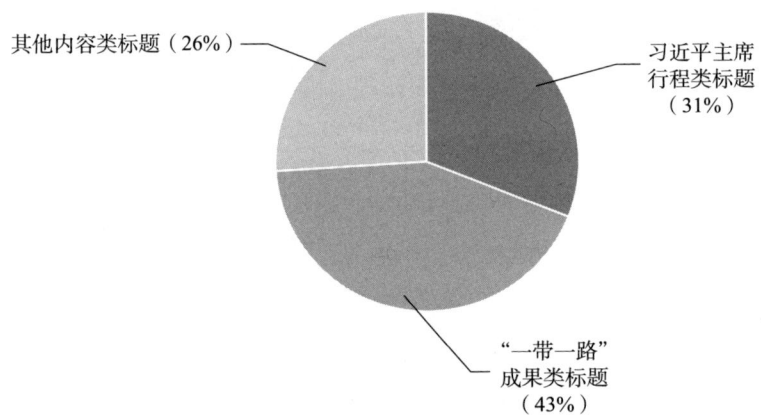

图10　新华网报道标题类型

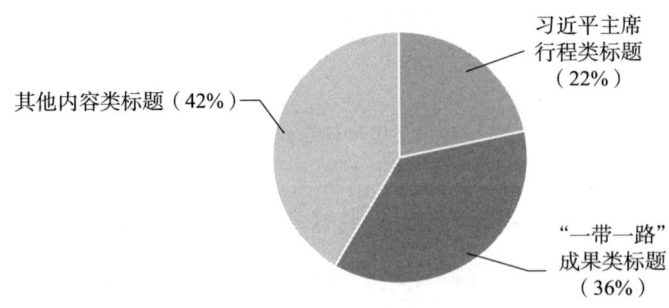

图11　人民网报道标题类型

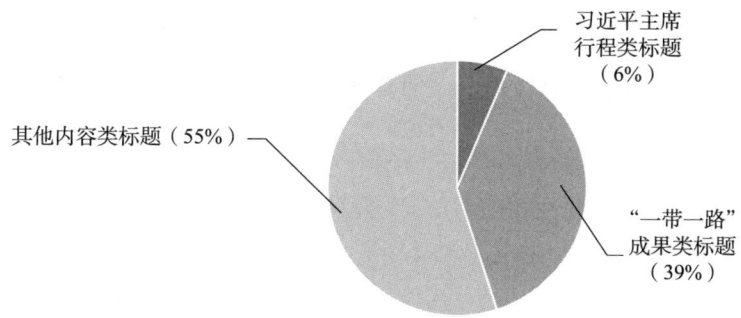

图 12　央视网报道标题类型

上述表格中的数据大致勾勒出我国主流媒体对"一带一路"国际合作高峰论坛的传播内容,显示了三大主流媒体报道内容构成的比例分配。新华网以报道习近平主席出席论坛活动为主线,特别设置网友互动、智汇、"一带一路"专家库板块,凸显国家级通讯社在重要国际议题上的影响力;人民网以要闻深度报道彰显权威性,设置网络互动交流环节,彰显人民网作为党媒的公信力;央视网推出"原创""独家"等特色产品,对"一带一路"进行全面、深度、人文的解读。值得一提的是,三大主流媒体都用较多篇幅聚焦"一带一路"发展成果,塑造了中国在这一主场外交活动中的"东道主"形象。各家媒体聚焦报道内容的比例有所不同,从中也可以观察到我国主流媒体进行国际传播的媒介分工。

### (三)上合青岛峰会:板块拓展、形式灵动、风格轻松

2018 年上合青岛峰会期间,三大主流媒体的传播特点是,板块拓展、形式灵动、风格轻松,积累了在主场外交传播与国家形象媒介构建等方面新的经验。新华网推出"上合青岛峰会"①专区,人民网推出"上海合作组织青岛峰会"②融媒体报道专区,央视网推出"上海合作组织成员国元首理事会第

---

① 上合青岛峰会 [EB/OL].(2018-05-07) [2019-10-08]. http://www.xinhuanet.com/world/1805tfsj9/index.htm.
② 上海合作组织青岛峰会 [EB/OL].(2018-04-24) [2019-10-08]. http://world.people.com.cn/GB/8212/191816/419460/index.html.

十八次会议"①专区。

1. 主流媒体网络平台专区首页报道数据分析

截至 2018 年 6 月 10 日，新华网"上合青岛峰会"专区以聚焦、视频、高清大图、分析评论、资料、滚动报道等板块为主，首页包含图片、文字、视频三种报道形式，报道条数共 77 条。其中，文字报道 63 条，占比 82%；图片 9 条，占比 12%；视频 5 条，占比 6%。人民网"上海合作组织青岛峰会"融媒体报道专区以聚焦、独家、海外评说、现场直击、直播、图解新闻、图说峰会、视频播报、微播报等形式为主，首页共呈现报道条数 113 条。其中，图片类报道条数 42 条，占比 54%；视频类报道条数 10 条，占比 9%；文字类报道条数 61 条，占比 37%。央视网在"上海合作组织成员国元首理事会第十八次会议"专区设置的四大板块是，首页、Hi 青岛扬帆上合、青之岛友朋来、专题报道。其中，首页共呈现 161 条报道，文字类报道条数 53 条，占比 33%；图片类报道条数 13 条，占比 8%；视频类报道条数 95 条，占比 59%（如图 13、图 14、图 15 所示）。

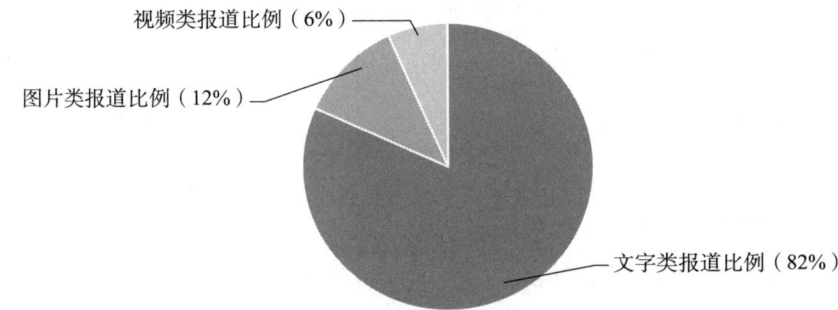

图 13 新华网首页报道形式及所占比例

---

① 上海合作组织成员国元首理事会第十八次会议［EB/OL］.（2018-03-26）［2019-10-08］.http://news.cctv.com/special/2018shzzfh/index.shtml.

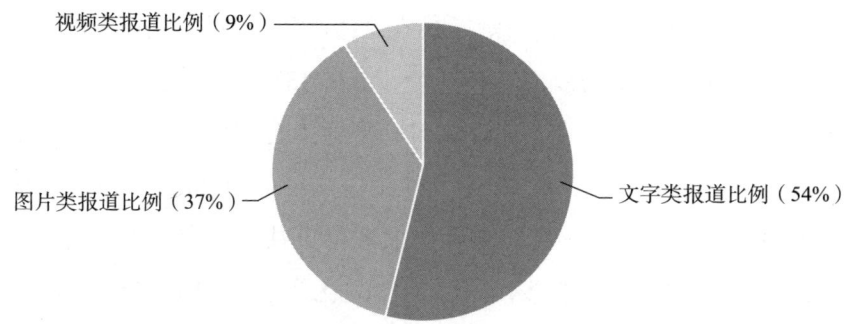

图 14 人民网首页报道形式及所占比例

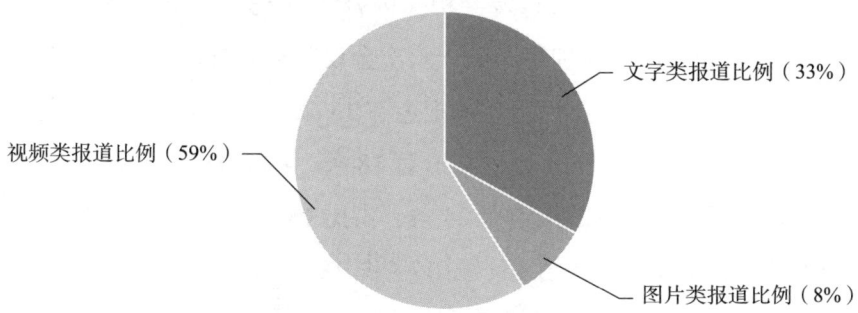

图 15 央视网首页报道形式及所占比例

通过上述图表与数据梳理，我们可以看到主流媒体在报道上合青岛峰会时采取的基本报道形式依然是文字、图片、视频，其所占比例符合三家媒体的自身特质。新华网侧重深度文字报道，人民网侧重高清图文解读，央视网侧重视频再现。

比较前两个峰会，上合青岛峰会的板块设置也有所拓展，如峰会聚焦、海外评论、特别专题、人物专访、滚动直播等；在板块名称与报道形式上更加生动活泼，如 Hi 青岛扬帆上合、青之岛友朋来、图解峰会等。此外，三家媒体的首页背景都采用了青岛元素，凸显峰会的地域位置和特色。总体而言，上合青岛峰会的传播风格比较舒展、轻松、自如。

**2. 主流媒体网络专区首页报道内容构成数据分析**

上合青岛峰会期间，新华网、人民网、央视网三大主流媒体的报道内容构成主要分为四大类，一是中国国家领导人习近平主席的活动；二是上合青岛峰会对世界经济发展的贡献；三是中国的外交成就；四是其他相关内容。

截至 2018 年 6 月 10 日，在新华网"上合青岛峰会"网络专区首页 77 条报道中，报道习近平主席活动的有 10 条，占比 13%；报道上合青岛峰会对世界经济发展的贡献的有 17 条，占比 22%；报道上合青岛峰会期间中国主场外交成就的有 10 条，占比 13%；报道其他相关内容的有 40 条，占比 52%。人民网"上海合作组织青岛峰会"融媒体报道首页共显示有 113 条报道，其中报道习近平主席行程的有 39 条，占比 35%；报道上合青岛峰会对世界经济发展作出的贡献的有 15 条，占比 13%；报道上合青岛峰会期间中国主场外交成就的有 6 条，占比 7%；报道峰会相关内容的有 53 条，占比 47%。央视网"上海合作组织成员国元首理事会第十八次会议"专区首页有 161 条报道，关于中国国家领导人习近平主席行程的报道有 18 条，占比 11%；关于上合青岛峰会对世界经济发展所作的贡献的报道有 18 条，占比 11%；关于上合青岛峰会期间中国主场外交成就的报道有 24 条，占比 15%；关于峰会其他内容的报道有 101 条，占比 63%（如图 16、图 17、图 18 所示）。

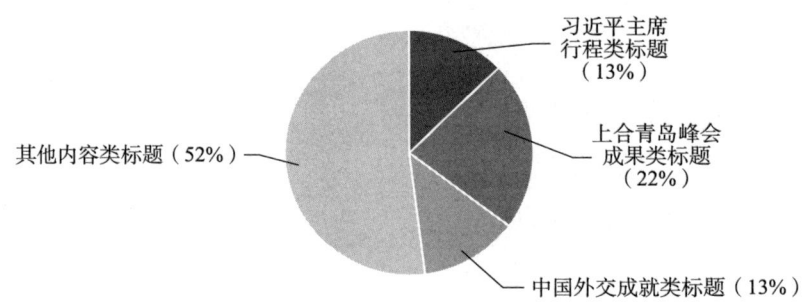

图 16　新华网报道标题类型

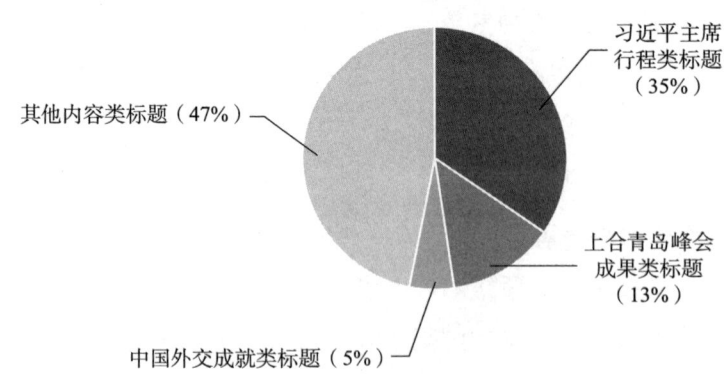

图 17　人民网报道标题类型

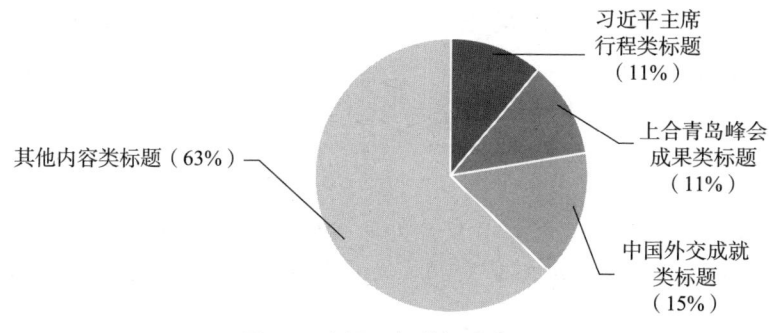

图 18　央视网报道标题类型

在上合青岛峰会期间,三大主流媒体报道内容各有侧重。新华网放眼全球,以新闻报道和深度分析评论报道这届上合组织峰会的动态及成就;人民网以"进行时"的形态报道上合青岛峰会的议程,以高清图文形式突出中国国家领导人习近平主席的活动,塑造大国领袖形象;央视网以系列人物访谈的形式呈现独家观点,进行丰富多元的视听传播。

## 四、结语

主场外交活动是新时代中国外交的重要组成部分。党的十八大以来,我国积极推动世界和平,拓展多边外交,其中,G20杭州峰会、"一带一路"国际合作高峰论坛、上合青岛峰会是2016—2018年中国最重要的三场"现象级"主场外交活动,表明了我国综合国力和国际影响力的提升。

我国主场外交的推动作用正在不断影响着世界,成为新时代展现中国外交与树立中国形象的平台。在传播主场外交活动的过程中,媒介发挥了不可替代的重要介质作用。新华网、人民网、央视网见证、记录了中国重要的外交时刻,以文字、图片、视频的形式形成融媒报道格局。作为中国主流媒体,新华网、人民网、央视网主动作为,传递主场外交活动的"中国声音",彰显中国在国际事务中积极贡献智慧的大国外交风范。可以说,三大主流媒体对我国主场外交活动传播的新媒体传播实践,为探索国家形象媒介构建提供了研究范本。

主场外交与国家形象的媒介构建是一个新的研究课题,本文聚焦的是三大主流媒体在新媒体平台上的传播内容构成,通过对内容构成的分析,可以洞察国家形象媒介构建的特征。由于主场外交活动本身具有国际性特质,媒介的议程设置实质上就是传播国家形象的媒介行为。从这个意义上说,主场外交活动对中国国家形象的媒介构建即传播中国文化、中国智慧、中国方案;传播中国外交思想、外交理念、外交主张;传播主场外交取得的国际共识,进而转化为国际行动;传播中国在世界政治、经济舞台中心产生的国际影响力;传播中国在国际事务中所发挥的作用,从而塑造新时代中国在国际舞台上敢于担当的形象,即在政治、经济、社会、生态、国际合作等多领域开放负责的社会主义大国形象。

# 主流媒体精准扶贫的共同体建构：逻辑、路径与动力*

## 一、引言

主流媒体精准扶贫，即将主流媒体作为扶贫开发的重要平台和纽带，借助其力量来整合各类资源，带动贫困地区的发展。关于主流媒体精准扶贫的研究，学界的探讨主要集中在扶贫新闻话语、扶贫理念转型和创新手段应用等方面。例如，有学者从发展传播学角度出发，提出主流媒体应当通过改善扶贫话语建设新的扶贫文化。① 有学者通过对主流媒体记者驻村调研采访的研究，指出记者在扶贫过程中既扮演着瞭望者的角色，又是参与者和行动者，这是马克思主义新闻观的体现和升华。② 也有学者从直播带货入手，强调这一形式能够发挥公益推介、舆论引导和社会应急治理等多重作用，是广播电视公共服务体系优化升级的体现。③

学者们为主流媒体的精准扶贫实践提供了较为丰富的研究视角，但这些研究多数为静态描述和解读，相关探讨停留在媒体业务层面，忽视了主流媒

---

\* 文章原载于《当代传播》2021 年第 1 期，收入本书时，略有删改。
① 李红艳.如何建设媒介扶贫信息传播的新话语［J］.中国记者，2016（4）：75-76.
② 马梅.马克思主义新闻观的体现与深化：驻村调研采访型扶贫报道的意义与记者角色［J］.编辑之友，2018（5）：81-87.
③ 童云.广播电视公共服务的转型升级：以中央广播电视总台直播带货、主持人 Vlog 等融媒体实践为例［J］.中国广播，2020（5）：54-57.

体扶贫是政府、媒体、市场、社会和被帮扶对象等多元主体良性互动的事实，缺乏从整体系统的角度思考各参与主体的互动关系和行动逻辑。以格兰诺维特为代表的社会网络学者认为，行动者并非原子式地游离于社会联系之外，而是嵌入正在运转的社会关系网络，①在该关系网络中，主体之间会进行能量传递和交互生成。②社会网络的最理想形态就是形成一个有机共同体，各成员能够基于共同的目标、利益或认同，通过共同参与或合作而长久聚合、彼此维系。③

本文从社会网络的视角出发，对主流媒体的精准扶贫模式展开研究。在该视角下，主流媒体与其他扶贫主体进行合作、交换和资源流动，最终构成一个以主流媒体为核心、相对稳定的精准扶贫共同体系统。

## 二、主流媒体精准扶贫的形式创新与功能特点

随着媒体融合实践的力度、广度和深度不断拓展，主流媒体在社会治理过程中发挥着多层次、多阶段、多维度的作用，带来了"治理媒介化"这一全新表征。④在扶贫治理的议题上，主流媒体的实践形式也在不断创新，并呈现出新的功能特点。

### （一）政策传播：媒体议程与政策议程的互动配合

主流媒体在国家治理结构中发挥着上情下达、下情上传的关键作用，可以通过扶贫传播来配合政策议程，让扶贫政策的制定、表达、实施、反馈、优化更精准地嵌入扶贫过程。

---

① 臧得顺.格兰诺维特的"嵌入理论"与新经济社会学的最新进展［J］.中国社会科学院研究生院学报，2010（1）：108-115.
② 黄志辉."嵌入"的多重面向——发展主义的危机与回应［J］.思想战线，2016（1）：96-104.
③ 张志旻，赵世奎，任之光，等.共同体的界定、内涵及其生成——共同体研究综述［J］.科学与科学技术管理，2010（10）：14-20.
④ 朱亚希，肖尧中.功能维度的拓展式融合——"治理媒介化"视野下县级融媒体中心建设研究［J］.西南民族大学学报（人文社科版），2020（9）：151-156.

首先，主流媒体的报道可以与扶贫政策实现时空互动。在时间上，我国对精准扶贫的工作模式进行了一系列制度安排，主流媒体的相关报道也在不断配合着政策推进。除了政策宣传和精神传达外，主流媒体也因时因势地对扶贫政策进行精细化解读，通过落地情况、脱贫进展、成果梳理等内容，呈现出精准扶贫政策的时间连续性。在空间上，中西部一直是我国经济发展较为落后的地区，也是扶贫政策的实施重点。我国主流媒体的报道在空间聚焦上与之相对应，不仅对中西部省份的扶贫工作给予了更多关注，还通过典型人物报道、乡村纪实描写，呈现出精准识别、精准帮扶的"扶贫到户"工作机制，呼应了精准扶贫政策的空间差异性。

其次，主流媒体可以运用融媒体技术实现扶贫政策的创新扩散。除了常态化的传统新闻报道，融媒体技术也已被广泛应用于主流媒体实践，构建着包含电视台、互联网、新闻客户端、社交平台和视频平台的多元复合传播体系，生产着视频、图片、文字、H5、短视频等多种形式的融媒体产品，实现了扶贫产品的多元立体推广。央视网曾推出融媒体产品《那些年，习近平走过的扶贫路》，动态展示了习近平总书记自2012年以来深入走访的贫困乡村，页面中既有时间线又有空间版图，融合了文字、视频、动画等呈现方式，对精准扶贫政策在全国的实施与落地进行了立体呈现。

最后，主流媒体可以对扶贫政策进行效果反馈和评估优化。在扶贫政策施行过程中，主流媒体要协调自上而下的宣传和自下而上的反馈，为政府和帮扶对象提供交流场域，实现政策互动。中央电视台的《扶贫周记》《绝不掉队》等节目，便是通过深入扶贫一线，发现、解决脱贫攻坚中的问题。

### （二）资源盘活：整合各方资源，调动多元主体

习近平总书记曾指出，产业扶贫是最直接、最有效的办法，也是增强贫困地区造血功能、帮助群众就地就业的长远之计。主流媒体在产业扶贫中扮演着重要角色，其核心在于借助主流媒体的传播优势，将外部的市场、技术、组织等多方资源嵌入贫困地区的社会发展，带动贫困地区立足地方特色，开发相关产业，建立一套完整的经营方式和产销链条，进而实现脱贫致富。

在市场资源嵌入方面，主流媒体广告扶贫是一种典型方式。中央广播电视总台发起的"广告精准扶贫"项目，将主流媒体的广告资源分配给脱贫攻坚任务较重的地区，免费播出贫困地区农副产品的公益广告，实现产销精准对接，带动了贫困地区农副产品种植、生产、加工和运输业的发展。广告扶贫在强化贫困地区和外部市场关系连接的同时，将总台的剩余广告资源有效盘活并进行公益赋能，提升了媒体的社会效益。

在技术资源嵌入方面，随着互联网信息技术的发展，主流媒体已经搭建出面向用户的智能传播平台，形成了多屏互动的传播体系，基于视频的商品展示能力和及时反馈效果不断提升，这让短视频和电商直播成为创新扶贫的新风口。江苏广播电视台推出的融媒体产品"荔直播·我为你而来"，将电视报道、网络直播和电商销售有效融合，在报道脱贫故事的同时，组织当地农户和主政者为扶贫产品直播带货，客户端的用户既可以浏览新闻报道，又可以切入直播频道，通过在线互动下单扶贫产品。

在组织资源嵌入方面，主流媒体激发各类社会组织的行动力量，将涉农企业、公益机构、互联网电商、金融公司、物流企业、高等院校等凝聚到一起，形成具备共识、多方发力的扶贫联盟。例如，东方卫视的精准扶贫公益节目《我们在行动》，联合企业家、农科专家、基层政府和艺人等共同完成扶贫任务，将扶贫产品的选品、研发、生产、推广全过程纪实呈现，为受众提供在场感的同时，带动更多人参与扶贫工作。

### （三）理念融合：启民智、唤责任，实现共享发展

在精准扶贫工作中，除了政策制度保障和多元主体支撑，脱贫攻坚的深层逻辑在于理念上的融合。主流媒体通过对帮扶对象和扶贫主体的精准化引导，为扶贫网络的关系建构增加黏合剂。

对于帮扶对象而言，主流媒体发挥着理念赋能的作用。在外部力量深度嵌入贫困地区之前，当地的文化场域是相对闭塞的。法国社会学家布尔迪厄

曾指出，场域形塑惯习，①这意味着群体会在某一场域中建立集体性的生活态度、行为方式和心理定势。贫困的乡村社会尽管保留了一些好的乡土习俗和作风，但也容易滋生"等靠要""庸懒散"的消极价值观，造成"愚"和"穷"的恶性循环。扶贫要先扶志，主流媒体可以帮助贫困群众摆脱思维上的依赖帮扶、不求变通，提升他们的自我发展能力，开发致富智慧。海南卫视推出的《脱贫致富电视夜校》节目，结合了政策普及、技术讲解、经验介绍和思想教育，并开通了服务热线，为贫困群众提供了一个学技术、卖产品、找信息、解困惑的学习服务平台，让他们通过集中学习激发脱贫的意愿和志气。

对于扶贫主体而言，主流媒体则发挥着责任召唤的作用。召唤是一个动态的心理过程，可以推动个体达成意愿和意向。②责任召唤则是让社会成员产生履责意愿并付诸行动，从而形成认同感、使命感和满足感。我国高度重视社会合力对脱贫攻坚的重要作用，并呼吁各种行业力量和社会力量参与这件关乎国计民生的大事。主流媒体通过强化典型、表彰鼓舞、凝聚关系，不仅唤起了各方扶贫主体的社会责任意识，还为他们提供了付诸行动的平台。

主流媒体理念引导的最终归宿是让扶贫网络结构中的所有成员形成共享发展的共识。共享发展是中国经济社会发展的理想状态，通过共同建设、共享成果，所有社会成员构成一个统一的有机整体，实现共同富裕的目标。③主流媒体通过启发民智、强调责任，让帮扶对象具备积极脱贫的志气，让扶贫主体具备参与扶贫的动力，在共建共享中释放更多能量。

## 三、主流媒体精准扶贫的动力因素与效应发挥

在社会网络中，网络成员的联系越紧密，成员之间的依赖程度便越高，

---

① 布尔迪厄. 实践与反思：反思社会学导引[M]. 华康德，译. 北京：中央编译出版社，1998：172.
② DUFFY R D, SEDLACEK W E. The presence of and search for a calling: connections to career development[J]. Journal of vocational behavior, 2007 (3): 590-601.
③ 刘武根，艾四林. 论共享发展理念[J]. 思想理论教育导刊, 2016 (1): 91-95.

不仅彼此不可替代，也不会退出和离开。① 通过政策、资源和理念的嵌入，主流媒体和帮扶对象以及其他扶贫主体产生了一系列交换与合作的社会联系，他们共同构成了主流媒体精准扶贫的关系网络。在这一网络中，主流媒体以自身的公信力、影响力、传播力和引导力为动力，调动、联结多元主体，促进彼此的互信、互补、互惠、互利。

### （一）以公信力推动责任共治

在扶贫治理领域，我国从"救济式扶贫""开发式扶贫"向"参与式扶贫"演进，各方社会成员的积极性被充分调动起来，共同为脱贫攻坚贡献力量。主流媒体由于其公信力强，在扶贫工作中肩负着搭建合作网络、促进沟通对话、落实监督问责、均衡各方利益的职责。

首先，主流媒体以公信力维护报道的真实。随着互联网的发展和市场化新媒体的兴起，信息传播的路径和形态愈加多样，但部分媒体平台在信息生产过程中片面追求流量效益，造成虚假新闻、扭曲报道层出不穷。可靠的事实是受众信任媒体的基础，主流媒体通过深入扶贫一线，真正反映帮扶对象的生活现状、扶贫政策的执行进度、外部资源的嵌入情况等，并对扶贫过程中的问题和症结进行精准监督，在承担主流媒体责任的同时获得了公众的信任。

其次，主流媒体以公信力担保扶贫产品质量。主流媒体通过扶贫广告、直播带货等方式参与产业扶贫，让政策红利和市场红利更好地嵌入贫困地区，这一产销模式顺畅运行的基础是主流媒体的强大公信力。中央广播电视总台的"广告精准扶贫项目"，在确定扶贫产品之前，总台会与地方党政机关沟通讨论，根据产品的受益面、附加值、地域标签和物流仓储条件，筛选出最优的扶贫产品，既让贫困地区真正脱贫，又保障了消费者的权益和体验，进一步提升了媒体自身的公信力，让扶贫产业得以持续健康发展。

最后，主流媒体以公信力吸引多方合作。当前，我国全民扶贫的大格局

---

① PFEFFER，SALANCIK G R. The external control of organizations：a resource dependence perspective［J］. Social science electronic publishing，1978（2）：123-133.

已经形成，具有扶贫主体广泛化、参与渠道扩大化的特点。但在众多平台渠道中，主流媒体仍是最具吸引力的合作对象，其长期积累的公众信任基础和肩负国家使命的属性定位，为扶贫协作提供了有力背书。

### （二）以影响力激发行动能量

法国社会学者卡隆最早提出了行动者网络理论，该理论认为，核心行动者在关系网络中发挥着重要作用，可以通过"问题化""利益相关化""征召"和"动员"四个环节来组织协调其他行动者，让彼此之间相互联系和作用，形成一个动态的行动者网络。[①] 通过前文的分析我们可以得出，主流媒体精准扶贫的关系网络便是由众多行动者联结而成，他们有着共同的目标、清晰的分工和较强的执行力。回顾他们彼此联结的行动过程，可以发现主流媒体凭借自身的影响力和话语权，在四个环节中充当着核心行动者的角色。

在问题化阶段，核心行动者会呈现出行动者们面临的问题以及解决问题的"强制通行点"。主流媒体通过强大的议程设置能力，勾勒出我国脱贫攻坚的问题现状，并强调精准扶贫是现阶段解决贫困问题最重要的方略，主流媒体将问题、目标和解决途径传达给社会成员，引起他们对于扶贫议题的广泛关注。

在利益相关化阶段，核心行动者通过分析问题解决过程中各行动者的受益情况，让行动者确认彼此之间的利益一致性。主流媒体通过话题引导，明确了补齐贫困短板对于全面建成小康社会的重要性，让行动者们理解并相信，完成脱贫任务，既可以实现自身的社会价值，又有助于推进全体社会成员的共同富裕。

在征召阶段，核心行动者吸引其他行动者加入网络，并为他们分配任务，完成彼此间的利益捆绑。随着媒体融合向纵深发展，我国主流媒体纷纷建立起多产品、多平台、多层级、全覆盖的融合传播体系，具备了层级辐射的影

---

[①] CALLON M. The sociology of an actor-network [J]. Mapping the dynamics of science and technology of science and technology of science in the real world，1986：19-34.

响力。以此为基础，主流媒体可以为扶贫主体和帮扶对象提供更为丰富的渠道资源，并根据自身横向联动和纵向贯通的传播结构，确定精准扶贫的形式以及各主体需要承担的任务。

在动员阶段，核心行动者将网络中的所有行动者高效率组织起来，让他们各自发挥作用，实现共同目标。动员的重点是尽可能清除行动者们进入网络的障碍，以此最大限度地调动每个行动者的积极性。① 一方面，主流媒体通过深入调研采访，让外部行动者掌握贫困地区的现状和扶贫进展，消除因为信息不对称而产生的障碍；另一方面，在产业扶贫过程中，主流媒体利用自身全渠道内容分发的影响力优势，让扶贫产品的生产和消费更精准地对接，消除了市场风险和销售风险。

主流媒体的影响力在于自身具备议程设置、组织动员、公共服务和话语认同优势，能利用这些优势对受众产生广泛影响。在精准扶贫的行动者网络中，主流媒体推动达成了目标共识和方案共识，征召各类行动者加入合作网络并承担相应责任，激发每个行动者的独特能量。

**（三）以传播力创造经济效益**

主流媒体以内容为根本，以技术为支撑，发挥了自身在触达率、精准度和互动性方面的传播优势，为贫困地区的特色产业增加了曝光量，并帮助他们打通了产销流程，给帮扶对象带来了经济收入。在这一过程中，大格局、精制作、多元立体的传播内容所创造的价值，尽管不能直接换算为主流媒体有形的物质资本，但可以转化为主流媒体无形的声誉资本，从而提升媒体平台的整体品质和传播资源的价值，从长远来看影响着主流媒体的经营创收。

在精准扶贫工作中，主流媒体创造出一种良性循环的平台经济。首先，主流媒体通过公益行动、融媒体宣传、直播带货等创新传播方式，为贫困地区带来了经济效益，也承担起媒体的社会使命；其次，随着社会对媒体好感

---

① 王雪丽，彭怀雪.非遗扶贫项目合作网络的创建过程与运行机理探究——基于行动者网络理论的分析［J］.江淮论坛，2020（3）.

度和认可度的增加，主流媒体在招商引资方面获得了更大主动权，可以选择与优质的商业品牌合作，并为其提供传播服务，从而扮演好媒体的市场角色；最后，主流媒体可以利用获得的利润进行扩大再生产，并分配利润继续用于扶贫公益事业，以经济效益反哺社会效益，形成可持续的利益链条。

需要指出的是，在斯麦兹提出的传统的受众商品论中，媒体与受众是售卖关系，即媒体用内容吸引受众，然后将受众卖给广告商以实现盈利，这一过程中流通的商品是受众注意力；[1]而在主流媒体精准扶贫的关系网络中，媒体、扶贫主体、帮扶对象和受众则是一个多方共赢的利益联盟，在这种运作模式下，消费者也成为共赢的一方，他们既从媒体平台获得了客观及时的多元化资讯服务，又获得了可靠的公益产品和商业品牌信息。

### （四）以引导力带动共识凝聚

仪式是价值观与意义的载体，能够让社会成员产生集体情感，并构成共同的信仰、意识和道德规范。[2]詹姆斯·凯瑞指出，传播具有仪式属性，可以维系社会，并让社会成员分享信仰的表征。[3]在精准扶贫过程中，主流媒体不断发挥意识形态的引导作用，通过仪式化的扶贫传播，让社会成员形成情感连带和价值共识。

传统的人类仪式强调身体在场，参与者需要沉浸在物理空间的仪式场域内，而媒介则打破了时空隔阂，为人们的共同在场提供了环境基础。在扶贫传播中，主流媒体的记者深入一线进行蹲点报道，呈现了历时性的扶贫故事和脱贫历程。此外，主流媒体开展了丰富的融媒体直播活动，中央广播电视总台的《走村直播看脱贫》节目，以直播形式走访了20多个贫困地区，观众可以跟随直播大篷车看到脱贫攻坚的实时情况，并通过新媒体端口进行互动，这样的仪式互动链条让共有的情绪在不同群体间流动。

---

[1] SMYTHE DW. Communications: blindspot of western marxism [J]. ResearchGate, 1977, 1 (3): 1-27.
[2] 柯林斯. 互动仪式链 [M]. 林聚任，王鹏，宋丽君，译. 北京: 商务印书馆, 2009: 41-48.
[3] 凯瑞. 作为文化的传播 [M]. 丁未，译. 北京: 华夏出版社, 2005: 7.

任何仪式都有符号象征性，而主流媒体则是符号资源的重要支配力量。在扶贫类节目中，主流媒体在视听语言中融入了大量国家、地理、民俗和科技符号，在展现区域风光和劳动景象的同时，强化了利用先进生产力来脱贫帮扶的理念。配合有感染力的旁白脚本，这些符号组合突出了家国情怀、勤劳勇敢、自强不息的主流精神，构成了能够引起价值共鸣的扶贫叙事。

媒体还可以通过仪式作用对个体进行集体意识的召唤，个体的集体意识在被召唤的过程中会被特定的意识形态和价值观所建构。①主流媒体有着强大的扶贫动员能力，能够通过舆论引导来激发帮扶对象的脱贫决心，并引发扶贫主体的责任感，从而聚集各种力量共同完成脱贫任务，让扶贫网络中的行动者在具体实践中获得更多的群体认同。

## 四、结语

2020年是我国全面建成小康社会的目标实现之年，是全面打赢脱贫攻坚的收官之年。主流媒体作为脱贫攻坚的重要力量，嵌入精准扶贫的社会网络，与多元主体进行资源交换与合作，并形成了以主流媒体为核心的精准扶贫共同体系统，与我国整体的协同扶贫结构发生着有机联系和良性互动。由此，国家战略、媒体使命、市场利益和农村发展得以相互融合、彼此支撑，激发着扶贫传播的能量效应。

---

① 张梅兰，朱子鹏.媒介仪式是凝聚社会共识的重要路径——以央视春晚为例[J].媒体融合新观察，2019（6）：24-31.

# 创新与共融：数字化背景下北京冬奥会"云端传播"的技术赋能研究[*]

2019年，云办公、云课堂等成为大多数人生活中常用的软件，人们的活动从线下全面迁徙到"云端"，从原本的物理空间迁移到云上的"赛博"空间。云技术的移动化、同步化、互动化等特征对各领域的传播内容、传播方式等都带来了影响。2021年，东京奥运会采用阿里云进行全球转播，成为奥运会迈进数字化时代的重要一步。2022年，北京冬奥会进一步发展数字化技术，实现了赛事转播、赛程管理、运动员训练等核心系统的"全面上云"，成为百年奥运史上首个"云上奥运"。4K/8K的超高清模式云转播、强大的"数字孪生技术"、沉浸式远程互动的全息舱、一体化奥运体验设施……北京冬奥会实现了数字化运营、数字化体验、数字化竞技和数字化传播四大创新突破。

本研究深度爬梳了北京2022年冬奥会和冬残奥会组织委员会官方网站、北京2022年冬奥会公众号、阿里云研究院及CMG观察等权威平台在2021年7月至2022年5月间的北京冬奥会数字化技术创新的实践案例，深度分析了北京冬奥会"云端传播"的数字化技术搭建及其数字化呈现为冬奥会传播所带来的革新和改变。

---

[*] 文章原载于《中国新闻传播研究》2023年第2期，收入本书时，略有删改。本文系中国传媒大学中央高校基本科研业务费专项资金资助项目"数字化背景下主流媒体的技术应用创新研究"（项目编号：CUC23CGK13）；以融合传播创新增强中华文明传播力影响力研究（项目编号：23ZDA093）的阶段性成果。

## 一、云端化转播：多元视角与特效呈现

电视转播是奥运赛事最重要的传播方式之一，随着转播技术的发展，奥运赛事转播经历了从黑白电视、彩色电视再到8K转播、云转播的发展转变，通过高清、精准、生动的转播，电视转播技术为用户带来了沉浸感强、个性化凸显的观赛体验。以5G技术、8K技术、VR技术、云计算技术等为代表的数字化技术从转播形式、转播视角、呈现方式等多个方面对北京冬奥会的赛事转播进行了体系化重构，为用户提供了多元化与特效级的赛事呈现。

### （一）"5G+8K+AI"：传统电视转播的革新

首先，5G技术为北京冬奥会"云端传播"的形成提供网络支撑。5G技术具有速率大、容量大、低时延、低能耗等特点，随着技术不断发展完善，其从通信领域延伸至传播领域，越来越多地被运用于各个传播场景中，尤其是北京冬奥会的转播场景。一方面，5G技术速度快、流畅性高，能够为北京冬奥会的云端转播提供较为平稳、流畅的传输环境，使奥运赛事的信号回传变得更加快速便利。另一方面，5G技术因其大容量优势，能够有效提升赛事画面回传的质量。同时，5G技术与VR、AI等技术结合，能够提供多层次、多视角的赛事画面内容，使赛事画面更加清晰和震撼，有效提升了用户的观赛体验。基于5G技术的北京冬奥会的转播应用层出不穷，以"5G冬奥列车"为例，北京冬奥会首次将演播室从赛场和电视台搬到了高铁上。国铁集团和中央广播电视总台在智能高铁上建立了移动式5G超高清演播室，与总台的演播室一起完成高清信号的制作播出，并推出一系列"慢直播"节目，在丰富节目形式的同时让全世界的用户见识了5G直播的稳定性和前沿性。

其次，8K技术助力北京冬奥会高清转播的实现。8K是一种超高清精细影像系统，2022年1月，中央广播电视总台宣布CCTV·8K超高清频道开播，正式拉开了我国8K电视转播的序幕。在北京冬奥会的转播过程中，我国首次实现8K视频技术直播和重要赛事转播的突破，这一突破在奥运转播史上亦

是首次。具体而言，8K 在两个方面为北京冬奥会带来了巨大的转播革新：一方面，借助 5G 技术和 8K 技术，实现超高清赛事节目的制作和转播，北京冬奥组委在国家体育馆、国家速滑馆、首钢滑雪大跳台等场地都部署了 8K 的超高清赛事信号制作设备，并针对北京冬奥会的开闭幕式、短道速滑、花样滑冰、滑雪大跳台等众多赛事和节目进行了 8K 信号的制作和转播。另一方面，8K 超高清大屏落地全国多个城市和地点。2021 年底，六部门联合部署开展"百城千屏"超高清视频落地推广活动，其中许多城市的户外 8K 大屏便成为"千屏"之一，通过超高清大屏转播，冬奥会赛事以更加清晰震撼的方式呈现出来。

最后，AI 技术重新定义了北京冬奥会视听呈现的真实感与美感。例如，基于 AI 技术，北京冬奥会上"子弹时间"被创造出来，即将赛事精彩镜头进行类似电影式的慢镜头回放，将运动员的关键技术动作从赛事现场分离出来，通过逐帧放大的形式强化可视化呈现效果。苏翊鸣在首钢滑雪大跳台的空中转弯，羽生结弦在冰上的优美舞姿等赛事画面都是通过这一技术得以实现的。AI 技术的加入使得运动员的行动轨迹和精彩时刻得到进一步展现，创新了冬奥会赛事转播的视听表达。

"5G+8K+AI"的数字化技术革新了传统奥运会赛事的转播模式，北京冬奥会的云转播在使转播画面更清晰、流畅，转播内容更丰富多样的同时，大大节省了媒体的人力成本。在不影响声画质量的前提下，云转播让全球用户得以在云端观看，打破了时空限制，营造了沉浸式体验氛围，充分展现了数字化技术对于北京冬奥会"云端传播"的赋能效果。

**（二）特种摄影设备：拓宽赛事转播视角**

特种摄影设备为北京冬奥会的赛事转播提供了独特视角，不但辅助赛事转播，还因其独特的造型丰富了赛事叙事模式。

首先，冰面锥桶摄像机提供记录赛事的新角度。冰面锥桶摄像机是一种应用于速度滑冰比赛的摄像设备，这一设备相比传统的摄影设备增加了更强的防抖系统，形状犹如速滑道上的锥桶，因此也可用于辅助标记赛道。在速度滑冰的比赛转播中，冰面锥桶摄像机能够做到赛事画面的全覆盖，可以根据运动员所在的滑行位置进行角度切换，从而保证清晰平稳的画面传输。借助冰面锥桶摄像机拍摄的画面，用户可以切换自己的观看角度，看到运动员转弯高速滑行等精彩比赛瞬间。

其次，高速摄像系统在提供精细拍摄的同时提升了裁判的裁决公正度。超高速 4K 轨道摄像机系统是我国研发的专门用于转播北京冬奥会速度滑冰比赛的摄影设备。这一设备的标准摄影速度为 25 米/秒，超过了一般滑冰运动员最高 18 米/秒的滑行速度。因此，这一系统不仅可以像传统的摄像机一样在比赛中实时跟拍、追踪运动员的位置，甚至可以根据赛事的转播需要进行加速、减速、超越，使赛事画面的捕捉更加全面和灵活，在满足用户对于赛事的观看需求的同时，辅助裁判裁决。

最后，便捷的鱼竿摄像机、无线电摄影设备也为北京冬奥会的赛事画面提供了"第一视角"。鱼竿摄像机是一种轻量的摇臂机器，用碳纤维杆连接摄像机进行操作，可以按照需要的长度进行自由组装和拼接。例如，在北京冬奥会的冰壶赛事上，用户看到的冰壶在冰面上的行动轨迹以及冰壶在大本营中的布局情况都是由鱼竿摄像机拍摄的。无线电摄影设备也提供了类似的观赛视角，尤其是在对抗性冰上项目或追逐性项目上，运动员可以通过佩戴无线电设备完成拍摄。例如，在冰球比赛上，运动员可以在头盔后佩戴这一摄影设备，这样就能使相机拍摄到的画面和运动员在比赛过程中的视角一致，且不影响运动员正常比赛。这些近距离、第一视角的拍摄能够极大地还原比赛现场的真实情况，为用户带来"现场观赛"甚至是超越"现场观赛"的真实感和紧张感。

特种摄影设备在北京冬奥会赛事转播中的引入拓宽了传统赛事的拍摄视角，极大地丰富了转播内容。特种摄影设备提供了较多的"主观视角"，使得用户仿佛置身于赛场之中，作为参与者深度参与比赛，随着运动员的表现和赛事的推进而发生情绪变化。此外，赛事视角的拓宽也加强了用户对赛事本身的理解和认知，即使是不了解冰雪运动的人，也能很快通过几分钟的时间入门，并进一步了解比赛规则。

## （三）电影级画面呈现：提供极致观赛体验

在奥运会的赛事转播过程中，除了追求拍摄画质、传输速度和摄影角度外，丰富的画面表现也是衡量转播成功与否的重要因素。因此，如何通过媒介手段将赛事转播至全世界，如何丰富媒介的内容，提高赛事的可看性与可参与性，是衡量赛事转播成功与否的重要标准。北京冬奥会上首创的"子弹时间"借用丰富的变速呈现，为体育赛事转播提供了电影级的观赛体验。"子弹时间"从电影中引申而来，它原本指的是电影制作中的摄影技术模拟变速特效，如电影中常看到被强化的慢镜头、时间静止等效果。北京冬奥会使用这一呈现方式，为体育赛事带来电影特效式的视觉效果。

首先，北京冬奥会的"子弹时间"制作是通过几十个视角的拍摄形成几十路 4K 高清信号内容，几十路信号内容同步传输至部署于各个竞赛场馆的边缘服务器和远程的云端服务器；同时，几十路视角和信号传输至云端，在智能算法的支持下，在云上进行快速 3D 建模，为用户提供流畅的观看画面，形成体育赛事转播的电影级特效。

其次，AI 时间切片的虚实影像结合也是让体育成为"电影"的重要方式。AI 时间切片是基于 AI 深度学习算法，结合图形图像、自动控制及视觉暂留等技术的 AI 图像处理系统。这一系统只需要 15 秒就可以完成技术动作的剥离运算和时间切片的包装渲染，实现逐帧呈现和提炼放大"时间切片"数据的可视化效果。此外，该系统结合 AR 技术等实现多种虚拟影像的呈现，大大丰富了北京冬奥会赛事的转播内容，同时能够充分满足转播信号的实时性要求。例如，在北京冬奥会的首钢滑雪大跳台比赛上，通过时间切片技术，后台还原了运动员的具体运动轨迹，并且对其运动轨迹的角度和斜度等技术细节进行进一步解析，完成关键动作的三维定格回放，并将其清晰地呈现出来，满足了用户反复观看和欣赏精彩比赛时刻的需求。

最后，"自由视角"技术建立的交互式多维度观赛体验系统在提供电影级画面的同时，更带给用户沉浸式、交互式的观赛体验。传统的奥运赛事多是通过电视转播，尽管电视转播能够让多人同时观看，营造比赛的氛围，但电视转播往往是在固定机位，由导播切换机位画面实现的。因此，在传统的观赛模式下，用户所能看到的比赛画面是统一的，也是相对固定的。北京冬奥会创新交互式、多维度观赛体验系统，使用户在观看比赛的过程中能够贴合自己的个性化需求，自由选择自己喜欢的角度观看比赛。这样的方式不仅能够改善体育赛事画面的呈现效果，还为用户提供了更多观赛选择，提高了用户在体育赛事观看中的主体地位。

基于子弹时间、时间切片、自由视角等"电影式"的电视转播方式，北京冬奥会的赛事呈现得到进一步优化。超低延时和电影级的画面呈现让冰雪运动比赛的可看性进一步提升，电影级特效和数字化呈现方式的融合带来了多元、直观的观赛体验，降低了用户的认知难度，提升了赛事的可看性和丰富性。

## 二、智能化生产：数据支撑与云端协同

数字化技术的发展在改变赛事转播形态的同时，推动了北京冬奥会内容生产流程的再造。云采编作为一种新型新闻采编形式，在传统采、编、播的基础上，延伸了工作场域。从赛事新闻的采编、采编人员的更新，再到赛事视频的智慧剪辑，北京冬奥会传播的智能化生产以云平台为中心，构建赛事内容采编的"圆心辐射"模式，为内容编辑提供了极大的便利，大大革新了传统的奥运内容生产流程。

### （一）云上采编：轻量部署与远程协同制播

奥运会作为一场全球性的体育赛事，需要通过大量的世界各地的记者向本国发送转播画面和新闻报道。受到某些因素的限制，许多记者无法到场，致使部分现场报道的转播、新闻采编等都面临着种种难题。一方面，原有的采编方式需要各国的持权转播商派出媒体团队来到主办国，在现场进行赛事转播及节目制作；另一方面，现场的记者、编辑需要和本国的工作人员进行远程协同合作，共同完成赛事相关内容的制作播出。因此，如何完成低延时、流畅的远程协同制播一直是奥运会转播的技术难题。北京冬奥会将新闻采编

工作全面迁移至云上，不管是远程无人混合采访，还是云上发布会，抑或虚拟主持人、AI 主播，从信号采集、现场直播、信号传输到终端显示，全产业链展现了云技术对北京冬奥会赛事节目和新闻资讯的采编方式的革新，给全世界的媒体记者带来了极大便利。

在赛事画面传输和比赛视频制作方面，奥林匹克转播服务公司（OBS）和各地的持权转播商都构建了相应的云上制作系统。一方面，奥林匹克转播服务公司提供"Content+ 云服务"，为世界各地的持权转播商提供直接在云上查看赛事直播及赛事资讯片段的权限，使各国可以"云"上完成海量素材的获取。另一方面，各国持权转播商也建立了内部的云上协同制播系统，如美国全国广播公司（NBC）构建了跨地域的实时信号云制作系统，基于奥林匹克转播服务公司所提供的云服务，将前方的赛事信号传回至总部，完成异地远程的协同制播；中央广播电视总台采用"云、边、端"CET 技术框架，借助 CMG 媒体云进行媒体信号服务的广泛覆盖，使得终端平台获得权限后可以从云平台直接获取赛事直播和资讯的相关素材，并且在"云"上完成剪辑、发布等相关工作，使远程协同制播不受时间和地点的限制，完成无延时、流畅的连贯操作。

在新闻资讯的采编方式上，云平台提升了采编人员的工作效率。相比东京奥运会，北京冬奥会的云上采编不局限于信号的传输，同时实现了在云上完成视频导播信号的切换以及图文信息的制作包装等。具体而言，奥运会的采编人员分为现场记者和后方制作人员两类，对于现场记者而言，利用"5G 背包"，不需要携带沉重的设备，可以直接将其在前方采集到的赛事信号和相关资讯上传到云平台，并且只需要通过轻量级设备即可完成现场视频内容的传输、制作和分发，极大地减轻了现场记者的个人负担，提升了效率。对于后方制作人员而言，同样可以直接在云端实现对于现场视频信号的导播切换，云端信号切换后可以直接回传电视台。这一更新使前端和后端的协同工作效率大大提高，同时使赛事的呈现更具即时性。

采访和发布会等新闻采编环节也实现了"云转变"。北京冬奥会的赛后混合采访环节实现了远程零接触采访，记者无须到达现场，便可用零接触的方式与运动员"云对话",并将信号直接发回本部;同时,新闻发布会实现"上云",记者可以通过"info 系统"参与发布会,部分参会嘉宾也可以在"云"上出席。以无人混合采访为例,这种方式是将原有的赛后混合采访安排在线上进行,把运动员和记者在物理空间上隔开。无人混采一方面方便了记者和运动员,另一方面无人混采内容也可以直接接入云转播平台,进一步丰富了观赛体验。除此之外,云采访还能给记者提供赛场之外的采访机会,在"闭环办奥"的大背景下,为记者提供更多的新闻素材。

北京冬奥会转播中的采、编、播技术"全面上云",一方面使得远程协同制播的一体化、低延时化成为可能,更多的赛事内容和新闻资讯得以用更加快捷和丰富的方式触达全球用户,这对体育传播的业务发展具有重要意义。另一方面,赛事内容和新闻资讯直接通过云端向全球分发,不但有效缩小了主办国家所需建设的场地面积,同时能够有效减少采编成本,提高采编人员的工作效率。

### (二)智慧剪辑:"短视频"生产的精准化与海量化

当前,以短视频为代表的社交媒体是奥运传播的重要渠道。2021 年,快手与中央广播电视总台签署授权合作协议,标志着短视频平台正式介入奥运会,并开启中国的"奥运短视频元年"。短视频的介入使赛事信息发布的即时性、信息内容的丰富性增强,在比赛过程中或者刚刚结束比赛时,短视频平台就涌现了许多精彩的赛事片段。这一趋势使奥运时期的短视频剪辑制作的需求激增,因此,为了提供更多更加丰富且即时的短视频内容,北京冬奥会期间,借助云平台及 AI 技术,许多智慧剪辑应用诞生。智慧剪辑应用可以代替人工完成对赛事片段的捕捉及在线剪辑,极大地丰富了北京冬奥会的短视频传播内容。

以"AI 云智剪"为例,AI 云智剪是由央视体育和阿里云在北京冬奥会期间共同打造的智能生产工具,可以在比赛完成的第一时间对视频内容进行多维度的解析,并生成精彩素材;同时,基于跨视频集锦的生产能力,第一时间为用户生产主题集锦视频,覆盖赛场动作、赛事内容、各类镜头等多个描述维度，生成美学主题的集锦素材。在整个北京冬奥会期间，AI 云智剪自动化处理了 200 多场比赛，生产素材片段达 3 万段以上。AI 云智剪还针对奥运赛事内容设定了丰富的美学主题智能模板，如针对冰球、花滑、速滑、短道速滑等设置主题"冰之舞"；针对单板滑雪和自由滑雪，打造主题"雪之舞"；从速度型赛事的特殊视角，如花滑的旋转、冰球的进球等，呈现"速度之美"，通过智能化视频云技术，全面捕捉不同赛事瞬间的美学光影。在体育赛事的内容传播上，AI 云智剪可以高效、快速、全面地为冬奥赛事播报提供强大的生产力，抢占发布先机，为全球用户带来及时且优质的赛事感受，同时为媒体行业深度开发体育媒体版权的内容价值创造了更多可能性。

基于智慧剪辑技术的发展，北京冬奥会的传播更加适应当前"短视频化"的生产模式，赛事视频的呈现更加即时化、数字化和精准化。此外，借助智慧剪辑，北京冬奥会呈现的内容也更加多元化。相比传统的人工回传画面和人工二次剪辑，智慧剪辑借助大数据的分析，能够在极快的时间内阅览海量素材，并对不同的素材做出精确分析，根据不同的视频类型制作出不同风格的短视频内容，在保证时效性的同时提升了内容的丰富性。

## 三、沉浸式交互：时空边界重塑与用户"共同在场"

"奥林匹克之父"顾拜旦曾经这样诠释奥运精神：奥运会最重要的不是胜利，而是参与。对用户而言，能否在云端获得全方位的流畅体验和在场式的参与感显得尤为重要。数字化技术推动奥运会传播的沉浸式交互，有效地提升了用户参与度，重塑了时空边界。

### （一）远程参与与全息交互

为了提升用户的参与感和沉浸感，北京冬奥会开发了 Cloud Me 全息舱、运动员穿梭门、数字雪花、线上"云快闪"等沉浸式交互项目。北京冬奥会上沉浸式交互项目的开发过程主要遵循沉浸感与个性化两大原则。沉浸感主要指的是用户对媒介技术的体验状态，当前的数字奥运传播正在从网页时代的线性传播和以用户驱动为主导的交互传播转向以数据驱动为核心的沉浸式传播。[1] 不管是虚拟现实技术，还是增强现实技术，目的都是让用户在观看时更接近其真实参与的感受，从而提升沉浸感。个性化则是在沉浸式体验之外为用户提供更加个体化的服务，随着移动传播成为重要的传播渠道，群体的观赛行为也转变为个体的参与行径，不同的用户需要根据自身的需求接受更具个性化的服务。沿着这两条路径，北京冬奥组委加快云上数字化建设，推出各类沉浸式交互项目。

在沉浸式交互项目的呈现上，Cloud Me 全息舱是一次重要的创新。Cloud Me 全息舱是一种全息投影技术，借助视频云、全球实时传输网络以及 4K 的超高清屏幕，Cloud Me 得以克服空间距离，实现远程的全息互动，为用户带来逼真的面对面体验。用户走进 Cloud Me 的演播间，会面者便会被投影到远端的另一个全息舱中，使得两端的人物可以实现实时会面和对话。在北京冬奥会开幕后的第三天，巴赫和张勇便亲身体验了这一全息舱，实现了一场远程面对面的隔空对话，两人在全息舱内隔空传递了奥运火炬，并且一同展示了对联。

与 Cloud Me 类似的设置还有"运动员时刻"。北京冬奥会期间，12 个场馆均设置了为运动员连线亲友的屏幕，这个项目被称为"运动员时刻"，运动员能够与远隔千里的亲友实时互动，同他们分享赛后夺冠的激动心情，运动员实现了与亲友低延时、高清晰度的实时互动。此外，想为运动员加油打气、鼓掌呐喊的全球用户也可以在奥运官网上找到这一应用的入口，将加油视频传输至云端，这些视频可以在赛场大屏幕上播放，为运动员助威。

另一个全民性的数字互动项目是开幕式上的"数字雪花"，这一数字交互项目遵循了"个性化"路径，为用户打造了独一无二的奥运记忆。"数字雪花"是利用数字通信技术打造出的互动平台，在北京冬奥会开幕式前，用户可以通过移动客户端进入项目专区，通过上传照片、填写愿望等操作生成专

---

[1] 张德胜，王德辉. 数字时代奥林匹克运动传播模式的迭代与创新 [J]. 北京体育大学学报，2021，44（8）：9–18.

属于自己的"数字雪花",每个雪花都有自己的编号,充分满足用户的个性化体验需求。

综上所述,各项互动设备和交互项目创造了北京冬奥会传播的新内容形式,助力远程全息交互成为可能。一方面,交互设备的介入更符合当下用户的媒介需求。在数字媒介技术不断迭代的过程中,原有的奥运呈现方式已经很难吸引用户,尤其是年轻用户,而多样化媒介技术的加入,让更多的人可以不局限于赛事本身,也能从中获得互动,提升了人们对于赛事的关注度和兴趣。另一方面,数字互动项目的介入也为用户营造了更丰富、更深刻的集体记忆,第一届"云上奥运"、第一次作为数字雪花观看开幕式、第一次使用VR交互设备参与奥运,技术的加入为北京冬奥会增添了许多亮点。

**(二)网络共在景观与奥运共通体验**

从里约热内卢奥运会开始,因社交媒体的即时性、多角度、高互动等特点,奥运会逐渐将传播的"主战场"从电视转向互联网,并不断强调赛事主办方与用户间的社交体验与互动感受。当前,奥运传播中的媒介互动技术正沿着沉浸感和个性化的两条路径不断推进,然而,受限于各地的技术发展,仅仅依靠沉浸式互动装置或互动设备无法完全满足全球用户的媒介接触需求,仍然有许多用户无法体验到互动技术对北京冬奥会传播的赋能。在此背景下,为了实现更广泛的用户触达,社交媒体成为数字化互动的重要传播渠道。借助社交媒体,用户可以充分浏览与奥运相关的资讯及信息,同时可以根据自己的喜好和需求任意选择想要参与互动的内容,满足其个性化诉求。

北京冬奥会成为历届奥运史上数字化互动最广泛的冬奥会,获得了数十亿次数字平台互动。根据国际奥委会提供的官方数据,北京冬奥会举办期间,奥林匹克社交媒体平台关注人数增加了千万余人。视频网站 YouTube 的奥林匹克频道的观看人数比平昌冬奥会增长了 58%,TikTok 上有奥运精神主题标签的视频浏览量超过 21 亿次。微博官方统计数据显示,关于北京冬奥会话题的总讨论量达 3.46 亿次,互动量达 11.1 亿次,话题总阅读量达 4690 亿次。北京冬奥会在社交媒体平台的"霸屏"式狂欢,也让奥林匹克运动因为网友的参与和互动而收获了更多精彩。

在社交媒体互动项目方面,云上超级商店、云展厅等打通了线上与线下渠道,北京冬奥会打造了"共在"的社交体验。"北京 2022 云展厅"是北京冬奥会正式开幕前在北京冬奥组委、"北京 2022"移动客户端和微信小程序上同步上线的项目,这也是百年奥运史上首个云上展厅项目。在该展厅中,有 20 余家奥林匹克全球合作伙伴和官方合作伙伴入驻,展厅不仅展出冬奥会赛事相关的冰雪文化和资讯,还展出各合作伙伴的最新项目,并设置了多个互动装置,用户在了解知识的同时还能进行游戏互动,用户由此获得"云逛街"的别样体验。"云上超级商店"主要负责售卖冬奥会的特许奥运商品,在这一平台上,用户既可以定制专属的奥运商品,又可以通过看直播、玩互动游戏等方式获得冬奥会的特许商品。"云上超级商店"延伸到了线下,借助"云货架",用户既可以在线上玩游戏、逛商场、买特许产品,又可以在线下直接体验特许商品的定制等服务,用户在线下扫码预订,便可以送货上门。从线上到线下,云展厅和云上超级商店共同为用户提供了别样的社交体验,让用户不仅可以"看"冬奥,还可以"玩"冬奥、"逛"冬奥,尤其是线下的云上超级商店,更是弥补了用户无法到场观看冬奥赛事的遗憾。

短视频和社交媒体的发展助推奥运会从单纯的体育赛事转化为一场全民的文化狂欢。移动端的场景搭建为冬奥会传播营造了新的社交场景,丰富了北京冬奥会的传播。北京冬奥会充分发挥各项数字化技术优势,将社交互动体验发挥到极致。此外,社交媒体也为用户营造了"共在"的冬奥体验。不管是社交媒体还是各类互动技术,数字媒介技术的发展为北京冬奥会搭建了新的社交互动框架,打造了共在的网络景观和共通的奥运体验。

## 四、结语

北京冬奥会立足奥运会本身的特性,通过赛事转播、信息生产、数字化互动等层面的数字技术搭建,实现技术与内容的交互,改变赛事呈现与用户体验。总体来看,数字化技术通过四个途径赋能北京冬奥会的"云端传播":

一是对赛事内容和主办国家精神的挖掘及传播，北京冬奥会始终坚持从赛事本身的特点和中国国家精神出发；二是对虚实体验的开拓与探索，不断提升用户的参与感与互动感；三是对观看和演绎方式的更新与重塑，以大屏和小屏相结合的方式重构传播方式；四是对社交体验的把握和提升，强化赛事与用户、用户与用户间的多维互动。

　　北京冬奥会的数字技术为今后的体育赛事传播带来诸多启示。数字技术重构了北京冬奥会的传播场景，也重构了北京冬奥会的叙事方式。通过构建共通性话题，技术不再单纯是叙事的渠道或承载方式，而成为叙事的一部分，同时成为冬奥会记忆的一部分。数字化技术尤其是云上的数字化技术作为一种新兴的计算机技术，其具体的使用效果如今还无定论。未来，人类或许有机会通过数字化技术建立起更多的云上场景，构建多元的"云上世界"。技术的逻辑，最终是人的逻辑。未来的每一场奥运会将会不断丰富数字化技术的落地与应用，竞技体育也将不断被技术赋能。在不远的将来，新的智能故事会被书写，技术革新将迎来曙光。

# 中国春节文化的全球感召力与感染力研究*

随着中国文化国际传播力的提升，春节节庆的规模在世界范围内迅速扩大，越来越多的国家将春节定为法定节日，如澳大利亚、加拿大、美国、英国等。可以说，中国春节文化日益深入人心，许多国家甚至举国上下开展"中国年"活动，写春联、贴年画、穿新衣、吃饺子、发红包，到处弥漫着"团圆、喜庆、祥和"的中国春节氛围，2019年春节，是党的十九大召开后的第一个春节，春节在世界范围内获得了人们更广泛的文化认同，成为最具有穿透力的"中国故事"。

## 一、"春晚"文化品牌跨国传播的感召力

春节在海外的欢庆仪式，不仅仅使华人、华侨欢聚一堂，许多国家的政府和民众也融入其中，如澳大利亚、加拿大、美国、英国等将春节列为法定公共假日，形成世界各地都在过"中国年"的特别景观。

根据人民网报道，2019年中央广播电视总台春节联欢晚会通过中国国际电视台的英、西、法、俄四个外语频道，在全球162个国家和地区的247个海外合作平台落地播出。通过海外长城平台收看春晚的观众规模达2480万人，相比2018年，海外观众收视规模增加了1100万人。在境外网络文稿中，春晚的提及量达32.88万条。CGTN新媒体海外社交Facebook主账号受春晚

---

\* 文章原载于《中国新闻传播研究》2019年第1期，收入本书时，略有删改。

拉动，互动量超过 170 万，跃升全球新闻媒体榜单榜首。① 央广网《这台春晚在全球掀起刷屏热潮》的报道透露，俄罗斯、法国、德国、意大利、葡萄牙、日本、韩国、巴西、印度、巴基斯坦、尼泊尔、印尼、泰国、缅甸、哈萨克斯坦、土耳其、约旦、坦桑尼亚、阿富汗等几十个国家的媒体纷纷引用、转发了对中央广播电视总台春晚的重点报道，如《2019 年中央广播电视总台春节联欢晚会与全球观众一同迎接中国农历新年》《2019 年春晚"传统美"与"国际范"交相辉映　成为世界了解中国文化重要平台》等，部分外国媒体在音乐节目中还播出了中央广播电视总台制作的《中国喜事》《青春跃起来》《今夜无眠》《幸福中国一起走》《点赞新时代》等春晚歌曲。② 海外网友也通过收看直播，热切关注中央广播电视总台春节联欢晚会的节目内容，并在社交媒体上留言，积极参与互动。以上数据都显示出中央广播电视总台春节联欢晚会作为春节的重要文化品牌，已成为世界人民共享的节日文化盛宴。

2019 年，中央广播电视总台春节联欢晚会搭载抖音，利用短视频的形式将传统媒体与社交平台深度融合，这是媒体转型助推春晚品牌传播的首次尝试。融媒体传播让节目渗透率、到达率显著上涨，也成为新时代下我国文化传播的创新手段。基于抖音短视频平台在国内外的庞大用户群，TikTok 平台通过合拍等创意拍摄玩法，吸引海外用户参与春晚互动，调动全球华人共同传递年俗文化，烘托节日氛围，短视频成为传播中国传统文化的新载体。浸入式互动体验创新了网民互动的样态，成为新时代下中国文化传播的新特色。

此外，国内、国外媒体的跨国传播呈现出国际传播的品牌化趋势。中央广播电视总台俄语频道、云南广播电视台、内蒙古广播电视台、广西南宁广播电视台、五洲传播中心等机构，分别与国际媒体联合举办跨国春晚，为不同地区的国内外观众呈现出各具特色的精彩晚会。相较于往年，2019 年跨国春晚深入欧洲、面向世界，扩大传播范围、突出地域特色、融合本土文化，

---

① 人民网. 2019 春晚创收视传播新纪录　整体美誉度达 96.98%［EB/OL］.（2019-02-10）［2019-02-26］. http://media.people.com.cn/n1/2019/0206/c40606-30614666.html.
② 央视网. 这台春晚在全球掀起刷屏热潮［EB/OL］.（2019-02-10）［2019-02-26］. http://news.cctv.com/2019/02/05/ARTIFs7na2dooed7r5skdYf4190205.shtml.

真正打造出了对外传播的中国文化品牌。

2019年2月4日,中央广播电视总台俄语频道官方网站及社交平台Facebook、Twitter、微博等全球同步上线"2019欧亚网络春晚",这是面向俄语地区海外网友举办的第二届跨国春晚,加固了融通中俄、共享价值的重要桥梁。另外,为庆祝中蒙、中俄建交70周年,2019年1月15日,内蒙古自治区人民政府新闻办、中华人民共和国驻蒙古国大使馆、蒙古国教育文化科学体育部、俄罗斯联邦布里亚特共和国文化部联合主办,内蒙古广播电视台、蒙古国乌兰巴托电视台、俄罗斯联邦布里亚特共和国世界—布里亚特电视台联合承办了跨国春晚"友谊的彩虹——2019中蒙俄春节联欢晚会"。①

五洲传播中心和法国电视台TV5 MONDE合作,以纪念中法建交55周年为主题的"功夫春晚"——"舞诗武"于2019年1月27日在法国举办,并于2月4日通过TV5 MONDE旗下的欧洲、亚洲、大洋洲、北美洲、拉丁美洲、非洲等各频道被传播到全球。这是西方主流媒体首次播出中国的春节晚会节目,这在春节文化走向世界的历程中具有里程碑式的意义。

自2007年起,由广西南宁广播电视台举办的跨国春晚"春天的旋律"已举办12届。2019年1月15日,广西南宁广播电视台联合13个国家和地区的17家媒体,以"促进中国与东南亚各国的友谊"为主题,举办了"春天的旋律·2019"跨国春晚,展现中华传统诗词的魅力,讲述"一带一路"故事,120名外籍演员和来自8个国家与地区的主持人的精彩演出,弘扬了优秀传统文化,促进了人类命运共同体的构建。

2019年1月19日,云南省电视台在缅甸举办了"中缅情·合家欢"2019中国缅甸新春联欢晚会,通过演绎中缅传统舞蹈《孔雀舞》《少女踢裙舞》等经典作品,将不同国家的艺术在同一个舞台上巧妙融合,展现了中国对艺术瑰宝的珍视,对世界文明的传递。缅甸宗教事务和文化部部长昂哥认为,这次晚会旨在通过艺术交流架起友谊桥梁,促进中缅"胞波"友谊及两国合作

---

① 国家广电智库.跨国春晚:春晚国际化进程这样打开[EB/OL].(2019-02-11)[2019-02-26]. https://mp.weixin.qq-com/a/W3iTploO2Alw99wWmNS4TQ.

交流，与"一带一路"倡议相呼应。①

多元化的跨国春晚多角度地呈现了中国传统文化的多样化特点，其在与世界各地文化的碰撞和融合过程中展现了人类文明，加深了中国与世界各国的友谊，具有突出的时代感，形成了春节国际传播品牌化的态势。

## 二、"中国年"全球化活动的感染力

春节是中国最重要的传统节日，它经过千年的历史传承，成为具有典型特征的中华文化符号，它通过仪式和习俗承载了中华民族的情感、精神、理想。纵观世界，似乎还没有哪一个国家的传统节日像中国春节这样具有全球性的感召力和感染力，成为代表"文化中国"形象的重要象征，起到播种中华文化的"母体"作用。

2019年春节前夕，中国传媒大学电视学院与数熙科技公司共同开展"海外春节活动数据化分析"研发项目。课题组选择通过海外华文媒体公众号、我国驻外使馆官网、孔子学院网络平台以及国外互联网平台进行数据搜索、统计，这是国内首次对海外春节文化活动现象所作的数据观察、研究。初步研究成果显示：自2019年1月25日至2月12日，包括美洲、亚洲、欧洲、非洲、大洋洲等五大洲在内的29家海外华文媒体微信公众号，报道2019年春节活动的文章共计128篇，多方位地展现了世界各地同庆"中国年"的祥和气氛，丰富多彩的活动具有非常强烈的感染力。

在美洲，舞龙舞狮、武术等传统表演格外受欢迎。美国洛杉矶、旧金山等城市开设街头集市，2019年2月9日，纽约法拉盛举行了盛大的农历新年大游行活动，美国中文电视、美国中文网、美国中文电视 YouTube 平台进行了长达13个小时的直播。此外，中国红成为美国商家营销的必备元素，在加利福尼亚州的迪士尼乐园可以品尝到中国的美食，如米奇状的豆腐，也可以

---

① "中缅情·合家欢"跨国春晚在缅上演 [EB/OL].（2019-02-11）[2019-02-26]. https://baijiahao.baidu.com/s?id=1623105066967331415&wfr=apidern&for=pc.

看到身穿中国服装的庇诗中乐协会卡通人偶。加拿大温哥华庇诗中乐协会在小女皇剧院举办"四海乐聚庆新春"音乐会,邀请了来自世界五个地区的乐团共贺新春。可以说,大洋彼岸的美洲人从饮食、服饰、出行、休闲、娱乐等各方面都体验到了中国年的节日氛围和文化内涵,同时"中国年"商业化的运营策略取得了明显成效,凸显了中国春节在对外传播中的品牌化效应。

在欧洲,中国春节早已深入人心。2019年2月5日,由法国巴黎市政厅举办的中国新年庆典在巴黎十三区举行。民族舞蹈、狮龙共舞等传统文化逐一得以展示,吸引了数以千计的路人驻足围观。来自四川的中国神兽灯光民间艺术展也在巴黎举办,大红灯笼、绚烂烟花这些元素让欧洲人置身于"中国年"的节日氛围之中。在荷兰,春节万人彩妆大巡游成为品牌活动,几乎所有国家驻荷兰的大使都出席了开幕式。意大利米兰的葛兰西广场(Piazza Gramsci)举办了猪年"舞龙舞狮"大巡游活动,"龙"这一中华民族的图腾,代表着自强不息的精神,也是中华传统文化在对外传播中的代表性符号。红灯笼这一传统要素与风格独特的欧式建筑相结合,是多元文化社会充满活力的体现。"中国年"作为文化符号进入欧洲主流社会,在加深欧洲民众对中国历史文化了解的同时,丰富了中国传统文化的意义和内涵。

日本的华人书法家在东京举办了"迎春送福书法展"活动,将寓意美好的汉字"福"书写在红色纸张上。东京都中日友好协会常务理事、日本书法家及各界知名人士共同用书法传递新春祝福。

2019年2月1日,阿联酋迪拜举行"欢乐春节"大巡游活动;次日,第二届拥抱中国"龙庙会"在迪拜乐园开展,展会上除了有传统节目表演之外,还举办了国礼字画赠送仪式。中国连续四年是迪拜最大的贸易伙伴,"欢乐春节"品牌活动加强了双方的交往,促进了未来亚太地区的经济发展、文化交流,助推了亚洲人文交流和文明共鉴。

在澳大利亚悉尼的街头,处处可见象征中国农历新年的"猪"的符号,最具代表性的是悉尼歌剧院的猪年花灯。2019年,猪年春节首次成为澳大利亚圣诞岛的法定节假日,这里的华裔是岛上最大的族群,每年仍然延续着除夕守岁的传统习俗。持续一周的"墨尔本迎新春"活动上,推出了龙舟竞赛、冰上舞龙等竞赛项目，当地民众积极参与，该活动成为当地规模最大的"中国年"活动。如今，春节是澳大利亚多元文化活动中不可分割的一部分，成为中澳经贸和文化交流的重要载体。

2019年，南非约翰内斯堡举办了新春大拜年活动，传统节目带来原汁原味的中国特色文化。南非行政首都比陀勒利亚还举办了中国传统功夫会演，来自天津的著名武术表演团体献上大型功夫剧《武传奇之霍元甲》。该活动既使当地民众领略了中国春节文化，又增进了两国人民的感情。

自2010年春节开始，由文化部牵头的"欢乐春节"活动逐渐成为我国优秀文化"走出去"的品牌项目，2019年，"欢乐春节"项目在133个国家的396座城市开展了1500余项活动，涵盖演出、展览、庙会、广场巡游、非遗互动、讲座论坛、冰雪龙舟等30多种类型，覆盖56个"一带一路"沿线国家，①展现了中国春节品牌的"文化力"。秦亚青教授指出，"所谓'文化力'是使某些私有知识成为共有知识，成为世界主导文化的基本内容，形成世界文化的结构框架，并推动主导文化传播和扩散的力量"②。"欢乐春节"活动在数量、规模和覆盖率等方面都体现出中国春节文化的世界认知，具有"全球同此凉热"的感染力。

## 三、国际政要"拜年"的文化外交姿态

国际政要的言论具有重大国际影响力，他们对中国的观点、态度、行为往往影响到国际关系的大局。这些国际政要给中国人民拜年，实际上是一种外交姿态和政治态度。国际政要"拜年"的这一举动从一个侧面反映出中国国际影响力的提升，说明中国是国际舞台上的一支重要力量，在国际事务和

---

① 中国社会艺术协会.2019年"欢乐春节"：文旅融合传播中华文化［EB/OL］.（2019-02-11）［2019-02-26］.http://www.caa86.org/news/xinwen/2019/0216/595.html.
② 秦亚青.世界政治的文化理论：文化结构、文化单位和文化力［J］.世界经济与政治，2003（4）：4-9，77.

国际政治中扮演着重要角色。

2019年春节期间，美国总统特朗普、菲律宾总统杜特尔特、英国首相特蕾莎·梅、澳大利亚总理莫里森、新西兰总理阿德恩等多国领导人都以各种方式向中国人民致以新春祝福。国际政要还通过慰问海外华侨、举办春节招待会等方式，增进与中国人民的感情。春节成为各国政府同中国展开文化外交的契机。

2019年2月2日，日本外相河野太郎在东京外务省接受凤凰卫视记者采访时用中文向全球华人观众送上春节祝福，这是日本外相首次通过华文媒体给中国人民拜年。2月4日晚，东京标志性的东京塔首次点亮"中国红"，在点灯仪式上，日本首相安倍晋三首次通过视频向中国人民贺新春、拜新年，致辞中引用了三句中国俗语："百闻不如一见"，希望两国国民加强交往；希望两国关系"百尺竿头更进一步"；希望中国朋友们"芝麻开花节节高"，并用汉语对中国人民说"过年好"。安倍晋三在春节致辞中表示2019年为"日中青少年交流促进年"，同时回顾了2018年的中日外交成就：中日贸易额继续保持在3000亿美元的高位、中日人员往来超过1000万人次、中国访日游客达838万，更关键的是，中日领导人时隔7年再次进行了互访。

美国为庆祝2019年中国春节，在纽约世贸大楼点亮"中国红"灯光。美国总统特朗普在2月5日发表了农历新年贺词。特朗普在贺词中说："梅拉尼娅和我向庆祝农历新年的人们致以问候！"他的女儿伊万卡在大年初一通过Twitter给中国人民送来春节祝福："新年快乐！Happy New Year！"

2019年2月4日晚，英国首相特雷莎·梅在微博上发布了拜年视频，并送上新春祝福："祝大家新春快乐！享有一个繁荣、祥和的猪年！"此外，为庆祝中国农历新年，英国首相府唐宁街10号的门口贴出了一副春联："丹凤呈祥龙献瑞；红桃贺岁杏迎春。"这是英国首相府有史以来第一次贴上春联，庆祝春节。

2019年2月5日，加拿大总理贾斯汀·特鲁多发表了农历猪年新年贺词，向加拿大及全球华人致以节日问候："我谨代表我的家人、索菲和我，恭祝大家在猪年平安喜乐，好运连连，恭喜发财！Gong Hey Fat Choy！恭喜！恭喜！"① 在 2 月 10 日晚，特鲁多出席第四十六届温哥华华埠春节联欢晚会，成为历史上第一个参与华埠春节联欢晚会的加拿大总理。

2019 年春节期间，俄罗斯总统梅德韦杰夫专门去中国驻俄罗斯使馆做客。2019 年，巴基斯坦总统阿里夫·阿尔维通过中国媒体向中国政府和人民致以诚挚的节日问候，希望双方在各领域的合作继续为两国的繁荣和地区和平作出贡献。泰国公主诗琳通亲手写下"亥猪拱福"四个汉字庆贺 2019 年农历春节，还参加了中国驻泰国使馆举办的"开门过大年"暨使馆开放日活动，并为大使官邸贴福字。2019 年，阿根廷总统毛里西奥·马克里在向中国人民贺新春的视频中说："我希望两国人民更加心心相印。我谨向全球华人致以热烈问候，热情邀请大家来阿根廷访问，结识这里的人民，领略美丽的自然风光。"

从 21 世纪初开始，国际社会首脑人物开始通过中国主流媒体向中国人民拜年。国际首脑通过主流媒体给中国人民拜年，是有一定国际意义的，传达的是重要的外交姿态和一种政治态度。2005 年是中国和欧盟正式建交 30 周年。欧盟理事会秘书长、欧盟负责共同外交与安全事务高级代表索拉纳向中国人民发表春节贺词。他盛赞中欧人民之间的深厚友谊，再一次重申中欧友好合作关系的前景非常广阔。索拉纳通过中央广播电视总台向中国人民拜年，他说："中国人和欧洲人都热爱文化，热爱文学艺术，这种热爱使我们的心相通，也使我们的心感到温暖。"欧洲议会议长博雷利也代表欧洲议会向中国人民致以新春的祝福。他赞赏中国的发展为世界经济增长作出了贡献，期望 21 世纪的中国为世界文明发挥出新的创造性的作用。他说："欧洲人民高兴地看到中国找到了一条发展和繁荣的正确道路，为全世界的经济增长作出了贡献。我们赞赏中国经济的发展，同时期望 21 世纪的中国在世界文化、艺术和思想的交流中展现光辉，为世界文明发挥新的创造性的作用。"

---

① 加拿大总理特鲁多发表农历新年贺词 他也学会用这句拜年了！[EB/OL]. (2019-02-12) [2019-02-26]. htpa://baijiahao.baidu.com/a?id=1624679533762170759&wfr=apider&for=pe.

国际政要"拜年"的现象是独特的,各国首脑的春节祝福也从另一个维度表明国际社会对中国传统文化价值观念的认同,是一种非常值得研究的现代历史景观。可以说,中国已经进入了国际社会各阶层人们的视野。

### 四、春节文化国际传播的多维度融合特色

在全媒体时代的国际传播活动中,春节文化的核心价值观需要通过多元的传播渠道和手段来实现。2019年春节文化的传播彰显了多维度融合的力量,推动了中国春节文化形成巨大的全球感召力和感染力。

《2019央视春晚全网跨屏表现大数据研究报告》显示,电视大屏和手机小屏的双效联动,使新媒体互动次数创下新高。全球观众参与百度移动客户端红包互动次数达208亿次,百度首次将人工智能引入2019年央视春晚,为全球观众带来了与人工智能技术亲密接触的奇妙体验。此外,央视春晚首次实现了4K超高清直播,全面提升了信号播送核心技术的创新应用能力。直播全程采用4KHDR高动态图像和5.1环绕声技术,让观众感受到春晚盛典的立体效果。

值得提及的是,央视春晚与抖音的合作体现了主流媒体拥抱新媒体的开放姿态和行动,通过视频社交促进用户深度互动,真正实现了大屏小屏的深度融合。《2019抖音春节大数据报告》显示,2019年抖音春晚的相关话题总播放量为247亿次,参与的网友人数达到337万,将近3000万用户使用抖音新年贴纸拍摄新年祝福短视频,"拜个抖音年"成为社交新潮流。

2019年央视春晚与抖音的成功合作,开启了春晚运营的创新之路,即通过短视频社交平台扩大优质内容传播的影响力,将用户自制的精彩内容与传统媒体的节目内容相结合,利用网络将全球人民的新春祝福连接起来,共同在社交平台上记录中国文化的浓厚氛围。

中国的春节依托于中华五千年文明的深厚底蕴,是中国传统文化中最重要的节庆日,具备全民性的特征。在团圆、幸福、吉祥的美好寓意下,"家"与"国"是春节最重要的两个内涵。在国际传播的过程中,不论是节日祝福、

传统习俗还是节目演出、营销活动，都以此为核心，将"家""国"饱含的情感、思想和文化价值传递出去。每年的央视春晚都试图通过语言类节目，向世界各地的观众传递"春节就是家庭团圆的日子"这一主题思想，在中国春节来临之前，春运再难、工作再忙，各地的游子也会回家看一看。这既体现了人与人之间的情感羁绊，又是亲情、友情的美好寄托，是中国古老却又充满智慧的价值观。春节这一传统节日集中体现了仁爱友善和温馨和睦的家庭愿景、团结奋进与和谐友爱的民族情怀，通过一个个小家庭的和睦描绘出整个社会的和谐景象。美好的寄语和节日的祝福都显示了中华民族人与自然、人与人和谐共处的大智慧，展现了以人为本、热爱生活的美好追求。

春节的丰富性凸显了中国传统文化的魅力，春节是塑造国家形象、提升国际影响力的重要载体。党的十八大以来，习近平总书记不断强调，"一个国家、一个民族的强盛，总是以文化兴盛为支撑的，中华民族伟大复兴需要以中华文化发展繁荣为条件"。"欢乐春节"作为国家级海外传播的品牌活动，通过多样化的交流互动，使世界各国民众加深了对中华传统文化的理解，从而提升了我国在国际社会中的文化软实力，增强了亲和力。

传统文化作为信息载体，在传播的过程中总会受到国际环境、文化差异、技术浪潮等因素的影响，因此，春节文化在国际化传播过程中必然要进行一定的融合与创新。从春节产品的营销活动来看，春节文化也在融合中不断创新。世界各地区的节日产品主要包括饮食、服饰等。例如，美国迪士尼乐园的餐馆，在制作马卡龙时将紫薯等粗粮制作成内馅，对旗袍和唐装等服饰也进行了裁剪修改，以适应世界其他各地人民的需求。此外，世界各地庆典仪式主要传递辞旧迎新的喜乐气氛。其中，城市花车巡游活动结合了西方节日狂欢的游行习俗，以传统民族艺术展演编排的形式，创新发展了具备公共文化属性的巡游形式，烘托出热烈的节庆氛围，将中华传统文化融入西方现代生活，体现了不同国度文化背景下中国春节的兼容性和宽容度。

中华民族的传统文化也是影响我国对外交往和对外政治决策的重要因素之一。党的十八大以来，中国文化被确立为中国外交的指导思想之一，成为中国对外政策的重要思想源泉。习近平总书记在党的十九大报告中指出，要

"加强中外人文交流，以我为主，兼收并蓄。推进国际传播能力建设，讲好中国故事，展现真实、立体、全面的中国，提高国家文化软实力"。春节作为具有悠久历史的中国文化载体，崇尚与传扬和谐、友善、仁爱、平等、诚信等优秀文化价值，因此，在国际传播的过程中，能够让世界感受到中华泱泱大国的气度和智慧。

在一定程度上，根植于文化的国际交流具有相对持久的生命力。文化学者乐黛云指出，"文化自觉不仅是理解与把握自己文化的根和种子，而且是要按现代的认知和需要来诠释自己的文化历史……就是要在多元文化的背景下找到民族文化的自我，知道新语境里中华文化存在的意义，了解中华文化可能为世界的未来发展作出什么贡献"①。中国春节文化在多维度融合传播过程中，还体现出对不同国家文明和文化的尊重，这正是中国国际化进程中的文化自觉意识的体现，展现了文明中国拥有的浓厚文化底色。

2019年，中华人民共和国成立70周年，在新时代改革开放再出发的征程中，春节在文化外交和文化传播中具有举足轻重的作用。当今春节的国际传播呈现出品牌化的态势，这一态势可以从央视春晚的跨国传播、欢乐中国年的庆祝活动、国际社会春节外交姿态等方面略见一斑。中国春节文化产生的国际热度的背后反映了一种什么样的联系？从一定意义上讲，这是中国经济发展的体现。中国经济的发展提升了中国在国际政治上的影响力，在国际事务中发言的权重。

---

① 乐黛云.文化自觉与中国文化的可能贡献［N］.中国社会科学报，2011-06-28（8）.

# "用户时代"媒介行为的新变化*

## ——解读 2015 年春节期间的媒介现象

在媒介融合的背景下,2015 年春节呈现出许多新的媒介行为。例如,"抢红包"、手机自拍视频、多屏互动、海采话题设置、媒介与公众活跃度等,形成了媒介与春节、媒介与社会、媒介与公众的新型关系,引起了理论界的关注和社会的热议。这些新的媒介行为在一定程度上预示着媒介未来的发展趋势。为此,观察 2015 年春节呈现出的媒介行为,对于当前媒介发展而言是十分必要的。

### 一、"抢红包"牵引公众　营造春节新氛围

2015 年春节,"抢红包"现象营造了过年的另一番节日气氛。特别是中央广播电视总台、《人民日报》、新华社等主流媒体也通过社交平台和新媒体客户端参与其中,在吸引用户注意力的同时赋予受众新的节日体验。

2015 年春节期间,多家媒体发出的红包数以亿计,营造了"发红包""抢红包"的过年新氛围。尽管媒介"发红包"实质上仍然是一种广告推送行为,但是公众"抢红包"则是一种愉悦的娱乐行为。那么,"发红包"作为一种媒介行为,是利用新媒体工具开启新的方式牵引公众吗?媒介的出发

---

\* 文章原载于《新闻与写作》2015 年第 3 期,收入本书时,略有删改。

点与传播效果是否达到一致？对此，需要对当下的媒介生态有一个清醒的认识。我们看到，2014年，移动支付竞争进入白热化阶段；大数据新闻方兴未艾；走转改持续深入；跨屏互动愈演愈烈；一些新的技术，如4G、H5等逐渐应用于新闻生产之中。正是在这样一个背景下，促成了新媒体、传统媒体竞相"发红包"的媒介行为。

"发红包"发端于2014年春节，微信和支付宝为争夺移动支付地位吹响了第一次电子红包大战的号角。2015年春节的红包大战早早上演，而且形成支付宝、微信、微博三足鼎立之势。

微信宣称，春节期间红包抽取次数为10.1亿次；支付宝公布，除夕24小时内其被使用了6.83亿次，红包收发2.4亿个；微博数据显示，日活跃量超过1.02亿用户量，红包24小时内超过1.01亿个，累计红包抽取超过3.5亿次。①

值得关注的是，在互联网入口争夺大战的势头下，传统主流媒体也加入"发红包"的行列。2014年6月上线的人民日报客户端，从2015年2月13日开始一直到2月21日，连续9天每天不定时公布支付宝红包口令，送出多个万元现金红包。2月20日16时28分，人民日报客户端的一条消息称，将通过《人民日报》官方微信继续发红包，并且公布官方微信的账号和二维码。随后，《人民日报》官方微信兑现发红包。笔者体验了《人民日报》的"抢红包"活动，但是每次打开界面都处于拥堵状态，所发红包都在几秒钟内被悉数抢完。

新华社客户端针对正在出行的旅客发放红包，新华社客户端发布的《春运特刊》称，2月11日—3月15日发放千万红包，并且提供机场和火车站的公共WIFI，覆盖了北京、上海、广州、沈阳等27个城市的机场和火车站，公众只需填写真实身份信息即可参与。另外，新华社客户端还和支付宝联合，发放面向所有用户的支付宝红包，点击后页面跳转至支付宝的"抢红包"页面即可参与。

---

① 日活跃用户过亿，微博从这场红包混战中意外收获了什么？［EB/OL］．（2015-02-20）［2015-04-01］．htp://mon-ey.163.com/15/0220/10/AIT28ON400253B0H.html.

央视新闻频道则通过微信公众号发放 2015 万元红包，除夕当天，在 9 时、11 时、13 时、14 时、15 时—17 时的每一个小时，打开微信公众账号页面，摇一摇即有机会抢到红包。

传统媒体"发红包"热潮对新媒体产生了助推作用，新浪微博在"让红包飞 2015"活动中，专门设置了媒体红包专场，各家媒体纷纷登场。

在一定程度上，在所有"发红包"的媒介中，2015 年央视春晚的举动产生的社会影响最大。全球参与摇一摇抢红包的总次数为 110 亿，在除夕 22 时 34 分达到最高峰，平均 8.1 亿次 / 分钟。人们不禁感叹，社交软件（微信）让春晚牵引了公众，网上"抢红包"似乎将成为"新民俗"。[①]

透过"发红包"现象，我们看到主流媒体利用新媒体使用工具的趋势，也派生出新的值得思考的现象。例如，央视春晚发了 5 个多亿的红包，收视率却没有创下新高。但是，公众收看春晚时的活跃度超越了历史水平，这是一个有趣的现象，值得我们对收视率杠杆与观众的活跃度之间的关系进行新的思考。我们还看到，过去几年，在新媒体的冲击下，央视春晚影响力的下降趋势似乎不可逆转，如今在与新媒体的融合中似乎又露出新的光亮。

我们注意到，当央视春晚的红包抢了风头之后，春晚的节目却没有给人留下特别深刻的印象。相比之下，北京电视台的春晚则得到众多观众的喜爱。多频传播核心数据显示，北京电视台春晚占据 3 个第一：收视率第一；微博互动第一；微信互动第一。其成功的原因主要有两个，一是与新媒体深度融合互动；二是节目追求高品质。北京电视台春晚也发了 2 亿多的红包，但观众在"抢红包"的同时锁定了赏心悦目的节目。一些节目达到很高的艺术水准，如舞蹈《莲花心》、混搭《羊年说年》、杂技《追梦》等。笔者认为，北京电视台春晚的成功带给我们的思考是多方面的，其中最为核心的是在媒体融合发展进程中，主流传统媒体的影响力提升必须重视内容的生产。对此，我们应该有清醒的认识。

---

[①] 参考来源：中国新闻网，https://www.chinanews.com.cn/yl/2015/03-03/7095419.shtml。

2015年春节"抢红包"的媒介行为，印证了新媒体使用工具的威力，也印证了主流媒体放下身段迎头而上的姿态。可以预测，"抢红包"具有很强的吸引力，参与的门槛也较低，将会成为今后春晚的组成部分。媒介利用新媒体工具与受众互动、牵引受众的做法将会成为一种"新常态"。

## 二、手机自拍回家过年　　用户生产内容大动作

每年的春节，各家媒体都会"出手不凡"。在2015年春节报道中，回家过年的主题十分明显，占据了较为重要的位置，而在这一主题报道的策划中，手机自拍又成为一个较大的媒介动作。

1月21日，央视新闻频道通过其微信公众账号发布《2015回家过年》（见图1），视频拍摄征集令："你就是记者，你就是摄像！拍下你的回家路；拍下和父母、亲戚、同学短暂的团聚；拍下正在变化的家里家外……央视新闻频道将在春节假期连续播出你的回家故事"。

图1　央视策划的《2015回家过年》特别报道

央视新闻频道将网友上传的视频进行编辑整理后，于农历的腊月二十八到正月初六在新闻频道播出，大年初一到初三，《新闻联播》每天播出一期。第一次主持春晚的新闻主播康辉也用手机拍摄下央视春晚幕后的故事，记录自己特殊的过年经历。虽然普通民众用手机自拍的视频并没有专业记者拍摄

得工整,但是镜头后是一个个鲜活真实的故事,故事中的细节拍摄得非常生动有趣。

百姓自拍的作品在主流媒体占据较大篇幅可以说是一个大动作。人民网也以回家过年为主题,请百姓参与策划《归途》(见图2)特别报道。人民网还与北京铁路局联合制作《归途》春运特辑,面向社会公开征集自拍视频、图片,编辑春运特辑《归途》。

图2 人民网以回家过年为主题,请百姓参与策划的《归途》特别报道

《归途》分为两大板块:"回家的人"和"铁路的人",分别记录了旅途中人们的心情与经历以及铁路人的坚守与担当。中央广播电视总台与人民网两家媒体在主题策划上基本相同,同属媒体策划引导的一场用户生产内容的活动,公众大多采用手机拍摄视频和图片。但是细细比较二者的策划、运作、效果,可以发现些许区别。

1. 播出平台和频次不同,影响力差别显现

中央广播电视总台的《2015回家过年》节目,自农历的腊月二十八开始在新闻频道的《新闻直播间》播出,直到2015年正月初六结束。从2015年正月初一到正月初六,《新闻联播》节目播出经过剪辑的《2015回家过年》。平均起来,每个人物拍摄的视频会在新闻频道重复播出2—3次。

打开人民网《归途》的页面,网友上传视频最多的一条点击率有2万余次,大多数视频的点击量只有几百到几千次。与其他视频相比,人民网《归

途》的影响力相对较小。

2. 前期运作过程不同，故事质量差别显现

中央广播电视总台在视频征集令中要求网友进行自我介绍，写出不低于300字的回家计划，介绍自己有无拍摄经历，进入初选后会有工作人员与其联系。自拍视频播出后，将会获得2000元的奖励。2015年2月17日，中央广播电视总台播出新闻《新闻频道春节档：谢谢！给我们一个任性的理由》，对这次的策划及运作过程进行回顾。在《2015回家过年》视频征集令发布之初，观众的积极性很高，但是很多人难以将一时的激情坚持下来。每天编辑们都要给参与活动的观众发很多微信，有鼓励也有技术指导，有时一条微信打印下来可以装满一张A4纸，可见在群众拍摄的过程中，专业的编导们发挥了很大的指导作用。

与之相比，人民网对故事主人公的筛选不够，也没有在具体的拍摄过程中进行指导。人民网这几年已培养了一支拍客队伍，此次《归途》上传的视频也有一些是拍客的作品，但是这些拍客并不是故事的主人公，缺少了群众自拍的意味，真实性、趣味性有所不足。

3. 后期编排方式不同，观看效果有所差别

中央广播电视总台对自拍上传的视频进行再加工，加上必要的字幕和音乐，《新闻联播》播出的版本中还加上了记者解说。此外，中央广播电视总台还将自拍上传的视频素材进行重新组合，形成具有主题的组合节目。比如，正月初一《新闻直播间》播出的《2015回家过年：回家的礼物》将沈海波和郭冀腾带礼物回家的故事组合播出。专业的剪辑、精巧的编排、恰当的重组使得群众拍摄的内容更加生动，回家的故事在叙事上也更加流畅。手机自拍的镜头能给受众带来更多真实感，百姓在自拍时表现得也比较自然，这一系列自拍视频丰富了春节屏幕的呈现内容。

人民网对网友拍摄的视频没有做精细的再加工，短片的质量也是参差不齐，一些短片主题松散、音响嘈杂，影响了故事的质量。

主流媒体征集自拍回家故事的媒介行为对于培养潜在的用户新闻生产队伍具有一定现实意义，有了经验的拍客以及受到感染的受众将会提供更加丰

富的作品。

中央广播电视总台的《2015 回家过年》节目是近年来较为成功的用户生产内容的策划项目。目前美国有线电视新闻网（CNN）的 iReport 是用户生产内容较为成功的典型。为了聚合用户的报道力量，美国有线电视新闻网创建了 iReport 栏目。与 iReport 相比，我国用户生产内容的方式还没有常态化，涉及的话题还不够广泛。

随着 5G 技术的发展以及手机摄像功能的不断提升，未来用户生产内容将会更快、更好，尤其在突发新闻中会发挥出更加重要的作用。从另一个角度来看，观众在手机拍摄中形成了视觉积累，这也为用于用户自拍的大量应用的产生进行了预热和铺垫。

笔者认为，春节征集手机自拍是一个大动作的试验，预示着我国用户生产内容将逐渐成熟，成为多方面的媒介资源。

## 三、多样化平台倾听声音　多维度表达情感与观点

媒体传播提供了观察世界的窗口，人们透过拟态环境来体会节日的欢乐及其相关联的事物。例如，与春节回家相关联的是拥挤的春运大潮；与春节长假相关联的是有人要坚守岗位；与新年到来相关联的是时间流逝而去；与憧憬未来相关联的是难忘过去的岁月等。因此，春节期间的话题报道也需要媒体精心策划。在一定程度上，中央广播电视总台在 2015 年春节话题节目的平台搭建、话题设置方面都十分用心。

### 1. 从红亭子到多屏互动

每到重大节假日和全国两会期间，中央广播电视总台的红亭子都会出现在一些公共场所，红亭子被称为"说吧"，人们可以走进去对着镜头说出自己的心声，因而其成为人们在特殊时刻表达情感、愿望、思想、观点的平台。2015 年的春节，中央广播电视总台将"思念先回家"作为春节"说吧"的主题，红亭子成为人们向亲人表达思念、流露真情的平台。

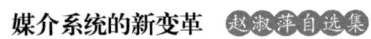

**阅读提示：**

2015年，央视春晚发了5个多亿的红包，收视率却没有创下新高。但是，公众收看春晚时的活跃度超越了历史水平，这是一个有趣的现象，值得我们对收视率杠杆与观众的活跃度之间的关系进行新的思考。

而在另一个空间里，央视搭建了跨屏互动的话语平台，让更多的人进行互动。新闻频道利用微信公众账号向观众发出主题互动邀请，向网友征集观点，观众只要进入微信编辑"过年＋您的观点"即可参与。节目在演播室直播中，挑选部分网友观点进行分享。

例如，农历腊月二十八，央视微信向观众征集观点：

之前不少人晒出春节的账单，说春节俨然成了一场"黄金大劫案"！到底是钱包重要还是面子重要？一起算算你过年的花销吧！

农历腊月二十九当天的话题：

春节和家人好好团聚，绝对是件幸福的事。但是，回家随之而来的，也有一些麻烦事，如参加各种酒局饭局、各种同学聚会、陪父母的时间越来越少……今天互动话题"过年回家，你是陪家人还是赶场子？"说出您的苦恼吧～～

剩男剩女被逼婚，结了婚的被催生孩子，没结婚的被催着相亲，过年总有一些逃不掉的唠叨……今天下午互动话题"婚？还是不婚？"说说过年的烦恼和你的应对妙招～～

这些观点有一个共同的特点，就是与春节紧密相关，与生活十分贴近，能够引起网友们的广泛讨论。通过微信客户端搜集用户观点，然后在电视直播中进行分享，这种跨屏互动的形式正逐渐被媒体所应用。无论是从大屏导向小屏，还是从小屏导向大屏，跨屏互动的关键在于屏幕之间的"黏性"以及观众切换屏幕的难易度。2015年春节，无论是新闻节目还是晚会节目都比较成功地实现了真正意义上的跨屏互动。

**2. 从《你幸福吗？》到《你为谁点赞？》**

2012年10月，中央广播电视总台推出海采形态的特别节目《你幸福吗？》，引起社会的广泛回应，也引起媒体和理论界的关注。从《你幸福吗？》到2014年《家风是什么？》的理性回应，节目的话题设置不同程度地体现出时代的符号特征。2015年，央视推出春节特别节目《你为谁点赞？》，为采访对象提供了开放的话语空间。采访对象简单、直白、朴素的回答，自然流露出他们对时代精神的倡导，对社会风气正能量的礼赞，对勤恳工作劳动的尊敬，对家庭亲人的感恩，对国家领袖领导力的肯定，对祖国未来的希望。

此外，2015年的采访话题首次采用网络语言。"点赞"一词最初出现在社交网站，对于大多数人来说，"点赞"是经常使用的表达方式，具有网络文化的色彩。2015年，习近平总书记在新年贺词中也使用了"点赞"一词——"为伟大的人民点赞"，赋予了"点赞"一定的政治内涵。

此外，中央广播电视总台在采访形式上也有所突破，中央广播电视总台通过微信公众号向网友征集自拍视频——《你为谁点赞》。网友只要说出为谁点赞，并说明点赞理由，录下点赞视频发到央视邮箱即可。2014年的《家风是什么》，曾经采用3条微信语音作为素材，2015年的自拍视频则更加生动多样。

## 四、特别节目推陈出新　精彩故事令人印象深刻

在世界范围内，媒体对重大的节日庆典的报道都会注入很高的热情。为此，媒体与节日具有比较特殊的黏合度。同时，传媒有着监视环境和娱乐大众的功能，在节日期间这一点表现得更加突出。

2015年春节，中央广播电视总台推出的一些特别节目在形式与内容上做到了推陈出新。其中用纪实手法拍摄的《中国人的活法》《我不见外》《只为多看你一眼》给人留下了深刻印象。这些节目的共同特点是讲述精彩的故事，每个故事都不回避矛盾，人物有血有肉、活灵活现，取得了真实感人的效果。

2014年底，中宣部动员各媒体要讲好中国故事、发出中国声音，开展了"行进中国·精彩故事"主题采访活动，并以此作为年终报道主题。从大年初二开始，中央广播电视总台《新闻联播》的《行进中国·精彩故事》推出

《拼在基层》特别报道，倾听来自基层岗位的心声。基层的劳作最琐碎，压力最直接，也最渴望被理解，《拼在基层》讲述了那些发生在身边又可能不被社会知晓的基层工作者拼搏的故事。例如，《医者仁心：32 小时手术的背后》讲述了外科医生陈松在手术台上的故事。2014 年 6 月 22 日 17 时 03 分，外科医生陈松用一个胜利的手势定格了一台 32 小时的手术。在处理完这场高难度手术之后，陈松还要处理一堆事情，废寝忘食地忙碌于会诊、术前谈话、术后巡查等与病人息息相关的工作中。

春节期间，正是千家万户阖家欢乐之时，看到基层工作者的辛勤拼搏，观众要比平时感触更深：一方面对节目中的基层工作者由衷地敬佩，另一方面也会想起自己身边的基层工作者。正如央视评论员杨禹所说，"看《拼在基层》会对基层工作者有更多的理解和支持，也会找到自己拼搏所处的位置"。《拼在基层》不仅选择了需要社会理解支持的人群，而且选择了恰当的播出时机，节目播出后取得了很好的反响。

此外，2015 年春节期间，央视新闻频道的电视直播也成为亮点之一，新闻直播间在农历腊月二十七到腊月二十九播出直播节目《过年》，将现场直播、演播室互动、跨屏互动、自拍节目等做成内容包整合播出。除夕当天，陪伴大家过年的《一年又一年》节目如约而至，观众感受着各地过年习俗。《新闻联播》在除夕当天的头条直播各地实时景观，画面细腻丰富，让观众感受到了祖国各地的年味儿。直播是电视的优势，直播节目为观众打开了眺望万家灯火的窗口，不同地域的受众同步感受到了浓厚的节日气氛。

互联网打造了一个用户至上的时代，用户数量、用户体验和应用场景成为用户活跃度的关键因素。越来越多的人从微博、微信以及客户端上获取信息，在这样一个生态系统中，受众成为用户，影响力成为活跃度，新闻作品成为产品。毋庸置疑，今天所有的媒体都正在面临着变革与重构。

# 媒介生态格局的渐变与更新[*]
## ——2016年"春节"媒介现象分析

今天,是一个什么样的时代?互联网时代?大数据时代?全媒体时代?这一切似乎铺天盖地而来,我们为新时代命名,然而时代变化的脚步太快,一种理论思潮刚刚出现,新事物马上就要登场。面对变化万千的媒介生态,研究的速度往往赶不上它自身更新的速度!

从媒介的角度来看,首先面对的是一个全媒体时代。在2016年春节期间,红包大战愈演愈烈,媒体社交化倾向愈加明显,短视频、无人机航拍、慢直播等技术元素植入渐成常态。传统媒体深耕细作以期守住自己固有的领域,同时利用自己新媒体平台频频发力,抢夺新媒体的阵地。新媒体则大有全面进攻之势,社交平台、支付平台、院线+微信等正在吸引更多的注意力资源,或许一种更新的媒介生态正在酝酿之中。

### 一、触角延伸:"走基层"继续行进中的深化与创新

经过多年的拓展,传统媒体在内容层面的经验积累可圈可点,无论是专业人才还是专业水准都达到了一定的高度。2016年春节期间,近年打造的系列报道依然是传统媒体的"保留节目",触角伸得更远,内容做得更细,继续发挥出权威媒体报道的效应,"新春走基层"媒介活动在继续行进之中。

---

[*] 文章原载于《新闻与写作》2016年第3期,收入本书时,略有删改。

我们看到,"走转改"已历经数载,从上至下从未松懈,而且不断推陈出新。传统媒体从内容到手法再到技术手段,不断在该领域开采富矿。

据央视新闻报道,自中宣部部署开展2016年"新春走基层"活动以来,《人民日报》多位领导带队深入基层采访调研;新华社组织400余名记者深入全国31个省市采访;中央人民广播电台《中国之声》推出《新春走基层:十年,这里》《新春走基层之温暖回家路:列车上的"遇见"》两大特别节目;中央广播电视总台"新春走基层"活动派出70多路、240多位记者分赴各地,陆续推出《蹲点各地医院儿科》《愿望清单》《家风(下)》《春运守望者》等多个系列报道。

在一定意义上讲,"新春走基层"是一种媒介行为,媒体的议程设置已经成为规定动作。问题的关键是如何在持续保留的规定动作内做得更好。一方面要遵守新闻报道的基本原则,另一方面要不断深化创新。

对于新闻报道来说,并不是经常要在形式上变换花样,而报道内容的变化则是必需的。形式的变化是相对的,甚至应该是相对稳定的。因此,2016年春节期间传统媒体的一些新闻报道形态成为"保留节目"。

例如,中央广播电视总台新闻频道的《说吧》栏目2016年在地点上进行了延伸。作为央视新闻的创新栏目,《说吧》从2014年春运期间诞生开始,每年的全国两会、春节期间都会出现在路旁、车站等一些人群较多的公共场所,人们可以自由走进红亭子和亲人、朋友说说心里话。这些声音真诚自然、感人肺腑,成为《说吧》栏目的内容,也代表了栏目的风格。

2016年,这个红亭子从城市走向了农村,出现在乡镇和村庄。地点变了,走进去的人群变了,说出的话语也有所不同。过去大多是在外的游子说出对家乡和亲人的思念,而现在家里的父母对子女的牵挂和嘱托被传递了出来。

地点的变化,是触角的延伸,也是视角的变化。这或许意味着传统媒体在保留原有报道样态的基础上将更深、更远地走下去,在内容领域挖掘出更多的富矿。

此外,2016年网络媒体"走转改"活动也已经展开多时,"走基层"不再是传统媒体的独家报道内容。因此，传统媒体更应该思考，如何在内容层面深耕细作，发挥专业化程度较高的权威媒体优势。

## 二、俯瞰新春：无人机航拍的高、远、宽、广新视野

从 2016 年 2 月 4 日开始，中央人民广播电视总台（以下简称央视）推出特别节目《瞰春》，节目采用无人机航拍技术，从空中的视角展示新春的景象和春节活动，带给观众全新的视觉冲击和感受。

《瞰春》节目切入视角是航拍鸟瞰，报道的结构是航拍主线，报道内容以航拍画面为主，换句话说，即用航拍来构成一档节目的形式和内容。那么，我们不禁要问，追求这样的节目样态有什么意义？《瞰春》节目开播时的预告说，"告别摄像机过去平视的角度，采用无人机航拍的方式来俯瞰全国各地过春节的习俗。从高空看春和平视看春有哪些不同呢，又有哪些精彩？"笔者认为，摄像机的平视也可以拍出许多精彩，而《瞰春》所追求的则是不一样的精彩，这种不一样的精彩是人的肉眼登高望远所不能看到的精彩。

以往，电视节目中航拍的画面仅仅是极少的一部分，往往作为比较珍贵的镜头语言来使用，常常用在开头、结尾或者某个特别的段落之中，用以展现震撼的气势、高远的境界、宏大的场面、开阔的视野、宏观的全景等。

自纪录片《舌尖上的中国》开始，无人机航拍技术被纪录片和电视栏目的制作者广泛应用。但是大量在新闻节目中使用无人机航拍，并组成系列报道，对于央视来说还属首次，《瞰春》的拍摄显然具有一定的尝试性质。

事实上，无人机航拍也有一定局限，这就是有限的 200 米至 300 米的高度。无人机不能够飞得更高更远。因此，要用航拍的画面构成一档节目，选择的拍摄对象必须能够比较集中地展现特定的内容，画面要有冲击力，同时要让观众看一眼就明白表现的内容，不但吸引眼球而且受到感染。

《瞰春》节目航拍的主要范围选择了浙江乌镇、江西婺源篁岭村、云南沙溪古镇、贵州石阡、云南大理、福建龙岩永定土楼等古村镇。这些古村镇的特点是保留着古老的春节民俗，而且航拍出来的画面十分美观。可以说，《瞰

《春》节目对古村镇的选择是相对不错的做法，比较容易达到航拍效果。节目中大量使用长镜头，一个镜头中同时包含平角度和顶角度；航拍镜头与普通摄像机拍的镜头组合使用，画面内容更丰富，层次感更强；航拍镜头的升降起伏带来的冲击力十分可观。

2016年春节，无人机航拍也首次出现在央视春晚中。在央视春晚广州分会场，一共动用了30多台无人机，其中29台作为飞行表演用机，其他无人机则用于多机位航拍。在孙楠演唱《冲向巅峰》画面中，多次出现航拍画面，同时无人机在空中飞行表演，与焰火交相辉映，场面相当震撼。

从一定程度上讲，无人机元素的运用，不但是一种拍摄技术手段，而且构成了节目内容，成为特定的画面表现方式。

今天，随着航拍技术的发展，小型的可以定位的遥控无人机被广泛应用于电视节目拍摄之中。由于无人机航拍的高度属于低空范围，空间管理的难度较小，操控技术更加便于把握，危险性降低，拍摄的成本基本上在电视节目制作经费的可控范围内。这项技术让电视拍摄拥有了以更高、更宽的视野鸟瞰世界各个不同角落的可能，从高空鸟瞰拍摄，会带来许多美丽、迷人甚至奇异的画面。

## 三、群体感应：重回"家庭式收看"的内容取向

面对新媒体的冲击，人们一直担忧电视的未来。不过，现在电视机在每个家庭中摆放的位置依然是客厅的正中央，家庭式的收视习惯或多或少还有所保留。近年来，电视打造的一些节目正在起到重新找回"家庭式收看"的作用。

在2016年春节期间，央视综合频道播出的《家庭幽默大赛》《成语听写大会》《等着我》《中国诗词大会》等节目都具有"家庭式收看"的特点。这些节目的内容往往能引起群体感应，几代人坐在一起都可以讨论，同时能产生较为广泛的社会影响，并且常常引发网络热议。

从大年初一开始，央视新闻频道推出《新春走基层：孝顺怎么做》系列

报道，节目沿用"海采"与定向采访相结合的方式，把来自全球华人的"孝顺"故事、对孝顺的理解、如何用行动来体现孝顺等信息传递出来，从多种不同的角度呈现出中国人的孝道传承。

2016 年的《新春走基层：孝顺怎么做》延续了 2015 年《新春走基层：家风是什么》的选题方向，无论是"家风"还是"孝顺"，选择的都是能够引起家庭共鸣的话题。

在电视的黄金时代，"家庭式收看"方式成为电视媒介的特征之一，其曾经是电视研究领域的兴趣点，现也成为很多节目创作的出发点，然而，由于新媒体的兴起，人们选择获得信息和娱乐的渠道不断增多，电视的"家庭式收看"方式似乎正在慢慢消失，甚至在一些家庭中已经解体。一些研究者认为，这是电视魅力消减的标志之一。面对种种迹象，电视真的束手无策吗？

笔者认为，客观上讲，电视的绝对优势确实已不复存在，但这也是新事物兴起，旧事物衰退的规律，然而，当下中国的电视媒体还是一个"庞然大物"，这一点也是我们必须要看到的。那么，电视的路该如何往下走呢？这是我们需要直面的一个问题。不过，仅仅就适合"家庭式收看"电视节目的内容生产来说还是能够有所作为的。

《家庭幽默大赛》《成语听写大会》《等着我》《中国诗词大会》《新春走基层：孝顺怎么做》这些节目的传播效果给我们的启示是，电视的内容生产是拉回家庭观众的关键因素；"家庭式收看"的节目首先要吸引家庭成员的眼球；找到能够牵引家庭成员共同关注的兴趣点；"家庭式收看"节目选择周播、季播、特定节日时播出的时间段；"家庭式收看"是电视不可替代的收看方式，目前其他媒体依然不可企及。

## 四、"神曲"流行：主流媒体演绎说唱风格传播方式

最近几年，传统媒体纷纷通过"两微一端"开启媒体融合之路。然而，融合之路并非畅通无阻，传统媒体正在从形式到内容再到语态上开发新媒体平台，对此，在 2016 年春节主流媒体打造"神曲"中略见一斑。

2016年2月5日,《人民日报》微信公众号推送"猴年神曲"《中国这三年》,歌曲的风格是民族风加说唱R&B,歌曲的内容表达了习近平总书记上任以来社会风貌的变化,全国许多微信公众号纷纷转发。

央视影音客户端也推出了"神曲"《@春晚》,通过RAP说唱的形式,盘点历年春晚在人们心中的位置以及家人团圆、好友相聚的好心情。在这之前,央视推出《深改小组两岁了》,在制作"神曲"方面积累了一定经验。

新华社在制作"神曲"方面更是大显身手,先后推出了《十三五之歌》《四个全面》,这些具有政治内涵的"神曲"在新媒体广泛传播,较为成功地传播了党和国家的大政方针。

"神曲"这个词语近些年颇为流行,它作为音乐的一种形式在互联网上传播甚广。2010年,龚琳娜的《忐忑》推出后被网友和大众戏称为"神曲"。通常,"神曲"的旋律简单,朗朗上口,歌词多重复,让人听完就能记住并广为流传。例如,"重要的事情说三遍"这样的歌词十分容易流行。

在一定意义上,互联网是人们的减压阀和狂欢场。"神曲"具备通俗、娱乐、流行的特点,极易被网民分享传播。可以说,三大官方主流媒体在春节期间不失时机地搭载"神曲"这一载体,取得了不俗的传播效果。

我们注意到,作为主流媒体发布的"神曲",似乎起到了时代风向标的作用。这类"神曲"的内容往往具有一定的政治性,观点特别鲜明,表达非常直接,语言十分准确。从内容上解读,这是演绎一种新的说唱新闻的传播样态。

值得关注和研究的是,具有政治内涵的"神曲"的流行时间以及起到的积极作用。主流媒体打造"神曲"的媒介现象是否挑战了传统新闻学的理论?是否挑战了传统政治报道的严谨形式?是否挑战了主流媒体权威形象的原型?对于这些问题,我们不必急于给出答案,有待于进一步的观察和体会。但是,有一点是肯定的,主流媒体打造"神曲",从发布平台、传播方式、传播风格上正在靠近新媒体,这个现象证明了传统媒体开辟新媒体阵地的趋势。

## 五、短视频与慢直播：渐进改变的新闻生产方式

在新闻传播历史演变进程中，新闻生产方式一直受到技术的影响，当一种新技术被应用后，新闻的内容会随之改变其生产方式和形态。腾讯网总编辑王永治预言：下一代统治移动终端的将是视频类内容。

观察 2016 年春节期间移动终端的视频内容，短视频和慢直播凭借各自的特点受到客户的欢迎，其影响正在发散蔓延开来。

### 1. 微博、App 短视频开始发散

央视的微博通过"秒拍"（短视频 App）官方账号，发布大量短视频节目，这些节目多为电视节目的片段，其中就包含《瞰春》。央视微博短视频新闻"秒拍"的粉丝有 4000 多万，号称"无处不在的央视，随时随地的新闻"。

新华社通过短视频 App "新华 15 秒"推出了大量与春节有关的短视频，如秒视："南方过年有哪些习俗"、秒评："为什么现在的年轻人讨厌走亲戚？"。

4G 的出现就预示了通过移动终端观看视频新闻的可能，但是由于流量和网速的限制，移动终端的新闻生产局限在文字和图片阶段。现在短视频平台突破了网速与流量的限制，可以大量传播 1 分钟以内的视频，同时短视频平台能够让用户直接拍摄并上传视频，随时随地进行分享。比如，在 2015 年的全国两会期间，许多记者直接拿着手机，对准会议现场，直接拍摄、上传，实现零时差的视频报道。

2016 年作为短视频元年，新闻生产方式正在经历历史性的演变。春节期间，腾讯网总编辑王永治接受"刺猬公社"专访，对未来媒体发展进行预测，他认为，视频新闻是一个大热趋势，各家都在向这个方向布局，只是业内目前都是刚刚开始做，格局还不清晰。

随着 4G 网速的提升和资费的降低，传统媒体将充分发挥内容优势，在新媒体终端找到突破口，真正实现无处不在、随时随地。这为具有视频新闻生产经验的电视媒体提供了更加广阔的空间。

## 2. 网络慢直播开始蔓延

电视直播一直作为电视媒体同对手进行新闻竞争的"杀手锏",多年来占据着不可取代的强势地位,然而,网络媒体的"慢直播"正悄悄袭来。2016年春节期间一场声势浩大的网络视频慢直播,似乎宣告电视媒体的最后一张王牌也将受到挑战。

2016年春运开始,澎湃与腾讯联手进行视频大直播,全程跟踪一组普通人的返乡征程。这场视频直播是一次慢节奏的记录,真实记录下每一个细节,从返乡归途中发现不平凡的故事。腾讯新闻客户端后台数据显示,截至联合直播启动第100小时,共有超过2100万人次收看,同时在线人数峰值达20万。① 腾讯网总编辑王永治认为,视频直播,在移动时代焕发出从未有过的生机与潜力,而我们要做的直播,一定是与传统电视直播截然相反的东西,从对现场的突破到持续地实时追踪,再到直播交互体验的升级,以及我们试图传递的温度,这些都要求我们跑得快一些、再快一些。

春运期间,网易也进行了一次春运大直播。网易新闻客户端加入了大量视频、图片等可视化内容,同时大量引入权威部门发布的交通路况、气象预报、拥堵指数等数据,丰富资讯维度。网易的原创栏目也对春运过程中发现的重要资讯进行报道和评论,以H5、图文漫画等方式进行可视化处理,使报道的呈现方式更为多元,更加便于移动端的浏览传播。

网络视频慢直播是伴随式的,用户一边在弹出窗口中看视频直播,一边还能处理其他的事情,当视频中实时更新的内容达到某个高潮的时候,用户就会迅速回到直播中,甚至转移到社交网站去讨论。与电视直播不同的是,网络媒体的慢直播可以为用户提供多路信号切换,用户可自主选择观看视角。网络直播能够为用户提供分享、评论、弹幕等功能,每个用户都能成为直播的一个节点,这些都使网络直播比电视直播更具优势。

可以说,网络直播生态正在形成,电视直播的地位或将动摇。腾讯网从

---

① 全媒派. 腾讯+澎湃:为何我们要联手做一场120小时春运公路大直播?[EB/OL].(2016-02-04)[2016-04-03]. https://mp.weixin.qq.com/s/QmXOs/xtkoiimypErzErhA.

全国两会到"九三阅兵"再到春运，基本做到了重大事件直播不缺席，而且正在探索 PGC 和 UGC 联合的新直播模式。对此，大洋彼岸的美联社已经开启了移动直播大布局。

2015 年 10 月至 12 月，美联社产出的直播视频数量较 2014 年同期增长了 25%；全球超过 300 家电视台和数字媒体将其作为主要的直播报道来源；2015 年在线直播视频被采用率增长到 60%，直播业务的广告收入也在大幅增长；直播服务覆盖全球 280 个城市和 10 个区域中心。①美联社的视频直播理念与布局，不仅透露出未来直播市场的新格局、新动向，也带来了全新的直播路径。

今后的直播绝不仅仅指的是突发新闻，伴随式的慢直播、多元的内容、多终端的覆盖、互动式的玩法，将越来越成为常态。②

美联社国际产品与平台主任苏·布鲁克斯（Sue Brooks）指出，对视频内容进行解释的方式和能力是网络视频与电视的区别之一。电视直播不可避免地带有某种形式的解释说明，可能是记者在电视画面上谈论报道对象或者是主持人向你解释视频中正在发生什么。但是网络视频就没有这样的特权。你所见到的网络视频可能仅仅被放在新闻网站页面上的视频播放器中，因此，网络视频需要具备自我阐释的能力。③

值得我们特别关注的是，在移动互联的背景下，网络直播通过图文和短视频，让用户实现实时观看直播，真正做到无处不在的移动直播。

## 六、多元并存：新的春节仪式正在形成

观察 2016 春节期间的媒介行为，可以明显地感到春节期间的媒介行为已

---

① 全媒派.美联社移动直播大旗已立！就是要做和电视相反的事情！[EB/OL].（2016-01-25）[2016-04-03].https://mp.weixin.qq.com/s/z7SkN8y-2DFWS3OMsjsMw..

② 全媒派.美联社移动直播大旗已立！就是要做和电视相反的事情！[EB/OL].（2016-01-25）[2016-04-03].https://mp.weixin.qq.com/s/z7SkN8y-2DFWS3OMsjsMw.

③ 全媒派.美联社移动直播大旗已立！就是要做和电视相反的事情！[EB/OL].（2016-01-25）[2016-04-03].https://mp.weixin.qq.com/s/z7SkN8y-2DFWS3OMsjsMw.

经具有一种特殊的仪式感,这种节日仪式感的特征是多元共存。

1. 节日仪式中的"红包"吸附力

"过去是春晚里植入红包,而现在是红包里植入春晚",这虽然是网友的段子,却赋予了媒介营造的节日仪式的特征。多年来,大年三十的晚上,人们的注意力在客厅的大屏上,而现在人们将注意力转移到手机上,手机抢红包成为春节必不可少的一种节日仪式,"红包"正在吸附着远超媒体的注意力。

相关部门数据显示,2016年除夕当日,支付宝红包总参与数3245亿次,共有近80万人集齐五福红包。三、四线城市参与红包的用户占比64%。微信红包参与人数是4.2亿,收发总量80.8亿个,是2015年除夕当日10.1亿个的近8倍。QQ红包的参与人数3.08亿,收发总量22.34亿个。除夕夜全球QQ用户共刷1894亿次,参与QQ红包活动的用户中,90后占到了75%以上。[①]

借助春节红包,社交媒介(微信)、支付平台(支付宝、百度钱包等)正在吸引越来越多的注意力,而互联网思维中的跨界思维告诉我们,行业的竞争往往来自行业外部。上述两者对于媒介来说恰好来自界外行业,然而它们在短时间内爆发出的能量不可估量,对新旧媒体正在构成威胁。

2. 节日仪式中的媒介"游戏"冲击波

在用户时代,任何平台都必须重视增长用户数量的问题,《人民日报》的两微一端也不例外,把发红包变成一种游戏,如同跑马圈地。

从2016年2月3日到2月14日,《人民日报》每天通过客户端和微信公众号发布支付宝口令红包。这些口令可能是一句话,也可能是一个词,还可能是一个问题的答案。比如,"中国这3年变化大""感谢这一路的美好""来人民日报客户端晒全家福"等。《人民日报》两微一端的有关负责人披露,他们希望玩出新点子,寻找更多和用户互动的机会,离用户近些、再近些。

但是,人民日报社的"游戏"方式同腾讯和阿里相比较还是稍逊一筹。腾讯新闻客户端设定了一个游戏规则,用户需要邀请两位好友组成3人团队,

---

① 除夕夜微信红包参与人数4.2亿  收发总量80.8亿个[N/OL] 人民日报,2016-02-08[2016-10-11].https://finance.people.com.cn/nl/2016/0208/c/004-28117792.html.

才能参与比赛抢红包，而支付宝的五福卡具有很强的互联网特点，黏性极强，用户呈几何式增长。

如果把2016年央视春晚比作一场节日"游戏"，其冲击波应该说是比较大的。春晚引起的反响超级强烈，获得的评价两极分化。一边是众多网友的"不买账"，另一边是一些专家的力挺，此外还有《人民日报》、新华社的表态以及央视的自我肯定。笔者认为，央视春晚说到底是一个综艺节目，观众在大年三十的心情是轻松愉快的，节目内容与风格应该同观众的收视心态相吻合。客观地讲，这台晚会其背后工作人员付出了不少心血，单看4个分会场的表现就相当用力。但是值得思考的是，综艺节目同新闻节目承载的功能毕竟还是有所不同，如果把二者的功能生硬地结合起来，就会引起人们的不适。

从议程设置的角度看，央视春节节目的"游戏"方式还有许多别具一格的地方。除夕当天央视首次应用云直播技术，央视新媒体部门在春晚的后台搭设了14个云摄像头，进行360度全景式春晚后台直播，网友可以通过手机客户端自由切换直播画面。央视新媒体部门还推出"新春汉字"互动平台，通过书写汉字，表达对新春的寄托，一共吸引了257万多网友参与。

媒介行为引发的节日冲击波表明，各路媒体正在以出奇制胜的姿态全面适应新的媒介生态，同时促进了媒介格局的渐变与更新。

3. 节日仪式中的注意力转移

在春节特定的媒介仪式中，还有一个不容忽视的现象，这就是院线的渗透力越来越强。从大众传播理论上讲，电影是大众传播的重要方式之一，然而，2016年春节的院线票房价值非同小可，不但构成新的经济现象，而且成为注意力转移的新高地，成为春节仪式中不可或缺的一部分。

2016年的院线票房也十分特殊，据国家电影资金办票房统计，大年初一票房总计产出6.6亿元，观影人次约1900万。其中，《美人鱼》2.76亿元;《澳门风云3》1.78亿元;《西游记之孙悟空三打白骨精》1.7亿元。①

---

① 网易娱乐.大年初一全国电影票房井喷 一天6.6亿创纪录［EB/OL］.（2016-02-09）［2016-08-11］.https://www.163.com/ent/article/BFBF3FA7000300B1.html.

6.6亿元创下中国电影市场单日总票房新高，一举打破2015年暑期档的4.35亿元单日票房纪录。春节历来是中国电影最热档期，2013年到2015年的大年初一，单日票房分别只有1.1亿元、2.6亿元、3.73亿元。

看电影早已经是一种时尚，而过春节看电影的仪式感更强。微信在春节看电影仪式中扮演的角色十分有趣，成为观众与影院联结的新媒介。大年初一的票房纪录一方面与中国电影的改革红利有关，另一方面也得益于微信平台推出的电影售票产品。

在6.6亿元票房中，仅微影一家就占到38%。在某种程度上，微信助推了院线票房直线上升，同时微信为了售票要进行电影推广，成为电影票房无形中的有力推手。

在全媒体时代，春节仪式越来越多元化，在电视屏幕、手机屏幕之外，院线也从未隔岸观火，正在与前两者分庭抗礼。从春晚到"红包"再到院线电影，春节期间人们的注意力不断转移，媒介中的节日仪式也在不断变化。人在哪里，注意力就会在哪里，媒介冲击波也会辐射到哪里。院线的火爆对其他媒体意味着什么？或许一个多元共存的不断更新的媒介生态正在悄然酝酿中！

# 新理念与新技术驱动下的媒介新态势*
## ——透析 2017 年央视春节报道

新理念、新技术正在改变媒介的内容生产、分发、手段、形式等方方面面。透析 2017 年春节期间的媒介现象,可以看到在新理念与新技术的驱动下,媒介发展的新态势正在显现。

## 一、栏目凸显时代特征与真情力量

客观分析,2017 年央视春节报道收获了最好的效果。春节期间,央视新闻频道播出了《新春走基层·零点后的中国》《厉害了我的国》《新春走基层·一路回家》《家和万事兴》《家是什么》《新春走基层·天下父母》《说句心里话》等一系列栏目。这些栏目之所以成为公众喜欢看的新闻作品,是创新理念的结果。一线记者深挖内容,变换视角,走进百姓的心里,以真情打动人心,以真实博得信任。

特别节目《厉害了我的国》是 2017 年策划的。新闻频道以网友拍摄小视频的形式,展现国家发展成果,抒发家国情怀。

节目中,记者奔赴祖国边防哨所和海外维和部队采访官兵战士,官兵战士对着镜头表达对伟大祖国的自豪和热爱、对家人的挂念,字字句句都打在观众的心头,令人潸然泪下;而网友们自发拍摄的视频更是展现了伟大祖国

---

\* 文章原载于《新闻与写作》2017 年第 3 期,收入本书时,略有删改。

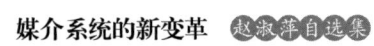

的巨大成就：高铁、新能源、国产新舟60飞机等，唤起观众的强烈共鸣。

特别引起笔者注意的是，这些网友拍的小视频不但内容鲜活生动，而且拍摄的构图也相当不错，无论是内容还是形式都把握得恰到好处。相较于之前的自拍节目，水准有一定提升。这说明利用手机拍摄短视频对于寻常百姓来说已经十分娴熟，公众自拍为媒体提供有质量的内容成为可能，策划和运用好公众自拍的内容也成为媒体面临的新课题。

《厉害了我的国》作为新春走基层的保留节目，如何抓住观众呢？2017年的《新春走基层·零点后的中国》从名称上就紧紧抓住了观众的心。其内容报道了京沈高铁望京隧道工地70多名工人在春节期间仍在坚守岗位；外卖小哥王金华仍然穿行在城市里送餐；派出所民警陈贤龙仍然在广州火车站执勤……

春节期间，《焦点访谈》还推出特别节目《感恩的礼物》，围绕感恩的主题，讲述了百姓生活中的许多暖心事。在2017年的春节团拜会上，习近平总书记说："不能忘了人间真情，不要在遥远的距离中割断了真情，不要在日常的忙碌中遗忘了真情，不要在日夜的拼搏中忽略了真情。"这几句话点到了人们内心最柔软的地方，也说出了千家万户最在意的东西。在当下碎片化的时代背景下，技术变革裹挟着新的媒介形式正在分割人们的注意力，传统传播介质正在失去对受众的吸引力。"走进人们心里"的内容才能够打动人心，而打动人心的往往是真情实感。可以说，央视春节报道凸显出时代特征与真情的力量，这从侧面反映出报道团队懂得百姓的心，理解百姓的情，投入了自己的真情实感。

## 二、使用网络语言贴近公众

在新媒体迅速崛起的背景下，央视新闻的收视无疑受到严重的挑战，然而，作为传统主流媒体的最重要的新闻频道，央视新闻的影响力仍然发挥着不可低估的作用。对此，可以从春节报道运用网络语言引发"爆款"上可见一斑。

在 2014 年，央视的《新闻联播》出现了一些诸如"爱你一生一世"的网络用语，公众普遍点赞了央视的"卖萌"行为。今天，央视春节新闻报道更加有意识地用网络语言圈粉，实际上是融合时代贴近社会、贴近公众的媒介行为。

2017 年春节期间，央视主播朱广权的一段开场白火了一把。"地球不爆炸，我们不放假，宇宙不重启，我们不休息。风里雨里节日里，我们都在这里等着你。没有四季，只有两季，你看就是旺季，你换台就是淡季。"因这段台词，网友们将朱广权戏称为央视的段子手。

例如，1 月 27 日，在央视新闻频道《一年又一年》节目里，主持人文静和朱广权这样对话：

朱广权：别问我为什么不笑，一本正经地播报，这是电视人的心声，不是段子搞笑，所以你要知道，没哭就值得骄傲。

……

朱广权：我现在就想知道，鸡年到了还能不能吃小鸡炖蘑菇。

文静：当然能啊！本命年也不能搞特殊化，以后在家禽界怎么混。

文静：广权你会做饭吗？

朱广权：像这个贵妃鸡啊、昭君鸭啊、貂蝉豆腐、西施蛇、萨其马、芙蓉糕、青梅橘饼、炸元宵、刀枪剑戟斧钺钩叉、烧饼油条包子麻花。这些我都不会。

文静：嘿，那你说这么热闹。

……

这段视频被网友剪成集锦，并成为春节期间网络平台的流行视频段子，人民日报客户端还进行了转发。央视新闻主播一本正经说段子，在春节期间为央视圈了不少粉。央视春节新闻主播语言的转变，其效果是显著的，观众喜欢这样的央视主播，央视离观众也越来越近了。

2017 年春节期间，央视新闻频道以及新媒体还推出《央视主播私房年夜菜》节目，海霞、李梓萌、崔志刚等主播轮番走进厨房为大家展示厨艺。

在技术变革的大时代，网络对人们行为的影响毋庸置疑。在新媒体的强势追击之下，央视抓住网络语言引发笑点的特点，用贴近时代、贴近公众的话语来圈粉，可以说寻找到了网络空间的话语地位。新闻主播说段子、下厨房，也是在接受用户的判断，因为在媒介融合时代，用户的判断是媒体影响力的重要指标。

此外，除夕的《新闻联播》也特别吸引眼球。当天《新闻联播》的开篇就是祖国各地的实时画面：广州市越秀区的西湖花市、内蒙古新巴尔虎右旗境内的1503执勤点、山东枣庄的台儿庄古城、陕西绥德郭家沟村、上海豫园灯展等。

这种编排曾在2010年10月1日嫦娥二号发射时有过一次。2017年除夕，新闻联播的时政新闻只有一条，出现在第10分钟，时长仅为3分43秒。《新闻联播》这种编排在内容上真正体现了亲民，在形式上也营造了春节的氛围。

### 三、自拍短视频品质提升

在移动互联网时代，短视频将成为新闻报道的重要形式，占据绝对优势，而大众将成为短视频的生产者。CCTV春节报道顺应了新的媒介发展趋势，把大量的屏幕时段让位给公众自拍的短视频。这是一种新的新闻生产报道理念。

2017年央视春节报道对用户分享的应用已经驾轻就熟。央视新闻分别以不同的话题向网友征集视频，包括《新春走基层·零点后的中国》《厉害了我的国》《我的离别时刻》《小伙伴老伙计》等节目都采用了征集网友自拍视频的形式。

特别值得关注的是，老牌的新闻评论节目《焦点访谈》也向广大观众征集自拍视频，主题是春节到了，你用什么方式向父母长辈表达爱心、献上感恩的礼物。征集令发出后，节目组收到了很多观众自拍的视频，并从中选择加以剪辑，构成《感恩的礼物》报道的重要组成部分。

今天，随着手机拍摄的普及、秒拍等短视频平台的火爆，无论网生代还是非网生代，拍摄一段短视频上传都变得十分容易。同时，网友上传视频的内容越来越丰富，用户互动积极性和参与度显著提高。

央视春节的"海采"报道也曾经引起社会比较热烈的反响。"海采"以随机的形式抓取了很多精彩的内容，很多普通人生动的语言成为人们议论的话题。但是，"海采"的形式也有一定的局限性，虽然可以营造氛围、传递信息，但是缺少深度表达和画面的感染力。2017年央视春节报道记者"海采"的身影不见了，而大量网友自拍的短视频成为精彩的内容。

在全媒体时代，用户分享已经不是新媒体的专利，传统媒体正享受着新媒体快速发展带来的便利。我们看到，电视媒体和移动终端的融合越来越密切，新旧媒体之间的界限也越来越模糊。可以说，2017央视有关春节的一系列报道，为用户分享提供了新的样本。

### 四、智能应用多维度拓展数据来源

今天，多维度的海量大数据正在为新闻媒体提供数据新闻的创作基础。

数据新闻是央视近几年春节报道的重头戏，2017年央视报道在利用新的智能应用搜索技术，多维度拓展数据来源，丰富报道内容，提供多样视角等方面取得突破。

2014年，在大数据的概念刚刚兴起之时，央视策划制作了《"据"说春运》节目，当时的数据主要来源于百度地图，而在2017年央视新闻频道的《"据"说过年》节目中，数据的来源相当广泛，视角也别具一格。

分析搜狗输入法数据，显示拜年图片最热门的是哪一张？热度最高的表情包是哪一个？以此向人们透露拜年风俗的变化；分析滴滴打车的数据，看看春节期间还有多少人加班……

上述数据的获取都得益于智能应用的迅速发展，得益于技术的力量。在近3年时间里，人们共同见证了O2O平台的极速发展，计算机的计算能力呈几何式增长。

央视春节报道在数据取样上的呈现，预示未来数据新闻的多维度发展态势。随着智能应用的普及以及技术的向前推进，数据将继续被扩容，大数据新闻呼之欲出。从数据中找到关联、发现新闻点，不是技术能够解决的，敏锐的观察力、缜密的思维是变数据为新闻的能动力。

未来几年，媒体融合已不再是新旧媒体之间的融合，而是与一系列智能应用新技术的融合。因此，稍有懈怠，新技术就会以新兴媒介形式，跨界挑战媒介地位。因此，接纳新技术、尝试新技术是所有媒体未来的重要课题。对于常态化的春节报道来说，智能应用无论是宏观把控，还是具体操作方面，都是人们不可忽视的重要技术。

## 五、VR/AR、360 度全景、纯航拍带来全新的视觉体验

2016 年，被认为是虚拟现实、增强现实、360 度全景拍摄以及航拍最为活跃的一年。这些新技术给我们带来了全新的视觉体验，开创了新的报道形式，引领着新的潮流。

对于央视来说，这些新技术的应用无疑应该走在前列。我们看到，2017 年春节，央视打造了全新的 VR 春晚。春晚的 VR 制作团队分别在演员入口、化妆间、演员过道等地方放置了 4 台全景摄像机。同时，实现了桂林、哈尔滨、上海多地 VR 全景视频的输入、录制与分发。在播放终端，央视通过央视影音、央视综艺春晚和央视资讯 3 个移动端 App 以 VR 的形式将节目呈现给观众，虽然真正利用 VR 设备观看节目的人很少，但是央视第一次将大型电视节目做成 VR 形式的意义无疑是深远的。

回望 2016 年，VR 一度成为资本热捧的词汇。但是 VR 从一个技术想象走向日常应用，仍然有一段距离。2017 年春晚的 VR 直播亦是如此，春晚当天，笔者打开客户端试图观看全景春晚，但只有 360 度全景视频这种方式，效果并不理想。

从制作到分发，VR 视频都有相当大的门槛，事实上 VR 与 AR 技术应用往往是结合在一起的。央视春晚能跨越这一门槛证明其具有强大的推广力。春晚的这一次尝试，对电视媒体来说具有示范作用。

新闻频道《新闻直播间》春节特别直播节目，全景展示了全国各地新年的喜庆气氛、丰富多彩的民俗、具有地域特色的村镇和城市景观。

随着360度全景摄影机的出现和普及，全景影像作品大量出现。在某些特定的场景里，全景拍摄弥补了普通摄影机的不足，提供了更宽广的视野，带给人们更全面、更奇特的视觉体验。在未来，全景拍摄还将得到更加深入的应用，一个全景时代已经拉开帷幕。

在2017年央视春节报道中，有一档节目非常吸引观众眼球，那就是《航拍中国》。《航拍中国》作为一部纯航拍的纪录片，可以说是2017年春节的献礼佳作，成为春节期间的一道视觉盛宴。

在央视春节报道的历史中，《航拍中国》是耗费了巨大人力与物力用纪录片形式纯航拍手段报道春节的成功尝试，也可以说是春节报道的一次创新。

《航拍中国》第一季的拍摄内容，囊括了地形地貌、气候环境、自然生态等各不相同的6个省级行政区域，分属我国的东、西、南、北、中。拍摄时间历时一年，动用了16架载人直升机、57架无人机，总行程近15万千米，相当于环绕赤道4圈，积累了大量珍贵的4K空中拍摄影像。

在拍摄过程中，《航拍中国》所有镜头全部由航拍完成，而且拍摄全部由我国的团队完成。航空摄像以超出平常的高度俯视全貌，以宏大的视角展示奇绝的影像，带来焕然一新的视觉体验，而这些都得益于航拍技术的不断发展。现在，航拍几乎成为拍摄的标配，受众对航拍叙事有了更多的接受度。航拍技术的发展，为纪实影像带来了新的突破口。

## 六、结语

2017年央视春节报道确实得到了公众的点赞。究其原因：一是对社会变革的把握比较到位；二是对受众的理解比较清醒；三是对新技术的应用比较敏感；四是报道的态度和行动做到了深层次的"走心"。

另外，我们注意到，《人民日报》在春节期间推出了AR红包和机器人。从除夕到大年初七，人民日报客户端在北京天坛公园、成都宽窄巷子、杭州

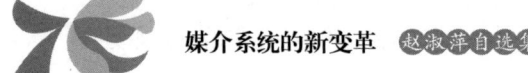

西溪湿地公园、三亚天涯海角、昆明石林、哈尔滨圣索菲亚大教堂、广州沙湾古镇、南京夫子庙等地点都藏了红包。此外,《人民日报》通过微博、微信、客户端、人民网等平台推出首款人工智能机器人小融。用户在小融的 H5 对话界面用语音录入,小融会分析语义,用各类表情做出相应回答。除了一些过年话题,小融还会一些日常问候等。

我们也注意到,腾讯新闻特别策划了大型直播节目《回家的礼物》,这是一场历时 5 天,累计 50 个小时的系列直播。从 1 月 16 日到 1 月 20 日,每天在北京、上海、成都等城市的火车站、机场,都能看到腾讯新闻的直播队伍。他们从早上 11 点到晚上 9 点,用 10 个小时的时间将这种独属于中国春节的迁徙生活方式展现在用户面前。

对于传播媒介来说,春节既是每年最重要的报道节点,又是每年都要涉及的报道主题。因此,如何策划精彩的重大节庆报道?如何不落俗套找到新的吸引点?如何体现新的时代特征?这是各个媒体每年都要面对的一个挑战。

# 节庆报道的价值取向与创新路径[*]
## ——基于 2018 年 CCTV 春节特别节目的分析

今天，电视受到新媒体的冲击是不争的事实。我们看到，电视媒体正在寻求新的突破，形成新的竞争力。笔者认为，推出特别报道、打造现象级节目成为电视巩固权威地位的新趋向。特别是在重大节日庆典期间，电视屏幕上的特别节目往往能形成矩阵传播的态势。

从新闻报道的概念上界定，重大节日庆典属于可预知的非事件性的选题范畴。由于每年一度的重要节日具有固定的时间节点，因此其成为电视推出特别节目的由头和契机。在媒介融合的背景下，电视推出特别节目经过四个阶段：提前策划、预热、集中播出、伴随推送。另外，重要节日庆典本身固有的文化特征，造就了电视特别节目格式化、仪式化的特征。对于主流电视媒体 CCTV 来说，春节是一个非常特殊的契机，只有形成矩阵传播才能获得理想的效果。分析中央广播电视总台（以下简称"央视"）2018 年的春节节目，有下述几个特点。

在内容上，推出春节特别报道、异彩纷呈的晚会、文化综艺节目等重头戏，形成了矩阵式传播；在形式上，微视频、影像志、公益短片等形成一定声势，活跃了春节的大屏小屏；在传播渠道上，通过电视、网络、移动终端共同发力，取得了相互助推的传播效果。值得一提的是，大年初一播出的《经典咏流传》节目好评如潮，成为传播中华文化的现象级综艺节目，开启了

---

[*] 文章原载于《新闻与写作》2018 年第 4 期，收入本书时，略有删改。

在春节期间推出季播节目的新思路。

## 一、"新春走基层"：传递有温度的时代气息

2018年是党的十九大召开之后的开局之年，又是我国改革开放40周年。CCTV继续推出春节特别报道《新春走基层》，传递有温度的时代气息。

作为春节重头报道，《新春走基层》已有6年之久，受到社会的普遍关注，特别是受到基层百姓的关注，成为观众体察时代气息的新窗口。人们在屏幕上看到围炉团聚、走亲访友、旅游踏青、欢声笑语、坚守岗位、返乡团圆等场景时，就会油然而生一种情愫，这情愫里有着自己对春节的美好回忆和期盼。

据CCTV官网信息，2018年春节期间，新闻综合频道派出80路、近200名记者深入各地一线，打造品牌节目《新春走基层》。

从播出内容来看，几乎涉及了百姓生活的大事小情、祖国建设的各个领域、国家大政方针的诸多方面。系列报道有：《新春走基层·春运故事》《新春走基层·在岗位上》《新春走基层·乡风文明新气象》《新春走基层·有你的地方才是家》《新春走基层·在主战场上》《新春走基层·幸福都是奋斗出来的》《新春走基层·天下父母》《新春走基层·祖国不会忘记解密三线》《新春走基层·心有百姓》等。

在这些系列报道中，《新春走基层·祖国不会忘记解密三线》带给观众深深的感动（如图1所示）。其首次解密了三线建设不为人知的内情，包括火箭发动机研制的原基地——067基地、第二重型机械厂承担的核试验物理研究院——九院、"两弹城"所在地绵阳、核动力秘密研发基地等六个三线基地，这些基地对国家国防建设作出了巨大贡献。

20世纪60、70年代，我国开展了一大批以战备为中心的大规模基础建设，被称为三线建设。为此有400万人远离家乡，在三线落地生根。许多人至今仍然隐姓埋名，他们所做出的巨大牺牲不被世人所知。《新春走基层·祖国不会忘记解密三线》讲述了那个年代可歌可泣的奋斗故事，令人感慨万千。

图1 央视《新春走基层·祖国不会忘记解密三线》截图

此外,央视还在新媒体平台发起六场探访式移动直播,总观看量超过1100万次,"寻找三线记忆"微博话题首日阅读量超过2300万。①

在春节这样一个特殊的时间节点,《新春走基层》节目以家国情怀为价值取向,紧扣"幸福是奋斗出来的"主题,表达对祖国的美好愿望、对民族英雄的缅怀纪念。观众在画面中看到为祖国繁荣付出努力的群像,一种国家认同感和民族自豪感便油然而生。

可以说,《新春走基层》展示了富有时代气息与人文关怀的中国特色的春节图景,这些千姿百态的生动感人的生活图景,也让人们感受到了来自国家主流媒体的温度。

2018年春节,央视首次以灯光秀的形式表达对春节的祝福。大年三十零点整,央视复兴路主楼的灯光秀闪亮登场。灯光秀分三个篇章,涌动着浓浓的时代气息,给寒冷的夜晚带来新春的暖意和节日的祝福,为繁华的都市增添了年味。②

我们看到,CCTV在不断创新春节报道的内容与形式的过程中,也在彰

---

① 央视新闻中心新春走基层多个系列报道反响热烈[EB/OL].(2018-02-28)[2018-09-10]. http://www.cctv.cn/2018/02/28/ARTIdTaD4IbNejjzIFFOCCAf180228shtml.
② 新华每日电讯.评论|媒体的温度[EB/OL].(2018-02-18)[2018-05-07].http://midx.cn/content/20180218/ArticleI03004BB.htm.

显自身特有的气质。无论是新春走基层，还是央视大楼亮起的灯光秀，都传递着新时代主流媒体的温度，体现着主流媒体的责任担当和媒体人的追求——为百姓提供服务，为社会提供滋养，引领时代风尚。

## 二、《经典咏流传》：春节现象级传播的新路径

大年初一晚上八点，CCTV 新闻综合频道推出《经典咏流传》节目，该节目收获了不俗的成绩，开启了春节推出现象级文化综艺节目的新思路。《经典咏流传》是一档精心打造的季播节目，从大年初一到初三播出第一季的前三期。节目播出后成为春节荧屏的最大亮点，引发了社会各界的热议，在豆瓣斩获 9.4 的评分，创文化综艺节目收视与口碑新高。

《经典咏流传》节目以传唱人的咏唱方式演绎古典诗词，经典是其取材，咏是其形式，而流传则是节目希望达到的效果。在短短半个月的时间里，《经典咏流传》三期节目短视频全网播放量已突破 1.5 亿，近 50 篇评论文章在微信上的阅读量达到 10W+，节目"摇一摇"获得了近 400 万次分享，总曝光量约 4 亿。在由 16 首诗词改编的歌曲中，有 12 首进入 QQ 音乐流行指数榜，《明日歌》《三字经》《将进酒》进入前十。① 小诗《苔》在播出后仅仅 3 天时间里，微信端与《苔》有关的阅读量就超 3000 万。②

《经典咏流传》节目受到如此的推崇，是中华民族文化自信增强的有力印证。一方面说明具有优秀品质的文化综艺节目仍然拥有广大电视观众；另一方面也说明电视媒体在传播中华文化中仍然具有不可低估的作用。CCTV 作为国家级主流媒体，传播中华文化，责无旁贷。

《经典咏流传》节目的成功，取决于制作团队对节目品质的极致追求，这种追求极致的专业精神正是打造现象级节目的不二法门。

---

① 孤独 300 年的小诗一夜天下知《经典咏流传》现象级传播怎样炼成？[EB/OL].（2018-02-04）[2018-07-20]. htp://ent.chinadaily.com.cn/2018-02/24/content_35733210.html.

② 孤独 300 年的小诗一夜天下知《经典咏流传》现象级传播怎样炼成？[EB/OL].（2018-02-04）2018-07-20]. htp://ent.chinadaily.com.cn/2018-02/24/content_35733210.html.

节庆报道的价值取向与创新路径

图 2 《经典咏流传》第一期歌曲《苔》截图

作为春节期间推出的季播节目,《经典咏流传》节目的基调同节日氛围十分合拍。节目整体风格轻松明快,既有文学艺术的内涵,又有音乐艺术的愉悦,观众在欣赏中获得精神上的享受。

《经典咏流传》节目在诗词内容与传唱人的选择上颇具匠心,带给观众更多的感动。例如,节目邀请香港著名艺人罗家英和汪明荃夫妇传唱《鹊桥仙》,这对夫妇的传奇爱情故事曲折动人,他们咏唱《鹊桥仙》时的真情投入,让观众感受到人世间永恒爱情的美妙。节目邀请88岁高龄的钢琴家巫漪丽演奏《梁祝》,她是中国第一代钢琴家,是《梁山伯与祝英台》小提琴协奏曲钢琴部分的首创及首演者。节目采用远程连线方式,将巫漪丽在新加坡演奏《梁祝》的现场同北京的现场连接在一起,老艺术家的精彩演奏令人叹为观止,掀起节目的高潮,这个场景成为央视春节荧屏上的经典段落。中国科学院教授陈涌海弹唱的《将进酒》将古诗词与现代摇滚乐相结合,曾在网络红极一时。

值得提及的是,在《经典咏流传》三期节目中,清代诗人袁枚的一首小诗《苔》创造了一个不小的奇迹。从大年初一到正月十五,有关这首小诗的讨论热度一直居高不下。

"白日不到处,青春恰自开,苔花如米小,也学牡丹开。"这首只有20个字的小诗鲜为人知,节目播出后却成为"爆款"。究其原因,第一,这首小诗

249

寓意深邃，容易记忆，朗朗上口；第二，发挥了CCTV作为主流媒体的平台作用；第三，选择了大年初一电视黄金时间播出；第四，引发了社会各界的广泛热评；第五，带动了传统媒体与新媒体的相互助推。

浏览有关《经典咏流传》的文章，可以发现文字之间流露出的真情与赞美。例如，《一首孤独了300年的小诗，一夜之间，亿万中国人记住了它》《88岁的她用苍老的双手按下琴键，世界立刻安静了，然后，又沸腾了》《〈经典咏流传〉再现央视创新格局：和诗以歌，"文化热"升级可裂变的"文化潮"》《传统文化走向大众流行的"世界性难题"〈经典咏流传〉解决了》《央视〈经典咏流传〉：让经典与现代从容相容优雅相伴》《如果不是CCTV，袁枚的〈苔〉依旧不见阳光！——另一个视角看传统文化的传承与发扬》《央视这档创新文化节目有高度！让经典流行再造新经典》等。从这些文章的观察角度来看，《经典咏流传》节目在人们心目中已经被认知为是新的经典。

笔者认为，这些文章有一个共同的特点，就是有感而发。在诸多的文章中，《人民日报》、人民网在大年初二刊登的《一首孤独了300年的小诗，一夜之间，亿万中国人记住了它》中的见解尤为深刻。此外，《经典咏流传》的官方网站迅速跟进，对每一首诗词都进行解读与推送，同时，及时发表专家、学者的观点，摘编媒体的评价以及公众的跟帖，在专业圈子内部和社会各界产生了广泛影响。这引发我们对如何在春节期间进行现象级传播的问题的深层思考。

我们注意到，春节前夕，《舌尖上的中国》第三季（以下简称《舌尖3》）做了较多的宣传，预告大年初四播出。从节目编排的时间看，央视希望《舌尖3》接棒《经典咏流传》第一季，构成春节重磅节目的格局。不料，《舌尖3》播出后，质疑的声音多过好评，豆瓣评分降到4分。社会各界纷纷以《舌尖1》作比较，认为《舌尖3》在创作风格、节目品质、内容取材上有所缺失。观众的"炙烤"发人深省，从一个侧面验证了高品质是打造现象级节目的基石。

《经典咏流传》的火爆、《舌尖3》的失落，说明打造高品质的节目，成就现象级的传播，并不是一件容易的事情。中华民族的文化源远流长，是创作和取材的不竭源泉。2017年春节，CCTV推出《中华诗词大会》，2018年春节CCTV推出《经典咏流传》，这两个重磅节目都成为央视的新品牌，成为电视内容生产的经典之作。

### 三、《春节影像志》：珍藏时代变迁的记忆

在2018年的新春，CCTV利用影像素材的存量资源，编排制作了特别节目《春节影像志》。该节目组收集大量有关春节的纪录片、电影资料、《新闻联播》等电视节目中的素材，从时代变迁的维度加以梳理，让观众感受到不同年代过春节的气息（如图3所示）。

图3　央视《春节影像志》节目截图

忆往昔峥嵘岁月稠。《春节影像志》珍藏的春节记忆，也是中华民族进步的记忆。观众通过这个有意思、有意味的窗口，体味不同年代过春节的味道、吃穿住行、社会风尚、精神面貌、时代进步等。

在《春节影像志》系列节目中，那些具有典型时代烙印的影像给观众留下了深刻的印象。不同年代置办的年货、走家串户的拜年、通往家乡的老火车等，唤醒了人们尘封的记忆。对于经历过那些年代的人们来说，这些影像

成为回忆童年、回忆青春的载体。对于没有经历过那些年代的新生代来说，《春节影像志》为他们打开了观察时代变迁的窗口。那些商店里只有春节才供应的商品、售货员使用的秤、老火车上的硬板座椅、机关单位的团拜方式、孩子们的穿戴服饰等，这些画面在今天的现实生活中都已经不复存在。可以说，《春节影像志》在一帧帧回顾历史的过程中，让人们深深地感受到了社会的变革、时代的进步。

回望历史，成为2018年春节报道的一个视角。大年初一，新华网的品牌栏目《国家的相册》也推出了"最盼是初一"的微视频，聚焦大年初一，展现社会各类人群在这一天的活动，具有以点带面的穿透力。大年初一是农历新年的开始，是春节最重要的日子，"最盼是初一"寓意新的年轮开始转动。

回望历史，通过对比人们更加珍惜今天的生活，对未来寄予更美好的期望。央视拥有大量报道春节的新闻素材，这些不同年代的记录就是国家砥砺前行的时代相册。《春节影像志》充分利用已有的素材存量，通过精心的构思，制作出生动有趣的微视频，既是对中国春节传统文化基因的影像解读，又是用影像勾勒节日庆典民族志的新尝试，更是对国家历史变迁、社会精神文明的影像梳理。

在一定程度上，《春节影像志》创新了春节报道的节目类型。该节目利用央视的资源优势，以独特的史学角度、丰富有趣的内容、生动的细节画面、热爱生活的态度、积极向上的价值取向，赢得了观众的首肯。

2018年是中国电视诞生60周年。媒介的变革和技术的荡涤，使得人们对电视的媒介功能有了更加理性的认知。外部媒介环境的变革是大势所趋，主流媒体依然具有不可取代的权威优势。CCTV作为国家电视台，在春节节目的内容生产上树立起了国家标准，无论是高投入的《经典咏流传》，还是低成本的《春节影像志》，创新思维与精益求精的专业追求是节目成功的关键。

### 四、《中国词儿世界范儿》：彰显中国话语的国际影响力

春节是全球华人的共同乡愁，在这乡愁里，浸透着中华儿女共有的血脉

和基因。春节凝结了中华民族的价值观念、理想信仰、精神情感、伦理道德、行为方式和社会规范等文化传统，是民族文化特征的组成部分，也是讲述中国故事，进行国际传播的"头部资源"。

2018年春节期间，CCTV国际传播的节目明显增多。其中，央视联合国家外文局共同策划推出的《中国词儿世界范儿》春节特别节目的切入点十分细微独特。1月26日，节目面向全球发起视频征集活动，邀请外国人以视频回传的方式，讲述自己熟悉的中国词以及有关的故事。征集平台分别有央视新闻全媒体平台、商务部、国资委新媒体平台，并联合CGTN海外传播账号、中国网、今日头条、新浪微博等网络媒体。令人意想不到的是，在短短16天的时间里，央视收到50多个国家和地区的视频回传。《中国词儿世界范儿》节目组筛选出4个小时时长的有效素材，编辑出3集视频短片，每集2分钟，大年初一至初三播出；同时，制作了"外国人说中国词"新媒体微视频系列。

3集短片生动幽默，折射出世界人民对中国怀有亲切友好的态度和感情。大年初一播出的2分钟短片里有6个段落：说一说你来自哪，吃饭了没有，哪个中国词的印象最深刻，你们都吃了什么，我们爱中国，狗年春节到了、给大家拜个年吧。节目中出现几十张面孔，40多个片段，有词语组合，也有故事，可以看出节目编辑下的较大功夫与精心的构思。

2018年，中国现代《汉语拼音方案》正式颁布60周年。国家外文局首次发布《中国话语海外认知度调查报告》，同时公布了中国词汇热词榜。该报告对8个主要英语圈的国家进行问卷调查，问卷分析结果显示，华语的国际认知度与日俱增。这份调查报告从微观角度折射出中国国际影响力的提升。

央视新闻综合频道以此为由头，拓展《中国词儿世界范儿》节目的取材思路，对《中国话语的国际认知度调查报告》进行电视化的二度解读，视角独特，立意深邃。

节目根据文化、政治、经济等方面的热词，制作系列内容，反映中国在各个领域取得的成就以及国际地位。例如，在经济类榜单上，人民币、元、央行、网购、支付宝、中国制造、中国高铁等词汇的背后代表着中国经济的快速崛起；在政治类榜单上，"一带一路"、命运共同体、中国梦、中国道路

等词汇的背后代表着随着中国进入新时代，其政治理念产生广泛的国际影响；在中国节日的榜单上，春节、春运、春联、元宵、重阳、端午、红包、灯笼等词汇的背后代表着中国传统节日文化在世界范围的影响力逐步提升。

春节前夕，美国《新闻周刊》根据美国、加拿大、英国等国家的网民投票，评选出20个中国文化符号，其中汉语位列第一。可以预料，汉语将成为世界广为应用的语言。过去，语言学家一致认为汉语是世界上最难学的语言，很难在世界上通用。今天，外国人学汉语、说中国话似乎成为一种流行趋势。

2018年春节，《新闻联播》节目播出了"'小蜜蜂'姐妹来拜年"，视频中，美国知名投资家吉姆·罗杰斯的两个女儿说着一口流利的中文，用词生动幽默，回答记者的提问时妙语连珠，令人忍俊不禁。

此外，CCTV新闻频道还推出了《外国人眼中的中国年》《外国人眼中的新时代中国》《外国人眼中的春晚》《外国人眼中的春运》等节目。中文国际频道推出《外国人眼中的中国·中国设施世界惊叹》《新春观察·中国年世界范儿》《中国缘之中国爱情》等节目。

中国的春节日趋走向国际化，成为一些国家的法定节日。春节是众多中国故事中的一个"叙事文本"，春节既是讲好中国故事的取材资源，该节目时间段也是树立国家形象、提升国际传播力的契机。

## 五、结语

春节既是每年最重要的报道节点，又是每年都要涉及的报道主题。因此，如何策划精彩的重大节庆报道，是各个媒体每年都要面对的一个挑战。

从人类文化学的视角来看，中国人的乡愁是一个非常值得研究的文化现象。在漫长的岁月中，中国人的乡愁凝聚成特殊的民族情结、爱国情结，这种情结在庆祝重要的节日中表现得尤为突出。

节日可以折射出一个国家、一个民族的文化特征。对于媒体来说，节日报道的内容生产属于预知性的重大选题，也是报道的由头和契机。由于节日报道本身具有固定的时间节点，因此必须找到新的"卖点"。在一定程度上，节日报道也反映出媒体的传播能力和水平，媒体要想真正受到公众的好评，就必须有"头部"资源的引爆。

2018年春节，CCTV 还推出符合网络、移动客户端传播的作品，公益宣传片《家风传承》《家国天下》等在社交媒体悄然传开。这些宣传片内容贴近百姓生活，容易被人接受和分享。

当下，在互联网的赋权下，观众有了充分的评判自由和选择权利。重大节庆报道呈现出精准传播的趋向，不同历史时期的重大节庆报道反映出国家的经济水平、人文风貌、社会时尚、时代特征。在新的媒介生态下，节庆报道必须有所创新，才能焕发新的生命力。

# 网络春晚的伴随文本叙事策略研究*
## ——基于央视10年网络春晚的分析

从 2011 年开播以来，作为电视文艺节目属性的央视网络春晚，通过电子技术手段，对各种文艺节目进行再创作，给观众提供了综合审美享受的电视节目形态。此外，为了贴合互联网传播环境，央视网络春晚不断提升"网感"，与其他类型的电视文艺节目类型相比，为网民营造出更热烈的现场氛围与互动效果。

伴随文本理论由赵毅衡教授在《符号学原理与推演》一书中提出，指的是被文本携带着的，隐藏于文本之后、文本之外或文本边缘，积极参与文本意义构成，影响意义解释的因素。① 赵毅衡教授较为系统和具体地将伴随文本分为 6 大类（见表 1）：前文本，即文本生成之前对其产生影响的其他文本的总称；副文本，即完全显露于文本表层的伴随因素；型文本，即文本所从属的集群；元文本，即"关于文本的文本"；链文本，即文本的"链接因素"，接收者在解释某文本时，主动或被动地与某些文件连接起来；先/后文本，即两个文本之间所存在的特殊关系。本文依据赵毅衡教授的伴随文本分类，将 10 年央视网络春晚进行伴随文本细分并聚焦其叙事策略，以期对其进行更具规范性与严谨性的界定与分析。

---

\* 文章原载于《中国新闻传播研究》2022 年第 1 期，收入本书时，略有删改。
① 赵毅衡.符号学原理与推演[M].南京：南京大学出版社，2016.

表 1　央视网络春晚的伴随文本

| 生成性伴随文本 | 前文本 | 央视春晚所塑造的仪式观；传统文化与网络文化、草根文化等形成的多元文化语境 |
|---|---|---|
| 显性伴随文本 | 副文本 | 节目的播出时间、空间场景设计；宣传短视频；主持人、嘉宾；制作单位、舞美设计团队等 |
| | 型文本 | 电视综艺晚会是一种传统的电视节目体裁；网络晚会作为一种相对电视来说较为新兴的体裁，在节目类别、语言类型、主题设置、叙事模式、环节设置方面都具备一定的网络特性 |
| 解释性伴随文本 | 先文本 | 对电视综艺晚会常规模式与央视春晚叙事策略的沿用和创新；对央视春晚媒介仪式的继承；对视频网站跨年晚会的复制；对网络文化、草根文化、亚文化的引用、拼贴等 |
| | 元文本 | 媒体的报道；网友讨论 |
| | 链文本 | 微博热搜关键词；回家驿站和各种采访、快闪活动等；其他领域的讨论 |
| | 后文本 | 各省级电视台举办的春晚；网络平台创办的跨年晚会 |

从伴随文本理论视角来看，央视网络春晚的体裁归属是型文本，属于最明显的、最大规模的型文本范畴，它作为一种指示符号，在引起读者注意的同时，指示着接收者应该如何解读眼前的符号文本。聚焦央视网络春晚的叙事策略，本文推演出央视网络春晚伴随文本与主体文本之间以及伴随文本内部的互文关系图（如图 1 所示）。

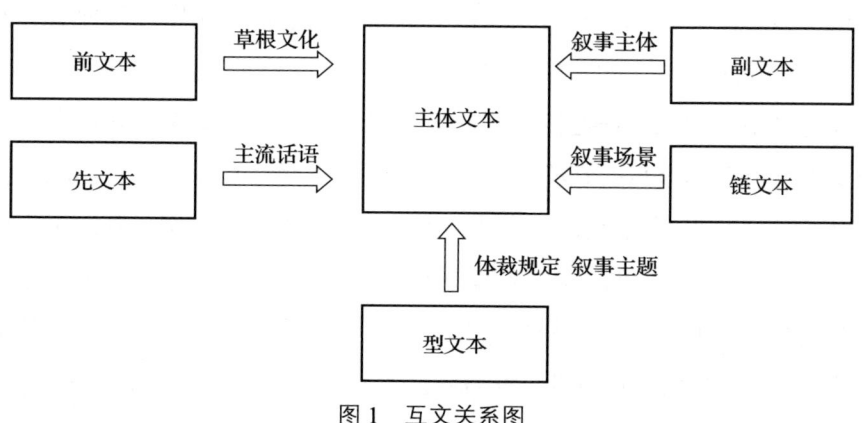

图 1　互文关系图

通过分析央视网络春晚的型文本与副文本特征，以及其他文本与这两类文本之间的互文性关系，本文认为在主流话语体系中，央视网络春晚的叙事策略仍然处于传统电视综艺节目框架之中，呈现出明显的主流价值指向与涵化效果。在互文性方面，央视网络春晚的型文本与副文本也受到前文本与先文本的影响。

## 一、型文本与叙事主题中的家国情怀

叙事主题影响着观众对文本的整体判断，也在一定程度上规定了受众期待的边界。叙事主题有狭义和广义之分，广义上电视作品的叙事主题指的是对某个人或某类人与事物的再现，狭义上指的是中心思想或主旨内容。主题作为一种型文本，参与主体符号系统的生成，影响着符号意义的解读。同理，央视网络春晚的叙事主题也在一定程度上影响着其对晚会主旨的把握。

### （一）叙事主题：网络春晚中的"中国梦"

央视网络春晚的叙事主题呈现出"网感"与家国情怀并存的特征。从互文性角度来看，央视网络春晚作为一种电视综艺晚会，必然受到题材制约。以央视春晚为例，歌舞类、语言类与戏曲类是其晚会节目的主要类型。由于春晚所处的时间点对晚会氛围的要求——除夕夜需要营造出举国欢庆、温馨和睦的节日氛围，因此，在这三类主要节目类型中，最能烘托这种氛围的歌舞类节目便成为占比最高的节目类型。

央视网络春晚正是在这样的型文本即电视综艺晚会的体裁规定中，形成了类似央视春晚的节目类别构成。2011年，央视网络春晚的第一场晚会，以"亿万网民大联欢"为主题，将全球网民纳入晚会的受众范围，呼应了央视网络春晚的"网络"。可见，与央视春晚不同的是，央视网络春晚的艺术创作自由度相对较高。其在突出"梦想"与"国家"关键词以外，还有一定数量的流行歌曲和网络红人原创歌曲。2011—2021年央视网络春晚主题（见表2）。

表 2　2011 年至 2021 年央视网络春晚主题概括

| 年份 | 央视网络春晚主题 |
| --- | --- |
| 2011 | 亿万网民大联欢，全球华人大拜年；点击幸福；下载快乐；上传创意；共享奋斗；众星狂欢（联欢、奋斗、快乐、创意） |
| 2012 | 团圆 Online；Hold 住幸福；梦想 Upload（团圆、幸福、梦想） |
| 2013 | 我爱中国的 N 个理由 |
| 2014 | 网聚正能量，传递"中国梦" |
| 2015 | 万福送万家，共享中国年 |
| 2016 | 中国人的互联网生活 |
| 2017 | 中国幸福正直播 |
| 2018 | 网筑强国梦，智汇新时代 |
| 2019 | 把爱带回家 |
| 2020 | 新年新愿，我的青春嘉年华 |
| 2021 | 我的青春嘉年华 |

在晚会主题方面，作为官方话语的代表，央视春晚具有重要的国家仪式意义。央视春晚的晚会主题基本围绕主旋律展开，以满足观众对节日气氛的期待，对圆满、团结、欢乐、吉祥、希望的祈祷（见表 2）。而同样处于官方话语体系里的央视网络春晚，也需要内蕴崇高的时代精神与开阔的文化格局，在主流话语导向中灵活运用网络热词，凸显网络春晚的"网感"与青春。

表 3　历年央视春晚主题概括

| 年代 | 央视春晚主题 |
| --- | --- |
| 1983—1992 | 团结、奋进、欢乐、爱国、统一 |
| 1993—2002 | 团聚、奋斗、新世纪 |
| 2003—2012 | 和谐、欢乐、美好生活、团圆 |
| 2013—2020 | 中国梦、建小康、新时代、欢乐、美好生活 |

2013 年，"中国梦"成为举国上下的年度热词，央视网络春晚也将其

运用到晚会主题词中。"网感"的定义从单纯的"网民参与"转变为"中国梦""中国力量""中国美丽"等社会主义核心价值观。2015年至2018年,虽然央视网络春晚主题词中的"共享""互联网生活""直播"体现出一定的"网感",但"国"字的保留仍然决定了央视网络春晚的"家国一体化"叙事策略。2020年与2021年,央视网络春晚的主题都是"我的青春嘉年华",将"网络"置换为"青春",央视网络春晚的定位也逐渐明确,即更加青春的、网络认可度更高的,以年轻人为核心受众的一台电视综艺晚会。

### (二)主流价值导向的"网感"表达

从2011年首届央视网络春晚以来,央视网络春晚以"亿万网民大联欢"为主题,将全球网民纳入晚会的受众范围,呼应了央视网络春晚的"网络"二字。第二场,"点击幸福、下载快乐、上传创意、共享奋斗"的晚会主题,用排比的方式串联起"幸福、快乐、创意、奋斗"的晚会主旨,而"点击、下载、上传、共享"这一组动词,在增加网感的同时,更是强调了观众主体性,体现央视网络春晚对观众参与的重视。2012年,年度热词"Hold住"在主题词中的运用表现出传统媒体对网络世界的洞察能力。总的来说,2011年、2012年,央视网络春晚对"网感"的定义是,网民依靠网络也能远程参与晚会,共享网络生活。

从2013年开始,央视网络春晚中歌曲节目的比重逐年增长。歌曲节目的主题则在一定程度上反映了央视网络春晚的叙事主题。从图2可以看出,歌曲类节目在央视网络春晚中占据了半壁江山。与央视春晚不同的是,央视网络春晚中的歌曲节目以独唱或小规模合唱为主,大型歌舞秀较少。在歌曲类型方面,以网络歌曲与流行歌曲为主,尤其在首届央视网络春晚中,以《老鼠爱大米》《老男孩》《自由飞翔》为代表的网络热歌均扎堆出现。

2021年央视网络春晚的19个节目中有16个是歌曲节目。可见,歌曲节目在央视网络春晚中扮演着越来越重要的角色。歌曲主题方面,"家国"与"梦想"是两大关键词。《常回家看看》(2016年)等唱出了无数游子的心声,表达了全国上下在春节期间"回家团圆"的渴望;《红旗飘飘》(2013年)等则更加直接地抒发了爱国情怀。《追梦赤子心》(2020年)等激励着青年人坚持梦想。此外，央视网络春晚的舞台上还有一类歌曲，描述了当代年轻人所面临的真实境遇，倾诉生活不易，如《这个年纪》(2020年)、《不服》(2021年)、《像我这样的人》(2021年)等引发了当代年轻人的共鸣。

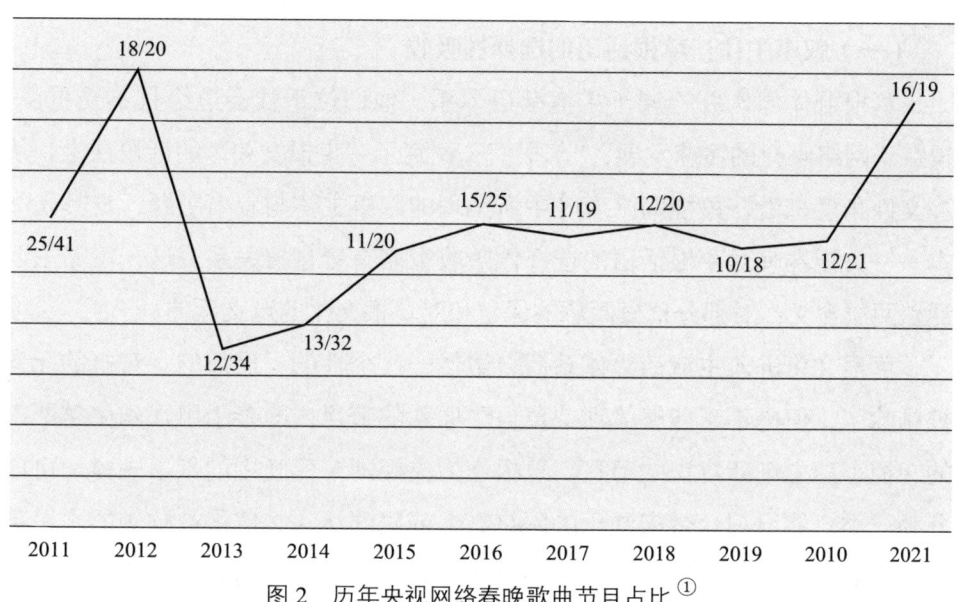

图2　历年央视网络春晚歌曲节目占比①

## 二、先文本与叙事主体中的草根话语

叙事主体，即故事的讲述者，也是意义的直接表达方。在央视网络春晚的舞台上，有这样一类草根群体，他们大多出身平凡，甚至来自社会边缘，但凭借着一项绝技或是主流价值感染力进入主流话语体系，以"直言"的话语表达方式参与央视网络春晚符号意义的表达。"草根"一词直译自英语单词grassroots，该词最初诞生于19世纪的美国。在我国，"草根"最早属于港台用语，平民阶层被称为"草根阶层"；改革开放至2000年，"草根"主要指"普通的、平民的、群众的、民间的"；2000年以后，"草根"词义中又增加了

---

① 2011年与2012年均选取的是第一场晚会作为研究对象。

"出身卑微的、社会地位低的、个性另类的、区别于官方话语的"含义。① "草根阶层"则是指在政治、经济上较为弱势的,话语权有限的,具有鲜明地域特色的阶层,其人员构成较为复杂,农民与市民阶层都有可能被划入其中。随着这一阶层对日常生活的不断提炼,"草根文化"的特质也逐渐清晰。

### (一)叙事主体:草根话语的选择性吸收

草根群体原本并不属于主流话语体系,他们位于社会边缘且不受重视,得益于网络媒介的飞速发展,"草根们"找到了"生根发芽"的话语沃土。从互文性角度来看,央视网络春晚中所呈现的叙事主体与叙事主题,与其先文本——央视春晚对草根话语的选择性吸收策略有着直接关系。这一策略主要涵盖两层含义:对部分草根原意的保留和对草根文化的意义延伸。

草根文化进入主流话语体系后,虽然一些个性的、反叛的、对抗的元素被剔除了,但仍不乏能够体现"草根"原意的节目,即善于用娱乐化解严肃的、拥有独立创新意识的节目。草根作为央视网络春晚中的叙事主体,可以分为三类:能给观众带来欢乐的网络红人或民间达人、值得被歌颂的平民英雄、需要被关注的底层劳动人民。这三类人恰好能够传达央视春晚或者央视网络春晚所希望传递的核心价值观:欢乐、幸福;奉献、爱国;吃苦、奋斗。

这类节目主要有两种表现形式,一是民间技艺,如山东人宋晓东带来的民间杂耍《花式神面》(2013年)、华阴老腔、884乐队演绎的二次元燃向金曲《九九八十一》(2021年)等,将民间杂耍与传统文化以一种新奇有趣的方式演绎出来。二是才艺表演,央视网络春晚将传统歌舞表演的固定模式打破,才艺类型包括拥有独立创新意识的作品、颇具"山寨气质"的模仿秀、一些普通人不具备的特殊技能表演等。此外,央视并未将视线局限于社会底层,只要是群众的、平民的,能够表达群体情绪与愿景的,都可以算作草根节目。

在央视春晚中,草根最开始并非直接参与叙事,而是以一种"代言"的

---

① 苑秀杰.凝视"焦点"中的"草根":探寻"草根"的词源、词义[J].美与时代,2007(4):29–30.

方式实现话语主体的在场。比如，在语言类节目中，以赵本山、黄宏为代表的草根笑星在春晚中崛起。后来，一些走红网络的草根获得了独立登台的机会，打破了专业演员演绎草根生活的局限。2002年依靠《东北人都是活雷锋》走红的网络歌手雪村，带着音乐评书《出门在外》登上春晚舞台，标志着以网民为代表的草根话语主体也能以"直言"的方式发出"草根声音"。2006年以后，草根们更是在央视春晚的舞台上闯出了一片天地：2008年，一批基层建筑工人跟随王宝强的步伐登上春晚，合唱了一首《农民工之歌》，给人留下深刻印象；2009年，农民歌手马光福等人与专业歌手同台飙歌《超越梦想》，获得广泛好评；2011年的旭日阳刚组合、西单女孩任月丽，2012年的"大衣哥"朱之文更是成为一代人的春晚记忆。

无论是"他人演绎"，还是草根独立登台"自说自话"，都是央视春晚重视民间话语的表征。在话语内容方面，即便来自民间，央视春晚的"草根精神"仍旧体现为对国民朴素品质的赞颂，对奋斗、梦想的强调，对弱势群体的关注。由此，央视春晚逐渐形成了一道主流话语与草根话语同台呈现、相互交合的媒介景观，也为央视网络春晚中草根的叙事主体话语方式提供了参考。

### （二）家国情怀叙事中的"草根英雄"

"家国"二字，承载了人类所共有的情感寄托，某种程度上也属于一种"想象的共同体"。央视网络春晚作为一种媒介仪式，无法彻底摆脱其前文本——央视春晚这个国家仪式所奠定的叙事框架。从"平民英雄"与"草根"的概念互换中，我们能明显看到央视网络春晚对主流话语的迎合。虽然后现代主义和大众话语系统具有消解权力话语的性质，但它们并不消解社会公认的价值观念和道德标准。换言之，草根话语即便遭受主流话语的"收编"，也依然具备反映草根平凡情感、创造集体记忆认同感的能力，从而引发观众对国家形象的确认、对社会成就的肯定、对大政方针的认同以及对身为中国人的自豪。

央视网络春晚中有这样一类人，他们大多来自社会底层，文化水平不高，却拥有着英雄的光环。在采访环节，长城环卫工常石头与主持人有过这样一段对话：

"工作这么辛苦，为什么不考虑换一份工作？"

"我们用自己的辛苦,守卫着长城的美丽。长城是中国的骄傲,长城是我们的家,所以不换工作。"

从中我们能看到,"家"与"国"的概念在无形中发生了置换,"爱家"就等于"爱国",意识形态也就由此渗透进草根节目当中。学者吴妍认为,草根作为一个群体的思想意识,其包含的社会意识形态意义正在逐渐削弱。但在央视网络春晚的主流话语体系与家国化叙事框架中,草根依然承担着传递社会理想价值的重任。

在央视网络春晚的舞台上,草根节目中不仅有欢乐的才艺表演、风靡网络的年度红人与可歌可泣的草根英雄,也聚焦着真实的草根生活状态。在2012年,音乐人敏群为打工者们创作了音乐故事《北京兄弟》,并邀请了61位进城务工人员,以合唱的方式讲述为生活奔波,为儿女、家庭操劳的千千万万的小人物的故事:

"有活就干,没活就找。"

"我看他总有使不完的劲,汗水常常湿透他的衣襟。"

"充满力量为儿女、家庭打拼。"

质朴的歌词表现出中国底层劳动人民自古以来就具备的优良品格。此外,央视网络春晚还将视线放到了某些具有典型性的草根家庭上,如2017年央视网络春晚舞台上的陕北文明家庭,内蒙古四代艺术之家与航天之家等。

总体而言,在央视网络春晚舞台上,作为叙事主体之一的草根群体承担着传播核心价值观的重任。"草根"含义被主流话语吸收之后进行了一定的意义延伸。草根作为央视网络春晚的叙事主体之一,所呈现的风格特征是多种文本共同作用的结果,包括以草根文化为代表的前文本与央视春晚吸收草根话语的实践经验等。

## 三、副文本与叙事场景的效果呈现及情感连接

学者王长才认为,副文本在一定条件下也有可能转换为主体文本。[①] 叙

---

① 王长才. 泛文本、显文本:"伴随文本"的两种理解 [J]. 中国语言文学研究,2018 (2):9-16.

事场景中的舞台空间设计，一方面作为副文本伴随着主体文本进入观众视线，起到渲染节目气氛的作用，但当节目叙事需要或是舞台调度需要时，舞美设计则直接参与主体文本风格的呈现，由副文本转向主体文本。

### （一）叙事场景：技术赋能丰富感官体验

电视综艺晚会的叙事场景是指借助网络技术的发展、人工智能技术的迭代所呈现出来的舞台空间与特殊的符号标志。央视网络春晚区别于央视春晚固定的"茶座式"空间设计，充分利用网络元素与科技成果打造出青春活泼、科技感十足的叙事场景。在央视网络春晚中，舞台空间作为节目副文本中的一种符号显现在观众面前，直接影响着观众对于节目文本的接受。通过技术赋能，央视网络春晚的舞台空间设计不断更新迭代，经历了如下三个阶段。

第一阶段，利用灯光以及实体舞台布景营造节目效果。例如，首届央视网络春晚在水立方录制，演播室占地面积非常大，绚丽的灯光使人们感觉如同置身于一场"大制作"的演唱会现场。舞台背后放置着一块LED大屏幕，但作用较为单调，仅作为舞台背景与视频连线工具存在。

第二阶段，伴随网络文化与媒介融合的发展，增添了更加丰富多彩的网络元素。例如，2012年的央视网络春晚舞台顶部直观地挂着代表网络的"@"LED灯；2013年利用环形大屏营造出"华人+友人+私人"的聚会氛围；2014年，撤销仿造央视春晚设计的"茶座式"①观众席，换之以更轻松自由的、观众可以随意站立的、能够随着节目一同欢唱舞蹈的观众区域。另外，在空间调度方面，2014年的央视网络春晚设置了主舞台与左右两个侧舞台，并在舞台装饰上加入集装箱、涂鸦墙等元素，迎合广大年轻网民的喜好。

第三阶段，即借助投影技术、虚拟植入技术、全息技术、虚拟现实技术等增强表演的真实感和沉浸感。例如，2019年实现裸眼3D技术的央视网络春晚舞台首秀故宫国画《十二美人图》，2020年以全息投影方式出现在舞台上的机器人"央视小央"以及2021年受到网友广泛好评的"真人+CG"破次元

---

① 来源于中国传统文化，即一种戏剧传统——在演播大厅里，现场观众以圆桌为单位环坐，面朝舞台，圆桌上通常摆放着装饰鲜花、茶水以及瓜子、花生等各种零食。观众可以一边交流，一边看节目。从1983年创办至今，央视春晚一直保持着"茶座"形式。

共舞，给观众带来强烈的视觉冲击。而在2021年央视网络春晚舞台上，舞美设计与灯光设计是两大亮点。灯光设计配合舞美结构与屏幕素材实现了19个节目的独特视觉效果。舞美设计者以"魔方"的概念进行大胆创作，确定关键词为：网络、科技、现代、魔幻与简约。魔方外部为一个巨大的圆环，可利用数控装备进行多角度变换，与魔方形成视觉差，从而给观众带来多样的视觉体验。舞台两侧为两块巨大的碎屏矩阵，地面则是高清玻璃屏，它们营造出一个"三维"的整体空间，并配合具体的节目呈现丰富的创意。

### （二）互联网云技术应用拓展互动空间

学者李玮曾对伴随文本理论进行修正，认为几乎所有的伴随文本都可以转化为链文本的形式并参与到文本的接收、理解和阐释过程中，即副文本的链文本化。① 舞台空间中原本属于副文本的LED大屏幕，在互联网云技术的加持下，实现了春晚现场与全球华人的实时互动。屏幕另一头连接的百姓家庭或交通枢纽则以链文本的形式影响着舞台空间从副文本转换为链文本，现场观众、主持人与各网络终端的观众共同构成虚拟场域，持续产生情感能量与情感联结。

借助互联网技术与网民视频连线，实时互动或是更加欢乐的实时欢唱活动是央视网络春晚继"网事"系列之后又一标志性节目。2011年首届央视网络春晚在歌曲《老男孩》结束后，发起视频连线，两名年轻的网友与筷子兄弟讨论起"父爱"这一沉重却又温暖的亲情议题；2016年的央视网络春晚舞台上，凤凰传奇、张信哲与来自陕北、黑龙江、山东、江苏等地的普通家庭欢唱了《最炫民族风》与《爱就一个字》，主持人、歌手与各终端用户在央视网络春晚构建的"虚拟"场域中，不断积累着有关"春节团圆"的情感能量，营造了全国上下欢庆春节、阖家团圆的幸福氛围。

如果说以上形式的实时欢唱活动是属于平民百姓的春节狂欢，那么从2017年开始的、更具国家意义的视频连线，则是将家国情怀融为一体，实现

---

① 李玮，蒋晓丽.试对"伴随文本"理论进行修正与扩展：与赵毅衡教授商榷[J].甘肃社会科学，2012（4）：251-255.

更深层次的文化认同和意识统一。比如，2017 年连线的国家超级计算机无锡中心、天宫二号实验室成员、蛟龙团队成员、天眼团队、"悟空号"团队、C919 科研团队，展现出我国强劲的科技水平；2018 年连线的驻利比亚维和警察防暴队、2019 年连线的从亚丁湾、索马里海域返航的中国海军第三十批护航队，则是通过演唱《歌唱祖国》《我和我的祖国》等歌曲体现出为祖国奉献青春的价值观。

### 四、央视网络春晚叙事策略的优化

央视网络春晚作为一种区别于传统电视文本的新体裁，在节目内容、环节设置等方面都有特殊体现。伴随着传统电视节目改革的浪潮，央视网络春晚早年间形成的固定节目与环节乃至主持人串场的形式都被一一取消，符号整体性受到一定破坏，也引发了笔者关于央视网络春晚未来叙事策略提升的思考，在强调创新、融合的传统主流媒体改革中，如何形成节目品牌？如何在小年夜扎堆出现的各路春晚中保持核心优势？

#### （一）晚会形态稳定与型文本的连续性

型文本作为一种"框架因素"对文本起着规约的同时作为指示符号指示文本接受者应该如何解读眼前的符号文本。在央视 10 年网络春晚发展历程中，"网事"系列与"热榜"系列成功奠定了"官方的、庆典的、网络的、青年亚文化的"风格。随着时代的发展，这些早年间的"新"节目逐渐被更新的内容所替代，内容整体性受到影响。创新固然重要，但央视网络春晚作为一档官方话语主导的、反映网络生活现实的节日庆典活动，如何形成并巩固媒介仪式仍然是其"必修课"。

2014 年至 2018 年，西游乐队的"网事"系列活跃在央视网络春晚的舞台上，以拼贴社会事实、网络热事、网络段子的互文性创作手法形成了央视网络春晚早期的青年亚文化风格，成为标志性节目。以节目《网事 2013》为例，该节目一方面以俏皮的网络用语引发网民的身份认同与群体共鸣，另一

方面通过对有关社会实事、国家大事的盘点,将更高层次的国家归属感与认同感成功嵌入。

"热榜"系列也曾是央视网络春晚的标志性环节。"我爱中国的N个理由""中国网络热度榜""中国青年年度流行画像"等榜单,以媒介庆典的形态诠释了官方话语所主导的核心价值观。以2013年央视网络春晚为例,"我爱中国的N个理由"网络评选活动最终评选出"热度最高"的三条理由,令人信服的同时彰显了严肃、权威的国家形象(见表4)。

表4　2013年"我爱中国的N个理由"评选活动颁奖词①

| 我爱中国的理由 | 颁奖词 |
| --- | --- |
| 中国美丽 | 中国味道很美,但更美的是制造味道的劳动;中国艺术很美,但更美的是造就艺术的慧心;中国山水很美,但更美的是护卫山水的忠诚。千万种美共同成就着深远且无可比拟的中国美丽 |
| 中国力量 | 不是所有力量都是千钧之力,在我们中国,有的力量表现为美,像涓涓细流,有的力量,表现为爱,润物无声;有的力量表现为坚韧、奉献,平凡且伟大。这些美与爱,善念与行动,造就朴素但掷地有声的中国力量 |
| 中国梦想 | 世界上有三种梦想,一种是个人梦想,或大或小,让我们的人生丰富多彩;一种是集体梦想,它像一面旗帜,让我们共同向前;一种是集体梦想和个人梦想的集合,就像帆和船一样,互为动力。在中国,三种梦想都可以实现,我爱中国 |

比起日常生活中未能明说的意义,仪式则是一种集体性和公开性的"陈说"。①以"网事"系列、"热榜"系列为代表的固定节目以内容连续性,与时间连续性、人物连续性共同构成了央视网络春晚符号的整体性,继而形成了一种媒介仪式观。但从2021年央视网络春晚的实践情况来看,"去中心化"的晚会编排方式强化了节目的观赏性,弱化了仪式观层面的民众参与性与符号整体性。对此,本文认为即便是"大刀阔斧"的传统媒体转型,也需要坚守一些"不变"。央视网络春晚只有被塑造成一种更加鲜明的仪式符号,才有

---

① 彭兆荣.人类学仪式的理论与实践[M].北京:民族出版社,2007.

可能持续发挥节目品牌效应，起到引领社会价值的作用。

### （二）晚会手法的创新与伴随文本的灵活性

央视网络春晚的伴随文本影响着文本符号意义的生成与接收者的解读，但如果过分强调伴随文本的作用，将陷入一种对伴随文本的"执着"。例如，在2021年央视网络春晚的舞台上，我们看到诸多的"B站"元素，如来自B站综艺节目《说唱新世代》的选手懒惰、B站UP主党妹、虚拟游戏角色"公孙离"，以及具备"B站宅舞"①特点的《彩虹节拍》等，在吸引众多年轻观众的同时，引发了网友"差点以为自己在看B站春晚"等吐槽。

诚然，年轻的、亚文化气质浓厚的参演嘉宾与节目形态作为央视网络春晚的副文本，能快速、精准地唤起群体身份认同。但央视网络春晚作为一台官方话语主导的晚会，仍需区别于仅具备单纯娱乐功能的B站跨年晚会。学者赵毅衡在《符号学原理与推演》一书中提到"弱符号"概念，认为如果意义完全或大多依靠语境才能明白，那么该符号就属于"弱符号"。对于央视网络春晚而言，如果其副文本、型文本均受到以B站跨年晚会等为代表的后文本的影响，那么久而久之，伴随文本将有可能喧宾夺主，而央视网络春晚也将陷入"弱符号"的被动之中。

总体而言，央视网络春晚作为一种电视综艺晚会类型，延续了该体裁规范，在主流话语体系中运用家国化叙事策略，突出其引领社会价值的重要作用。在叙事策略上，央视网络春晚对草根文化的选择性吸收成为其10年来的主要叙事特征，并逐渐形成区别于央视春晚的叙事风格。此外，对国家科技突破的呼应以及舞台呈现技术的应用助力央视网络春晚成为一道特殊的媒介景观。面向未来，央视网络春晚应继续拥抱新技术，探索新形式，融合网络文化与传统文化，才能打破不同圈层文化之间的壁垒，内蕴崇高的时代精神，实现鲜活的现实观照。

---

① 宅舞是一项源于日本NicoNico动画的试跳区（踊ってみた），与ACGN文化有关的舞蹈活动。ACGN为英文Animation（动画）、Comic（漫画）、Game（游戏）、Novel（小说）的合并缩写词，是从ACG扩展而来的新词汇，主要流行于华语文化圈。

# 全产业链构建下的 IP 现象观察及其发展走向预测*

　　IP 的英文全称是 Intellectual Poverty，其原义是知识财产，被引入文化艺术创作领域，其含义特指知识产权。在我国，早期的 IP 主要集中在影视创作与文学作品的授权等方面，形式简单而粗放。IP 概念被广泛应用，发端于网络文学。

　　2014 年，网络文学 IP 开始发酵，拥有千万部作品的"IP 帝国"地位骤然上升，腾讯、乐视、爱奇艺等开始精细开掘 IP 价值；2015 年被认为是 IP 元年，IP 网剧和电视剧呈"井喷"式发展，现象级大剧撬动 IP 全产业链模式；2016 年，新一轮 IP 热浪席卷而来，第一季度的动态已经预示出超速发展的迹象。大起之后会不会大落？狂潮过后会不会低迷？面对 IP 热潮，需要理性思考，对未来走向进行预判。

## 一、IP 产业链导向会更加精细，影视剧将发挥"引力波"作用

　　我国 IP 热潮形成的主要推手：IP 电视剧热播，网络自制剧质量提升，网络、电视双向互动传播，衍生游戏产品开发，T20 边播边买商业模式走俏。可以说，IP 现象的发轫与扩张是在极为短暂的时间内骤然完成的，短短两年时间，IP 的内容生产、产业布局、传播平台、管理规范等都成为相关联行业

---

*  文章原载于《东南传播》2016 年第 4 期，收入本书时，略有删改。

的重要议题，成为其战略布局的新空间。

在上述所有的因素中，IP 影视剧起到的牵引力作用是不容置疑的，因为电视剧、网剧、电影都能够起到"引力波"的作用，所以是产业链构建首先依托的环节。

以电视剧为例，过去电视剧产业模式只是制作、播出、广告招商这样几个简单的环节。今天 IP 导向撬动了产业链的各个环节，每个环节都发挥各自的作用，电视剧作为首要一环，将承担起牵引的职责，这一点在行业内已经有所体现。

根据《解放日报》，2016 年第一季度宣布立项的电视剧中，有近九成源自 IP 改编。①显而易见，IP 占据了影视剧创作题材的主体。这样的发展是超速的，也是发人深思的，究其原因，在于 IP 电视剧在 2015 年取得了巨大成效。《琅琊榜》《花千骨》等 IP 改编的电视剧获得了社会效益与经济效益的双丰收，电视媒体和互联网联手开创了双赢模式，同时为国产电视剧创作注入了新鲜血液。

我们注意到，《花千骨》在渠道分销上并没有收回成本，反而是从手游中获得了真正的利润。可以预料，今后电视剧的渠道分销有可能实行免费策略。在一定时期内，我国电视剧对于受众来说一直是免费的，这是因为广告方对电视剧进行了交叉补贴，广告是电视剧巨大的收入来源。但是当电视剧成为新的产业链中的一环时，电视剧本身的盈利角色将慢慢淡化，电视剧的价值高地转移到其他产品之中，电视剧或许将被低价出售甚至被免费提供。

在网剧和电影的牵引作用方面，值得关注的一个新现象是"网剧 + 院线 + 音乐 + 后续产品"模式。2016 年，乐视出品自制网剧《睡在我上铺的兄弟》，这是乐视的一个生态项目，包括网剧、音乐比赛、电影等不同的产品。《睡在我上铺的兄弟》是依照 IP 导向进行策划的"网剧 + 院线 + 音乐 + 后续产品"的新模式。

起初，导演兼编剧张琦拿着自己创作的电影剧本找到乐视洽谈，乐视决

---

① 数据来源：http://ent.163.com/15/0908/11/B304UGOD00031GVS.html。

定依据电影剧本拓展成网络剧本，同时拍摄网剧和电影，电影情节是网剧的延伸，采用同一套演员班底，同样的拍摄技术指标。同时，乐视对创作的年代、主线、内容、人物等提出具体要求。此外，乐视还策划将高晓松的歌曲《睡在我上铺的兄弟》作为网剧的名字，并同高晓松签订合作协议。这样，先播出的网剧为电影积累人气，网剧成为电影的预告片和宣传片。从乐视的策划可以看出影视剧对 IP 产业链的"引力波"作用。

## 二、IP 产业边界不断拓展，版权方将成为主要赢家

今天的 IP 开发呈现出多业态趋势，一个 IP 可从电视剧、电影、音乐、游戏、舞台剧、衍生品、IP 授权等多个维度进行开发。

电视剧《花千骨》是较为成功地构建全产业链的大 IP，其衍生作品也创下不菲的成绩，堪称是全产业链 IP 的范例。截至 2015 年 10 月底，该剧的网络播放总量突破 200 亿，成为首部网络播放量破 200 亿的电视剧。《花千骨》直播收视率为 3.58%，时移收视率为 0.29%，总收视率为 3.87%，[1] 全剧平均收视率为 2.213%，打破了中国周播电视剧的收视纪录，成为 2015 年收视亚军。[2]

在电视剧《花千骨》开播之前，出品方就与爱奇艺一同拍摄了番外篇——《花千骨 2015》。《花千骨 2015》和小说《花千骨》并没有剧情上的关系，《花千骨 2015》主要是对《花千骨》的进一步拓展，在《花千骨》完结后立刻播出，取得了 4 天破亿点击量的成绩。该剧上线仅仅 72 小时就突破 1 亿播放量，紧接着又创下了 5 天破 2 亿播放量的新高，成为现象级的"爆款"网剧。根据骨朵网络剧的最新数据，《花千骨 2015》上线以来，稳坐网剧日播放量的冠军宝座，每日 4000 万次的日播放量领跑国内自制剧。[3]

---

[1] 数据来源：CSM 媒介研究，https://www.csm.com.cn/。
[2] 海外网.电视剧没有那么容易每部剧都有它的收视率［EB/OL］.（2016-01-03）［2021-05-03］.https://news.hainainet.cn/n/2016/0113/c3541091-29546383-2.html.
[3] 搜狐网.花千骨 2015 千年之后剧情介绍 5 天破 2 亿观众开挂吐槽助力神剧［EB/OL］.（2015-09-22）［2021-05-04］.https://www.sohu.com/a/32846662-115402.

此外，同名手游《花千骨》由小说《花千骨》作者 Fresh 果果亲自授权。游戏高度还原小说内容，并紧随网剧《花千骨》开播上线，实现了"剧游同步"。令人意想不到的是，由于手游与剧情保持实时同步，同时进行大量 TVC 广告宣传，月流水竟高达 2 亿多，单笔充值最高达到 8,2944 元。

《花千骨》网页游戏授权方式预示新的态势：IP 版权方将在未来的产业链构建中成为主要的赢家；IP 电视剧的衍生游戏价值很可能影响到传统电视剧的题材、风格、内容取向。

一般而言，传统电视剧几乎很难转化为游戏，而 IP 因为高度的黏性和转化率能够囊括越来越多的内容。随着 T2O 的兴起，IP 产业的边界拓展势不可挡，势必影响传统电视媒体的注意力转移。

在国际上，IP 产业链构建的成功案例比比皆是，版权方获得了极为可观的收益。例如，20 世纪 20 年代，美国迪士尼从米老鼠图案开始开发衍生品，如今形成图书、影视、动漫、游戏、主题公园、游轮、服饰、文具、玩具、家居用品、食品等庞大的产业链。可以预测，未来中国也将诞生像迪士尼一样的超级 IP 产业链。

## 三、大数据精准预判用户需求，"新大众"影响 IP 内容生产

IP 剧盛行之前，影视内容生产往往只能通过收视率、点击率来判断传播的效果和受众的兴趣。现在，运用互联网大数据支持系统可以对用户进行细分，IP 自带的粉丝量及其需求成为内容生产的预判依据。

举例来说，《纸牌屋》（*House of Cards*）是由美国在线影片租赁网站 Netflix 出品的政治题材电视剧，改编自迈克尔·多布斯创作的同名小说。第一季于 2013 年 2 月 1 日在 Netflix 网站上全球同步首播。截至 2016 年 3 月 7 日，《纸牌屋》（第一季）在搜狐视频上播放量为 1.5 亿。《纸牌屋》的成功得益于 Netflix 海量的用户数据积累和分析，通过云计算技术，Netflix 精准计算出用户喜欢的电视剧题材、演员、导演及播出方式，根据这些需求匹配制作出《纸牌屋》，真正实现了依据用户需求决定产品内容。该剧剧情有政治阴

谋、大佬博弈、权力游戏，一些现象也能在现实中找到原型。

由于多数的 IP 改编剧目来源于网络，网络自带的粉丝量为选片提供了精准的预判。因此，IP 剧的生产在很大程度上要考虑用户的意见。从剧情改编、演员选择、创作团队、播出平台都要倾听用户的声音，可以说 IP 的内容生产进入了用户渗透的时代。

《琅琊榜》的男主角被选定为胡歌是由于粉丝的力荐，他扮演的梅长苏在韩国也拥有众多粉丝，以至于他的粉丝团穿着梅长苏的服饰到电视剧外景地旅游。胡歌精湛的表演和形象塑造，证实了粉丝的判断。这也说明用户的选择、推荐具有可取性，将成为内容生产的依据。

如果忽略用户需求，结果将会适得其反，网络剧《盗墓笔记》的失误就印证了这一点。《盗墓笔记》小说拥有数千万的粉丝，由于改编网剧还原度不高，粉丝的期待难以得到满足，受到了许多网友的吐槽。原定拍摄 8 季、每季 12 集的超级大 IP，只播出先导集后就被网友狠狠叫停。再如网剧《华胥引》的题材与《花千骨》相似，粉丝基础也相当，因粗糙的制作以及演员与原著人物气质差异较大，传播效果远远低于预期。根据桐华小说《云中歌》改编的同名电视剧，因为槽点太多，收视率不断下降。

我们看到，大数据支持系统将用户进一步细分，用户对 IP 内容生产的渗透越来越具体，同时，受众的分层越来越细化。

2015 年，柠萌影业公司联合 4A 公司经过半年的调查研究提出"新大众"概念，特指跨地域、跨年龄、跨媒介的受众群体，他们大多是高学历、高收入、单身的城市年轻人，有强大的实际购买力、内容消费力和意见影响力，与简单的 90 后、00 后的受众形成区隔。

柠萌影业围绕新的目标受众，制定了具有前瞻性的战略定位，一些举措值得特别关注，如聚集一流核心创意，强强合作开放系统，极致的品质追求，新鲜的营销创意，强大的发行实力，"现实巨制 + 幻想宏篇 + 新锐网剧"的内容生产方向。

柠萌影业是一个由专家型合伙人同精英型组织构成的年轻新锐团队，他们针对这个群体制定了超级内容生产连接新大众的战略，取得了不俗的成绩。

2016年，柠萌影业同网络、卫视联手打造《好先生》《小别离》《择天记》等电视剧。

## 四、IP投资规模将继续扩大，资本运作成功与风险共存

古装玄幻电视剧《幻城》可谓2016年IP中的"航空母舰"，由郭敬明监制、上海耀客文化传媒有限公司出品。据悉，《幻城》制作成本耗资3.3亿；邀请近300名演员参与拍摄，群众演员和替身达30,000人；使用7架4K摄影机，8个摄影棚占地19,000平方米，12处外景地拍摄1950场戏；使用绿幕45,000平方米，人工雪500吨，制作兵器937件，服装1370件，道具赶制时长达2400小时；制作团队1186人，特效外援组312人，剧组房间598间。该剧微博话题累计阅读量超过22.2亿，累计讨论量562万，首支预告片超过10万转发量、1000多万播放量。[①]

当下，经济下行压力较大，院线票房呈井喷式增长，传统行业出现萎缩，逐利的资本纷纷投向IP影视生产。根据公示的《电视剧拍摄制作备案》，2015年，国产电视剧拍摄制作备案剧目共957部，3.55万集。按200万元/集的采购成本来计算，2015年，我国国产电视剧的总价值高达710亿元。

值得注意的是，像《琅琊榜》这种"一夜暴富"的案例只是极少数，许多影视剧作品投资难以收回。资本的天性是贪婪的，IP影视剧的投资规模不断扩张已经成为趋势，因此在看到资本运作成就IP做大产业链的同时，要看到盲目投资产生泡沫的可能。

## 五、IP产业链构建成为世界范围的文化与经济现象

经过2015年IP元年的发酵，IP概念可谓深入各个层面。自带粉丝可以

---

① 老八婆.《幻城》耗资3.3亿"留守组"冯绍峰卖萌杀青［EB/OL］.（2016-02-24）［2021-05-03］.http://toutiao.com/a6254642453850439938/.

成为IP，原创歌曲自然是IP，游戏更可以成为IP。

早在2005年，电视剧《仙剑奇侠传》就获得了同游戏一样巨大的成功。《仙剑奇侠传》系列是由台湾大宇资讯股份有限公司发行的系列电脑游戏，第一部游戏于1995年发行。《仙剑奇侠传》无论是在剧情上还是在游戏的设计上都开创了新的路径，在当年引起轰动，极大地影响了中国武侠游戏。《仙剑奇侠传》电视剧在原有的游戏故事剧情上进行完美创新，疯狂刷新了收视榜，甚至直逼《还珠格格》。此后，《仙剑奇侠传》又根据游戏系列的发展拍了电视剧的续作《仙剑奇侠传3》，取得了不俗的收视成绩。

构建IP全产业链在世界范围内已经成为一种文化现象和经济现象。近年来，从游戏中派生出的美国电影《寂静岭》《生化危机》取得巨大成功。《寂静岭》首映3日就获得了2020万美元的票房，《生化危机》的上映也引起了一股僵尸潮流。2016年初，《美人鱼》凭借"周星驰"这个大IP拿下超过30亿元的票房收入。

在一定程度上，无论是投资者还是生产者都已经有了IP惯性，没有IP就无法进行影视创作。2016年2月，在网易财报电话会议上，网易集团CEO丁磊表示，"网易的游戏在过去15年取得了很大的成功，这些IP是公司非常重要的资产，很多用户也希望这些IP可以变成电影或者电视连续剧，公司会在今明两年在这些方面进行投资"。

如今，网络小说以海量的存量和不断的创作丰富着IP的资源库。但是，题材的同质化、水准的参差不齐、内容的媚俗等似乎也成为层出不穷的常态问题。故此，网络IP的选择需要准确的判断力。《花千骨》《琅琊榜》《芈月传》等热播的电视剧都是由网络小说改编，这些原著在网络平台都有着较高的影响力。《花千骨》作者fresh果果2009年凭《花千骨》成功晋级最受欢迎的作家。网络小说《后宫·甄嬛传》是流潋紫的巅峰之作，最初在网络连载，全书已完结并全部出版，2007年第一版共7册，2012年修订版共6册。小说《琅琊榜》由海宴创作，2015年11月2日获得首届网络文学双年奖银奖，位居起点中文网榜首，实体书一经面世便火爆销售，一版再版，好评如潮。

事实上，除了网络小说以外，实体小说也是IP的富矿。2014年最受瞩目的年度巨制、史诗大戏《北平无战事》改编自刘和平同名小说，该剧由孔笙、李雪导演，刘和平编剧，刘烨、陈宝国等人主演。曾创作过《雍正王朝》《大明王朝1566》的编剧刘和平为了创作这部小说，花费了7年的时间。这部电视剧在热门IP剧中别具一格，被称为"代表中国水平的电视剧"。电视剧火了之后，《北平无战事》这本书开始受到关注。由路遥同名小说改编的电视剧《平凡的世界》于2015年2月26日在北京卫视、东方卫视首播。截至2015年3月31日，网络点播量达3.6亿人次。该剧获得第二十一届白玉兰奖最佳导演奖、飞天奖优秀电视剧奖。

我们看到，具有知识产权价值的网络文学、实体小说、游戏、音乐、影视作品正在被充分地开掘，IP产业链条必定会在未来中国文化产业的发展进程中释放出巨大的能量。

# 面向中国式现代化的新闻学自主知识体系建构*

加快构建中国特色哲学社会科学，归根结底是建构中国自主的知识体系。建构中国新闻学自主知识体系是一项历史性任务与时代性课题，其与中国式现代化伟大进程有着内在的、根本的联系。进言之，建构中国新闻学自主知识体系，需要从中国式现代化进程中汲取养分，推出标识性概念、原创性理论、独创性范式以及体系化知识。

## 一

每一学科都有自己独特的研究对象，中国新闻学知识的核心观照对象是中国的新闻活动、新闻现象。中国式现代化是一项需要不同领域有机协同、共同发展的系统工程。中国新闻事业是中国式现代化的组成部分，新闻媒体则是中国新闻事业的主要参与者。

媒体助力中国式现代化进程，主要体现在以下几个方面：其一，助力建设具有强大凝聚力和引领力的社会主义意识形态，巩固壮大奋进新时代的主流思想舆论，坚定人们对中国道路、中国理论、中国制度、中国文化的自信。其二，作为党和国家宣传思想工作的重要阵地，媒体是推动文化传承与发展的载体，在发展社会主义先进文化、弘扬革命文化、传承中华优秀传统文化

---

\* 文章原载于《光明日报》（2023年12月1日），收入本书时，略有删改。

中承担重要责任，并肩负着推动文化繁荣、建设文化强国、建设中华民族现代文明的重要使命。其三，媒体扮演着讲好中国故事、推动中华文化走向世界的重要角色。进入新时代，新闻媒体坚守中华文化立场，在加强国际传播能力建设、全面提升国际传播效能方面进行了探索与尝试。其四，媒体是社会治理的重要参与者。通过流程优化、平台再造、资源整合，媒体正在实现信息内容、技术应用、平台终端、管理手段的共融互通，并在协助建设新型社会治理体系、提高社会治理现代化水平方面释放潜能。要切实承担起这些责任和使命，媒体必须建构自主的新闻学知识体系。

## 二

理论的创新与发展、知识体系的形成与建构，离不开对现实社会的把握以及对重大现实问题的回应。媒体与中国式现代化的内在关系，是立足中国式现代化建构新闻学自主知识体系的现实条件。中国式现代化进程中的媒体实践，是自主知识体系建构的逻辑起点和经验源泉。新闻媒体在舆论引导、媒体融合、国际传播、社会治理、文化传承与创新等方面的经验，为新闻学理论的创新发展提供了真实的问题域和丰富的素材库。

自主知识体系的建构，也将反哺和助推中国新闻事业的创新发展。新闻学自主知识体系不仅能够对当今中国的新闻实践、新闻现象提供恰切的理论解释，而且能够从思想观念、实践方法等方面为中国新闻事业发展提供坚实支撑。就现实情况而言，新闻学核心概念、基本命题、话语体系是在西方现代化语境中形成的，我国的新闻学教材、课程、理论以及人才培养仍然较多地受到西方新闻学概念、命题、话语的影响。坚持以马克思主义新闻观为指导，从中国式现代化进程中的中国新闻事业、媒体实践出发，从我国悠久而独特的历史文化传统出发，建构中国自主的新闻学知识体系，以此支撑中国新闻事业健康发展，必要且紧迫。

## 三

踏上新征程，在中国式现代化的实践中，我们应始终坚持以马克思主义为指导，扎根中国新闻活动和社会生活实际，阐释中国价值、凝练中国经验、建构中国理论、创新中国话语，努力建构兼具中国特色、世界意义、人类价值的新闻学自主知识体系。

阐释最新成果，赋能中国媒体实践变革。马克思主义新闻观是党的新闻舆论工作的"定盘星"，习近平文化思想体现了马克思主义新闻观的最新发展。党的十八大以来，习近平总书记高度重视包括新闻事业在内的宣传思想文化工作，两次出席全国宣传思想工作会议，主持召开党的新闻舆论工作座谈会，对党的新闻舆论工作作出重要指示。在2023年的全国宣传思想文化工作会议上，习近平总书记对宣传思想文化工作提出"七个着力"的要求，其中，"着力加强党对宣传思想文化工作的领导""着力提升新闻舆论传播力引导力影响力公信力""着力加强国际传播能力建设、促进文明交流互鉴"等重要指示，均与中国新闻事业、媒体实践有着直接和内在关联，不仅为新闻事业发展提供了根本遵循，也为新闻学自主知识体系建构注入了思想动力。中国新闻学研究应当以时代和中国实际为观照，从学理角度阐释习近平文化思想，在根本价值、底层逻辑、核心观念等方面开拓出更多有意义的学术空间，在马克思主义新闻观的指引下建构自主知识体系，赋能现代化进程中的媒体变革与新闻实践创新。

凝练中国经验，推动新闻理论范式转换。中国式现代化既包括社会的现代化，又包括人的现代化，既包括物质与制度的现代化，又包括精神观念的现代化。新闻学自主知识体系的建构，应当遵循从实践中来到实践中去的原则，直面真实世界，以中国新闻实践经验为理论建构的逻辑起点，用实践经验反哺理论建构，从国家发展、民族振兴、人民幸福的全局出发，在中国式现代化的整体视野中，研究中国新闻活动与新闻现象，探讨中国媒体实践与人的现代化、社会现代化、思想观念和社会制度现代化之间的关系，同时结合数字时代新闻传播领域的新变化，提炼出有学理性的新理论，概括出有规律性的新实践经验，不断推动新闻学的理论创新、范式创新与方法创新。

坚持系统思维，促进知识体系整体创新。中国新闻学自主知识体系的建构，既包括标志性概念的凝练、原创性理论的推出，还包括独创性范式的开创和体系性知识的梳理。在建构自主知识体系的过程中，要以解决中国式现代化重大理论和现实问题为导向，从学科、学术、话语等不同层面梳理和总结中国特色新闻学的思想来源、历史发展、学科面貌、教材体系、人才培养体系，推动中国新闻学学科体系、学术体系、话语体系的创新发展，为加快构建中国特色哲学社会科学、推进中国式现代化贡献新闻学智慧。

# 全媒体赋能：从跨学科社会服务趋向看新文科构建的动力[*]

## ——新闻传播学科范畴变迁与科研特色项目托举作用分析

纵观古今中外，有关高等教育的至理名言、立论训诫、成功经验数不胜数。2019年4月29日，教育部、中央政法委、科技部等13个部门在天津联合召开"六卓越一拔尖"计划2.0启动大会，提出发展新工科、新医科、新农科、新文科，形成覆盖高等教育全领域的"质量中国"品牌。对于新闻传播学科来说，如何在构建新文科的框架下迎接挑战？笔者认为，在全媒体格局下，跨学科是新闻传播学科的一个显著特点，这一特点体现在学科建设、专业设置、培养目标、教师队伍、科学研究、社会服务等诸多方面。本文基于中国传媒大学电视学院跨学科社会服务与科研创新的经验，阐述新文科的赋能将带动跨学科社会服务的历史必然性。

新闻传播学专业跨学科社会服务具有历史的必然性，其中两大因素至关重要：一是国家的整体发展水平对新文科教育的助推作用，二是互联网技术的应用对新文科教育提出的革命性挑战。可以说，这两大因素是新文科建设的动能，也是新闻传播学科范畴延伸带动跨学科社会服务的历史必然。

21世纪以来，笔者所在的中国传媒大学电视学院科研团队承接了几十项社会服务项目，这些项目的构成从一个侧面说明新文科建设的历史必然，同时对新闻传播学的范畴延伸及社会服务项目的变迁可略见一斑。2000年至

---

[*] 文章原载于《现代出版》2019年第3期，收入本书时，略有删改。

2014年，科研团队所承接的社会服务项目以广播电视业务研究与影像制作推广为主，如"苏州广播电视节目内容诊断与发展方向""全息新视听：襄阳电视台频道与节目诊断""成都广电战略目标、发展定位与规划研究""梅州电视台频道重构与节目研发""文化援疆：走进和田大型纪录片制作""南水北调中线工程渠首水源地南阳传播推广""兰考脱贫专题片制作""新时代新兰考形象片制作"等。

2015年至今，所承接的项目以文化传播、品牌传播、新媒体发展研究等跨学科项目为主，如"海口'双创'新媒体传播与城市文化多维度推广""海口市'十三五'时期文化发展改革规划纲要编制""国际化的草原音乐名城规划与实施方案""汉藏一本通视听读物编创""藏区村（居）干部基础教材视听课件""新的媒介生态背景下电视剧传播渠道及平台分析""网络直播与网红群体研究""新媒体环境下股指期货舆情应对与危机处理策略""网络宣传引导时度效研究""如何在媒体融合发展条件下加强内容管理确保正确导向""中国品牌传播创新研究""主流媒体品牌传播影响力研究""湖北广电媒体融合战略创新实施研究""长城新媒体战略发展研究""海口融媒体战略规划与实施方案""北京国际电影节蓝皮书""中国新媒体短视频发展年度报告"等。上述列举的社会服务项目，可以让我们清晰地看到新闻传播学专业横向科研的发展走向，了解全媒体时代对新闻传播学社会服务的现实需求，洞察中国步入新时代的社会变迁与新文科建设的过程。

值得注意的是，多数社会服务项目的成果都体现了新技术的驱动与应用，体现了跨学科交叉互动的特色，体现了媒介深度融合的社会需求。例如，首部新疆题材户外拍摄3D纪录片《全景中国：和田一日》，数字影像博物馆"南水北调中线工程渠首水源地"，移动客户端H5"金融期货微课堂"，融媒体手册《好记者讲好故事》，融媒体出版物《汉藏一本通》《品牌企业舆情数据分析》《半夏的纪念VR直播》，等等。这些社会服务的成果不但涉及新闻传播学科的基础专业领域，而且几乎全部与新技术、新媒体相融合。

从一定意义上讲，互联网的兴起促进着媒介生态环境新系统的演化，而媒介环境新系统的演化推动着我国高等教育新文科的构建。笔者认为，全媒

体时代的媒介特征主要表现在八个方面：其一，新媒体出现并呈现非常活跃的状态；其二，传统媒体转型并采取积极应对措施；其三，新媒体与传统媒体相互影响，助推并产生强效作用；其四，不同媒体依然具有独立属性并形成新的系统；其五，所有媒体都在谋求不断发展并构成新的格局；其六，新的传播形态仍在演化并促成媒介影响力加速扩散；其七，大众以新方式与态度介入媒体并形成复杂的受众群体；其八，全媒体时代已经来临并将促动媒介环境的巨大变化。

今天，无论是新媒体还是传统媒体的传播都在经历着新变革、新发展。毫无疑问，媒介外部生态与内部格局将成为新的系统。

可以说，互联网的发展改变了社会结构，全媒体时代的到来是推动新文科建设的重要因素。从参与项目的教师、学生构成来看，无论是新闻、摄影专业，还是编辑、出版专业，都要站在全媒体时代的学术前沿，同时要对新的媒介生态与业界的实践进行调研，掌握第一手的动态与趋势。由此可见，新闻传播领域的跨学科社会服务需求已经预示新文科构建的未来发展方向。

有鉴于此，我们有必要对新中国高等教育的历史沿革以及中国传媒大学新闻传播学的历史变迁进行回望与前瞻。

2019年是中华人民共和国成立70周年。首先，要以历史唯物主义的发展观来梳理、分析我国高等教育的变革。笔者认为，依照时间维度，我国高等教育大致可以划分为四个历史阶段：中华人民共和国成立初期到"文化大革命"之前，是快速建设时期；"文化大革命"开始至1977年，是缓慢不前的时期；1978年至2018年以来的改革开放40年，是面向世界、面向未来的飞跃发展时期；2018年9月全国教育大会召开，习近平总书记出席大会并讲话，就教育改革发展提出一系列新理念、新思想、新观点，标志着我国高等教育进入一个新的历史阶段。

中国传媒大学有70年的办校历史，被誉为培养视听人才的"黄埔军校"。这所学校从诞生起就存在天然的业界基因：一部分教师来自业界、学生实习到业界、学生分配到业界。如此循环了几十年，形成自成一体的培养应用型传媒人才的教学、实践、科研、育人体系。在一定程度上，学校的学科体系基本上是依据业界的岗位设置而设置的，教师、学生的专业实践、社会服务、科研范畴基本上也限定在业界。

2019年是中国接入国际互联网25周年。伴随互联网技术的不断开发应用，媒介环境发生了历史性的变革，一系列的新变化催生了全媒体时代新系统的形成。我们看到，中国传媒大学新闻传播学科体系，涵盖了培养目标、专业设置、研究范畴、教师队伍、学生就业等，都在历史性的变革中演进。

更为重要的是，跨学科社会服务项目不但对学科建设起到托举作用，而且激发了科研团队的爱国情怀与服务民族复兴的志向。在一定意义上，社会服务是最生动的国情国策教育课堂。科研团队根据项目的需要，不但研究相关的历史、文化、地理、风俗，而且要深入实践，对研究对象进行实地调研，最后拿出项目成果。这个过程既是研究的过程，又是受教育的过程。多年来，电视学院科研创新团队形成了良好的学术风气，高站位、大格局，精心磨砺出一批服务国家战略的科研成果。《走进和田》大型电视系列纪录片获得第十三届精神文明建设"五个一工程"奖，获得纪念改革开放40年系列纪录片最佳作品奖；研究报告《完善金融舆情应对机制，把握舆论引导主动权》为国家决策提供了智力服务。可以说，新闻传播学科范畴延伸与跨学科社会服务项目托举形成了有效的互动。

中国是一个具有五千年悠久历史的国家，在历史发展的长河中，教育与人才培养同社会发展有着密不可分的内在联系。2018年9月10日，习近平总书记出席全国教育大会，他在讲话中指出，教育是民族振兴、社会进步的重要基石，是功在当代、利在千秋的德政工程，对提高人民综合素质、促进人的全面发展、增强中华民族创新创造活力、实现中华民族伟大复兴具有决定性意义。教育是国之大计、党之大计。

# 后 记

2024年，是中国传媒大学（原北京广播学院）建校70周年。校庆之际，学校组织出版传媒学术研究的系列文集，呈现中国广播电视传媒教育的学术成果。作为本书的作者，我在筛选论文的过程中，面对几十年几百万字的写作积累，颇有些感想。时光荏苒，我在这所学校学习工作整整50年了，真所谓半个世纪转眼而过。翻阅写过的文字，从时间上看还算是笔耕不辍。

因为写作，要看很多东西，特别是别人写的好书、好文章。这个过程不仅仅提高了我的文字水平，更培养了我的比较鉴赏能力。法国历史学者、美学思想家丹纳在他的《艺术哲学》这本书中阐释的一段话对我写作的风格影响颇大，大意是真正炉火纯青的好的文字是用大众易于理解的语言阐释深刻的理论、复杂的现象和问题。多年来，秉持这样的理念，我写了一些自己比较满意的教材、专著以及文章，写作时间自20世纪80年代开始至今。

说到满意的文字，基本上是亲自动笔写出来，发表前修改几遍，发表后还会从头到尾读一读，然后有一种收获的感觉。其中专著《电视新闻节目主持艺术》、教材《当代电视新闻采访教程》《广播电视新闻采访与写作》、编译作品《美国电视纵横：美国电视全方位透析》《荧屏巨星：美国三大电视网新闻节目主持人画像》算是我的代表性著述。这些书的书稿都是在写文章和论文的基础上积累的。在个人没有电脑之前，多数文字还是手写，然后再请人打印，时代的变迁不由得让人感慨。

说到时代的变化，从本书中所选论文的内容中我们可以对全媒体时代的到来窥见一斑。这25篇论文主要是我带领研究生深入一线调研后完成的，体现出对近 10 年来传媒格局变化的研究。在此，对研究生团队负责人王海龙、吴昊、李超鹏三位博士表示感谢，对参与调研和论文写作的所有作者表示感谢。现在，同学们已经走上工作岗位，他们分布在主流媒体、新媒体平台、政府宣传部门、国企品牌部门、高等院校等。

  我们看到，今天的传媒格局仍然处于变革之中，新的变化层出不穷。故此，本书中论文的内容是对我国媒体融合进程的动态观察与思考。限于水平，限于条件，如有不妥之处，恳望读者批评指正。

赵淑萍<br>
2024 年 3 月于北京